EXERCICES

ET

QUESTIONNAIRES

SUR LA NOUVELLE

GRAMMAIRE FRANÇAISE

PARIS

TYPOGRAPHIE GEORGES CHAMEROT

19, RUE DES SAINTS-PÈRES, 19

EXERCICES

ET

QUESTIONNAIRES

SUR LA NOUVELLE

GRAMMAIRE FRANÇAISE

DE

M. A. CHASSANG

Lauréat de l'Académie française
Inspecteur général de l'Instruction publique

PAR

L. HUMBERT

ANCIEN ÉLÈVE DE L'ÉCOLE NORMALE, AGRÉGÉ DE GRAMMAIRE
PROFESSEUR AU LYCÉE FONTANES

COURS SUPÉRIEUR

PARIS

GARNIER FRÈRES, LIBRAIRES-ÉDITEURS

6, RUE DES SAINTS-PÈRES, 6

—

1883

PRÉFACE

Ce volume a été composé pour servir de complément à la Nouvelle Grammaire française de M. Chassang (*Cours supérieur*), et pour répondre au programme de l'enseignement secondaire classique du 2 août 1880.

Ces programmes portent :

Pour la classe de quatrième : *Notions élémentaires sur l'histoire de la langue française. — Mots d'origine populaire, savante, étrangère. — Persistance de l'accent tonique dans les mots d'origine populaire. — Mots tirés du latin par les savants, souvent en opposition avec les règles de l'accent tonique. — Doublets.*

Pour la classe de troisième : *Étude de la langue française. — Lois qui ont présidé à la formation des mots français. — Notions d'étymologie française.*

Pour la classe de seconde : *Étude de la langue française. — Lois qui ont présidé à la formation des mots français.*

J'ai suivi la Grammaire, page par page ; mais, en la suivant, j'ai, toutes les fois que l'occasion s'est présentée, composé un grand nombre d'Exercices sur chaque question du programme que je viens de rappeler. Le Plan d'études des lycées déclare d'ailleurs que « le programme doit être considéré comme un sommaire des notions que l'élève devra posséder à la fin de l'année, et non comme une indication de la marche à suivre par le professeur ». Ce volume d'Exercices

peut donc servir aussi aux élèves de l'enseignement
spécial et de l'enseignement primaire supérieur, à tous
ceux enfin qui auront entre les mains le Cours supérieur de Grammaire française.

En le pratiquant, les élèves acquerront sur les origines de notre langue, sur l'étymologie, la formation
et la dérivation des mots, des notions plus exactes que
celles qui se trouvent encore aujourd'hui dans beaucoup de nos livres classiques. Ils distingueront les mots
qui nous sont venus du latin par formation populaire,
comme *écouter* et *esclandre*, de ceux qui ont été formés
par les savants comme *ausculter* et *scandale ;* ils ne con-
fondront pas les mots que nous avons pris tout formés
aux Latins qui les tenaient des Grecs, comme *démocra-
tie* et *dithyrambe*, avec ceux que nous avons formés de
plusieurs mots grecs, afin d'exprimer des idées nouvelles, comme *télégraphe* et *phylloxera*. Ils ne feront
pas venir *accueillir*, *annoncer*, *flairer*, des substantifs
accueil, *annonce* et *flair*, sous prétexte que c'est le mot
le plus long qui est dérivé du mot le plus court, mais
ils apprendront que par un procédé de dérivation fréquent dans la langue française et très clairement
exposé par M. Egger, dans les Mémoires de l'Académie
des inscriptions et belles-lettres (tome XXIV, 2ᵉ partie,
1864), c'est le mot le plus court qui est dérivé du plus
long. Sans doute, au point de vue de la connaissance
du sens des mots, le résultat paraît être à peu près le
même ; mais il y a entre les deux manières d'enseigner
une différence capitale : la nôtre, reposant sur une étude
raisonnée des langues classiques et rendant compte
de tous les faits qu'elle présente, est une méthode vraiment scientifique ; l'autre, n'étant qu'un ensemble de
recettes plus ou moins pratiques et ne donnant raison
de rien, n'est qu'un procédé purement mécanique. La
première doit être suivie par tous les esprits sérieux
et réfléchis ; la seconde ne convient plus qu'à ceux
qui, par routine ou par ignorance, enseignent encore

qu'*orthopédie* est formé de *orthos*, droit, et de *pedis*, pied,
que le radical est la partie du mot qui ne change
jamais et que tous les temps d'un verbe viennent de
cinq temps primitifs.

Pour tout ce qui a rapport à l'origine et à la formation des mots, j'ai consulté surtout les dictionnaires de
MM. Brachet, Diez, Littré et Scheler, l'introduction du
Dictionnaire grec-français de M. Chassang et le *Manuel
pour l'étude des racines grecques et latines* de M. Bailly :
j'ai aussi très largement puisé dans le Mémoire de
M. Egger, déjà cité, et dans le savant *Traité de la formation des mots composés* de M. Darmesteter.

J'arrive aux Exercices qui ont pour but l'histoire de
la langue. Je ne saurais mieux faire, pour en prouver
l'utilité, que rappeler ici ce qu'écrivait M. Chassang.
dès 1877 :

Tant que, dans l'étude de la Grammaire française. on ne
s'est pas avisé ou soucié du point de vue historique, on a
cru que la langue s'est constituée et peut se réformer par le
raisonnement. On a disserté à perte de vue sur les règles,
sans tenir compte de la tradition et de l'usage. Mais les
langues ne sont pas un ensemble de règles immuables, qu'il
appartienne aux grammairiens de fixer au gré de leurs sys-
tèmes. Au contraire elles sont essentiellement mobiles et en
voie de transformation perpétuelle. Aussi y a-t-il lieu de distinguer dans les langues vivantes l'usage actuel et les formes
ou constructions qui se sont succédé dans l'histoire de la
langue. Pour l'usage actuel, les grammairiens, comme l'a
parfaitement compris Vaugelas, ne sont pas les *législateurs*,
mais les *témoins* de la langue. La Grammaire qui ne connaît
pas les formes ou constructions qui ont eu cours autrefois,
est amenée à les signaler comme des singularités et même
comme des incorrections.

Faute de s'être placé à ce point de vue, Voltaire, avec tout
son esprit, fait les remarques les moins judicieuses sur la
langue de Corneille ; il reproche à l'auteur du *Cid* et de *Polyeucte*, c'est-à-dire à l'un des maîtres de la langue française,
des expressions qu'il qualifie de *barbarismes*, et des tournures
qu'il traite de *solécismes*. Nos modernes grammairiens n'ont

pas craint de relever aussi des *solécismes* chez Racine, ou bien des « négligences » chez les auteurs les plus étudiés qu'il y ait, Buffon et J.-J. Rousseau. (*Préface de la Grammaire française, Cours supérieur.*)

Les élèves trouveront donc ici de nombreux exemples, empruntés aux meilleurs auteurs, des variations, des anomalies apparentes qui faisaient à tort l'étonnement et quelquefois le scandale des lecteurs d'autrefois. Il leur suffira d'avoir trouvé eux-mêmes, à propos des phrases citées[1], toutes les remarques de grammaire historique qu'elles provoquent, non seulement pour louer chez nos grands écrivains du XVIIᵉ siècle ce qu'on blâmait jadis, mais encore pour n'être plus dépaysés en lisant nos auteurs du XVIᵉ siècle. Ils arriveront ainsi à comprendre facilement les quelques extraits de vieux français que j'ai mis à la fin du volume. Les derniers extraits, tirés d'auteurs plus modernes, ont plus spécialement en vue l'histoire de l'orthographe qui, de même que la langue, a été sans cesse en se modifiant et qui vient d'être encore modifiée par la septième édition du Dictionnaire de l'Académie française.

Pour cette seconde partie de mon travail j'ai puisé dans les Lexiques d'auteurs cités à la fin de la Grammaire, dans le Dictionnaire de M. Littré, dans la thèse de M. A. Benoist sur *la Syntaxe française entre Palsgrave et Vaugelas* et enfin dans mes lectures personnelles.

L. HUMBERT.

Juillet 1882.

---

1. Pour les phrases, peu nombreuses d'ailleurs, qui sont d'auteurs antérieurs au XVIᵉ siècle, j'ai dû adopter l'orthographe de ces auteurs ; pour les autres j'ai préféré l'orthographe actuelle ; l'attention des élèves devant se concentrer sur des remarques de syntaxe aurait été distraite si elle avait été préoccupée de questions d'orthographe.

EXERCICES FRANÇAIS

INTRODUCTION

ORIGINES
ET HISTOIRE DE LA LANGUE FRANÇAISE

QUESTIONNAIRE

De tous les éléments qui sont entrés dans la formation de la langue française, quel est le principal?

Qu'entend-on par latin populaire?

Quel était l'idiome des Gaulois?

Comment le latin s'imposa-t-il aux Gaulois?

Que disent de la langue latine Plutarque et saint Augustin?

L'ancien celtique disparut-il complètement de la Gaule?

L'invasion des tribus germaniques modifia-t-elle beaucoup la langue parlée en Gaule?

Qu'entend-on par langue romane?

Quelles furent les autres langues formées par le latin populaire dans les pays méridionaux de l'Europe?

Où fut parlée la langue d'oc et quels étaient ses dialectes?

Quels étaient les dialectes de la langue d'oïl et où étaient-ils parlés?

D'où viennent ces mots de langue d'oc et langue d'oïl?

A quel moment le dialecte français de la langue d'oïl l'a-t-il emporté sur les autres?

Que devinrent les autres dialectes?

Par quoi est établie la différence principale entre la langue française et la langue d'oïl?

Quel est le cas qui subsiste à peu près seul dans la langue française?

Quel est le caractère principal des idiomes modernes comparés aux idiomes de l'antiquité?

Quels sont les deux faits principaux dont il faut tenir compte pour bien connaitre la langue française?

Qu'est-ce que l'histoire de la langue française?

De quoi est formé le fond de la langue française?

A quelles époques se sont introduits dans la langue française des mots *arabes, italiens, allemands, espagnols, anglais*?

Qu'entend-on par *mots de formation populaire* et *mots de formation savante*?

A quelle epoque surtout les érudits ont-ils fait entrer dans la langue des mots d'origine grecque et latine?

Qu'appelle-t-on *doublets*?

1

Les doublets ont-ils tous la même origine?

Est-ce le hasard seul qui a présidé à la formation des mots d'origine populaire, venus du latin?

Qu'est-ce qu'on entend par *Maintien des voyelles accentuées en latin*?

Quelles sont les deux applications particulières de la règle précédente? Citez des exemples.

MOTS D'ORIGINE CELTIQUE

1ᵉʳ EXERCICE.

Donner le sens des mots suivants qui sont d'origine celtique.

Arpent (latin *aripennem* et *arpennem*). — Bagage. — Balai, du celtique *balan*, genêt. — Banne (bas-latin *bennam*, chariot en osier). — Barre, du celtique *bar*, branche. — Bec (latin *beccum*). — Bidet. — Bouge. — Bouleau. — Braie (latin *bracam*). — Bruyère (bas-latin *brugariam* et celtique *brug*, buisson). — Claie (bas-latin *clidam*, *cliam* et celtique *cloued*). — Cormoran, (mot formant pléonasme, de *cor* pour *corb* qui en vieux français signifie corbeau, et du celtique *môrvram*, de *môr*, la mer, et *bran*, corbeau.) — Cruche, du celtique *cruc*.

2ᵉ EXERCICE.

Suite du précédent.

Dartre. — Dru, du celtique *druz*, gras. — Gober, du celtique *gob*, bouche. — Goéland, dérivé du celtique *guela*, pleurer. — Goëlette, comme le précédent. — Harnais, du celtique *harnez*, ferraille. — Jarret, du celtique *garr*, jambe. — Marne, latin *margam*. — Pinson, du celtique *pinc*, gai et pinson. — Quai, du celtique *hae*, haie, barrière. — Ruche, du celtique *rusken*, écorce et ruche, les ruches étant faites d'écorces d'arbres. — Sornette, dérivé du celtique *surn*, bagatelle. — Toque, du celtique *tok*, chapeau, coiffure en général. —

Truand, du celtique *truaghan*, pauvre. — Vassal, du celtique *guaz*, homme serviteur.

MOTS D'ORIGINE LATINE

Observation. — Les mots français d'origine latine sont très nombreux; ils forment le fond de notre langue. Ils seront étudiés plus loin et d'une façon particulière : 1° à propos des doublets; 2° comme application des lois qui ont présidé à la formation des mots populaires; 3° au chapitre des Origines latines de l'alphabet français; 4° au chapitre des Mots composés.

MOTS D'ORIGINE GERMANIQUE

Observation. — Il y a en français environ 450 mots d'origine germanique. Beaucoup sont entrés dans la langue par l'intermédiaire du bas-latin. C'est ainsi que de l'ancien haut-allemand *skepeno* était venu *scabinus*, que l'on a dans les textes carlovingiens avec le sens de juge; de l'accusatif *scabinum* est venu *eschevin*, puis *échevin*. Nous ne pouvons citer ici, avec leurs transformations successives, tous ces mots que l'on trouvera réunis dans l'introduction du *Dictionnaire étymologique* de M. Brachet; nous donnons seulement ceux qui ont rapport à la guerre et à la marine.

3ᵉ EXERCICE.

Avec les mots français suivants qui sont d'origine germanique, former deux listes, la première contenant les termes de guerre, la seconde contenant les termes de marine.

Amarrer. — Bac. — Baudrier. — Bief. — Blesser. — Bord. — Brandir. — Brèche. — Briser. — Butin. — Canot. — Chaloupe. — Cible. — Cingler. — Cotte. — Crabe. — Crique. — Dard. — Digue. — Drague. — Écrevisse. — Épier. — Esquif. — Est. — Esturgeon. —

Etape. — Falaise. — Fanon. — Flèche. — Foc. — Frêt.
— Gaffe. — Gréer. — Guerre. — Hallebarde. — Halte.
— Hamac. — Hareng. — Hauban. — Haubert. — Havre.
— Heaume. — Héraut. — Homard. — Hune. — Mât. —
Nord. — Ouest. — Radouber. — Sud. — Tillac. —
Varech. — Vase.

MOTS D'ORIGINE ITALIENNE

4ᵉ EXERCICE.

Trouver les mots français venus des mots italiens suivants.

Accolata. — **Accorto**, fin, avisé. — **Acquarella**,
lavis, détrempe. — **Adagio**, lentement. — **Affidato**. —
Affronto, injure. — **Aggio**, change, terme de banque. —
Allarme (primitiv. **all'arme**, aux armes). — **All'erta**
(littér. aux gardes, garde à vous). — **Altezza**. — **Altiere**,
hautain. — **Andante**, allant. — **Archibuso**. — **Arci-
volto**. — **Arietta**, diminutif de **aria**, air de musique.
— **Arlecchino**. — **Arpeggio**, dérivé de **arpa**, harpe. —
Arsenale. — **Articiocco.** — **Artigiano.** — **Attitudine.**

5ᵉ EXERCICE.

Trouver les mots français venus des mots italiens suivants.

Babbole, jouet. — **Bagatella**, tour de bateleur. —
Bagno, nom d'un local de bains employé accidentelle-
ment à renfermer des prisonniers. — **Bacchetta** (diminutif de **bacchio**, bâton). — **Balcone.** — **Baldac-
chino** (proprement, dit Littré, nom d'une étoffe très
riche, qui, ayant servi à faire des tentures, a fini par
donner son nom à l'ensemble de l'appareil qu'elle cou-
vre, et même à un ornement architectural ; de **Baldaco**,

nom altéré de Bagdad, ville où se fabriquait ce genre d'étoffe). — **Balordo**. — **Balaustro** (venu du grec βαλαύστιον, fleur du grenadier, parce que chaque pilier ressemble, par le renflement de son milieu, à cette fleur). — **Bambino**, petit garçon. — **Bambocchio**, poupée. — **Banca**, banc (à cause du banc qu'avaient à l'origine, comme beaucoup d'autres marchands, ceux qui faisaient le commerce d'argent). — **Bancarotta** (litt. banc rompu, parce qu'après une faillite on rompait celui que le commerçant avait sur le marché). — **Bandiera**, bannière. — **Bandito**, propr. banni. — **Bandoliera**. — **Baracca**. — **Barca**. — **Barcarola**, chant du gondolier, *barcaiuolo*, de Venise. — **Bastione**. — **Battaglione**. — **Battifolle** (rempart, boulevard où les jeunes gens allaient s'amuser).

6ᵉ EXERCICE.

Trouver les mots français venus des mots italiens suivants.

Belladonna (littér. *belle dame*, plante ainsi appelée parce que les Italiens s'en servent pour faire du fard). — **Belvedere** (de **bello**, beau, et **vedere**, voir). — **Bilancio**, balance. — **Biglione**, monnaie de cuivre. — **Biscotto**, biscuit. — **Bossolo**, petite boîte (diminutif de **bosso**, buis). — **Bravaccio** (en italien la désinence *accio* est péjorative). — **Bravata**. — **Bravo** (du bas-latin *bravus*, sauvage). — **Bravura**. — **Brigata**. — **Briga**. — **Brigantino**. — **Bronzo**. — **Brugna**, prune. — **Brusco**, aigre, âpre. — **Buffetto**. — **Buffone** (dérivé du verbe **buffare**, railler, proprement *bouffer*, parce que l'art des bouffons consistait anciennement à faire des grimaces, dont la plus fréquente était de grossir ses joues). — **Bullettina**, billet. — **Burlesco**, grotesque (de *burlare*, plaisanter). — **Busto**.

7ᵉ EXERCICE.

Trouver les mots français venus des mots italiens suivants.

Cappuccio, chou cabus. — **Catenaccio**, verrou. — **Cadenza**. — **Cagna**. — **Calzoni**, haut-de-chausses. — **Calafatare** (d'un mot arabe qui signifie introduire de l'étoupe dans les fentes d'un navire). — **Calcare**. — **Calibro** (d'un mot arabe qui signifie moule). — **Calma**. — **Cameo** (du bas-grec κάμ.ατον, chose faite par la main). — **Camerista** (dérivé de *camera*, chambre). — **Canaglia** (dérivé de *cane*, chien). — **Canavaccio**, grosse toile à broder. — **Candi** (d'un mot arabe qui est relatif à la préparation du sucre). — **Cannone** (augmentatif de canne, par assimilation de forme). — **Cantata** (dérivé de *cantare*, chanter). — **Cantina**, cave, cellier. **Capitoso**. — **Capitone**, soie non tordue. — **Caporale**. — **Cappone**. — **Cappucino**. — **Capriccio** (littér. saut de chèvre, chose inattendue). — **Carabina** (venu par altération de calabrin, cavalier de la Calabre). — **Caraffa**. — **Carcassa**. — **Carezzare**. — **Caricatura** (de **caricare**, charger). — **Carnovale** (du bas-latin *carnelevale* (*carnis levamen*), temps où l'on enlève l'usage de la chair, le carnaval étant proprement la nuit qui précède le mercredi des Cendres).

8ᵉ EXERCICE.

Trouver les mots français venus des mots italiens suivants.

Carosello. — **Carrubo** (de l'arabe *charroub*, qui désigne ce fruit). — **Carrozza**. — **Cartello**, affiche. — **Cartoccio**, cornet de papier. — **Cartone** (de **carta**, papier). — **Casamatta**. — **Cascata**, chute. — **Casino**, maison de campagne. — **Casco**. — **Catacomba**. — **Catafalco**. — **Cavalcata**. — **Cavaliere**. — **Caval-**

leresco. — **Cavalleria**. — **Cavatina**. — **Cavezzone**. — **Cedrato** (proprement citronné, de **cedro**, citron). — **Cervellata** (ainsi appelé parce qu'à l'origine on y faisait entrer de la cervelle). — **Ciarlatano** (de **ciarlare**, babiller). — **Ciurma**. — **Cicerone** (du nom de l'orateur romain Cicéron, à cause des abondantes paroles de ces gens). — **Cittadella** (propr. petite ville). — **Cittadino**. — **Clavicembalo**. — **Cocchio**. — **Colli**, *plur.* charges (parce que la charge se porte sur le cou). — **Colonello**. — **Comparsa**, action de paraître et personnage muet. — **Concerto**. — **Concetti**, *plur.* pensées brillantes. — **Condottiere**, capitaine. — **Congedo**. — **Contrabbando** (propr. contre le ban, l'ordonnance). — **Cornice**. — **Corteggio** (dérivé de **corte**, cour). — **Costume**. — **Cupola** (diminutif de **cupa**, coupe). — **Cortigiano**. — **Cotone** (de l'arabe *qoton*, même sens). — **Crescendo**. — **Crociata** (dérivé de **croce**, croix).

9e EXERCICE.

Trouver les mots français venus des mots italiens suivants.

Disinvoltura. — **Dilettante**. — **Doge** (propr. duc). — **Doccia**, conduit pour l'eau. — **Dogana** (impôt perçu au profit du doge sur les marchandises importées à Venise). — **Ducato** (monnaie marquée à l'effigie d'un duc). **Escaramuzza**. — **Facciata** (dérivé de **faccia**, face). **Falsetto** (du latin falsus). — **Fanale** (du grec φανός, brillant). — **Fanfaluca**, flammèche. — **Fantaccino** (diminutif de **fante**, petit garçon). — **Facchino**, portefaix. — **Feluca** (d'un mot arabe qui signifie navire). — **Festone**. — **Fiasco**. — **Filigrana**. — **Filugello** (dérivé de *filo*, fil). — **Fioretto**, petite fleur et fleuret. — **Fioriture** (dérivé de *fiorire*, fleurir). — **Foga**. — **Fracassare** (littér. casser à travers). — **Franco**. — **Fran-**

gipani, Italien inventeur d'un parfum dont on se servit d'abord pour les gants, puis dans la composition d'une espèce de pâtisserie. — **Frasca,** branche et au pluriel balivernes.—**Fucile.**—**Furfanteria,** action de coquin.

10ᵉ EXERCICE.

Trouver les mots français venus des mots italiens suivants.

Gabbiere (dér. de **gabbia,** hune). — **Gabbione** (propr. grand panier). — **Gala,** magnificence, réjouissance. — **Gambata,** coup que l'on se donne à la jambe. — **Ganascia** (du latin *gena,* joue). — **Garbo,** grâce, courbure. — **Gazzetta** (du nom de la petite pièce de monnaie que coûtait le papier-nouvelle vendu à Venise). **Giavelina.** — — **Giberna,** gibecière. — **Gigantesco** (dérivé de *gigante,* géant). — **Gioviale** (du latin *jovialis,* qui appartient à Jupiter, qui était considéré par les astrologues comme une cause de joie et de bonheur). — **Girandola** (venu du latin *girare,* tourner). — **Gondola.** — **Grandezza.** — **Grandioso.** — **Granito.** — **Grechesco,** à la grecque. — **Greggia** (seta), soie brute. — **Grottesco** (dérivé de **grotta,** à cause des peintures trouvées dans des grottes anciennes). — **Gruppo.** — **Guazzo,** lavage. — **Guscio,** cosse.

Imbroglio. — **Impresario** (littér. entrepreneur). — **Improvvisare.** — **Improvvisto.** — **Incarnato,** rouge de chair. — **Incognito.** — **Infanteria.** — **In-gamba** (littér. en jambe, alerte). — **Isolare.**

11ᵉ EXERCICE.

Trouver les mots français venus des mots italiens suivants.

Laguna (du latin *lacuna,* fosse, mare). —**Lavanda,** plante donnant une odeur parfumée avec laquelle on se lave. — **Lava.** — **Lazzaretto** (du bas-latin *lazarus,*

ladre, lépreux). — **Lazzarone**, mendiant. — **Lazzi**.
pluriel de **lazzo**, badinage. — **Lesina**, alène. M. Littré
rapporte qu'il y avait au xvi⁰ siècle, à Vicence, une compagnie d'avares qui raccommodaient eux-mêmes leurs
souliers et savates, et, comme il faut pour cela une
alène, ils en prirent le nom. — **Lotto**, lot, sort.

Macarone, sorte de pâte. — **Maccheroni**. — **Mac-
chietta**, ébauche. — **Madonna**. — **Madrepora** (de
madre, mère, et πῶρος, pierre). — **Madrigale**. — **Ma-
landrino**. — **Mandolino** (dérivation altérée du grec
πανδοῦρα, instrument de musique à cordes). — **Maneg-
gio** (du latin *manus*, main. — **Marasca**, espèce de cerise acide. — **Marmotta** (du latin *murem montanum*,
rat de montagne). — **Marzapane**. — **Mascherata**. —
Medaglia, médaille. — **Mercantile**. — **Modello**. —
Mosaico (du bas-latin *mosaicum* et du grec μουσεῖον). —
Moschetto. — **Moschettone**. — **Mostaccio** (du grec
μύσταξ). — **Mozzo**, jeune garçon (du latin *mustus*, jeune,
frais). — **Mula**, pantoufle.

Nicchia. — **Nocchiere** (du latin *nauclerus*, venu du
grec ναύκληρος). — **Noleggiare**, fréter. — **Numero**.

12⁰ EXERCICE.

Trouver les mots français venus des mots italiens suivants.

Opera, œuvre. — **Oratorio** (du latin *oratorium*,
dérivé de *orare*, prier). — **Orvietano**, remède vendu
en public par un charlatan d'Orvieto, ville d'Italie.

Paladino (du latin palatinus, qui appartient au palais). — **Paletta**, petite pelle. — **Parapetto**, qui ga-
rantit la poitrine. — **Parasole**. — **Paravento**. —
Partigiano. — **Pantalone**, vêtement en usage chez
les Vénitiens, nommés eux-mêmes *Pantalons* parce

qu'ils avaient saint Pantaléon pour patron. — **Pasquinata**, dérivé de **Pasquino**, tailleur de Rome chez lequel on faisait des médisances. — **Passata**. — **Pastello** (du latin *pastillus*, petit gâteau). — **Pasticcio** (propr. pâté, du latin *pasta*, pâte. — **Pasticciere**. — **Patacchia**. — **Peccadiglio** (diminutif de peccato, faute). — **Pavese**, bouclier. — **Pedante** (venu du grec παιδεύειν, instruire). — **Pennacchio** (dérivé du latin *penna*, plume). — **Pennone**. — **Perrochetto**.

13e EXERCICE.

Trouver les mots français venus des mots italiens suivants.

Petto (in). — **Pianissimo**. — **Piano**, doux et doucement. — **Piano-forte**. — **Piastra** (propr. lame de métal). — **Piastrone**. — **Piedestallo** (litt. pied de support). — **Pigliare** (du latin *pilare*, voler). — **Pilastro** (du latin *pila*, colonne). — **Pittoresco** (dérivé de **pittore**, peintre, du latin *pictorem*). — **Poltrone**. — **Popolaccio**. — **Porcellana**, coquille. — **Posta**. — **Posticcio** (dérivé de **posto**, mis, placé). — **Postiglione**. — **Prestezza**. — **Presto**. — **Profilo**.

Quadriglia (dérivé du préfixe latin quadr-, quatre). — **Quadro**, carré.

Rabbuffo. — **Rachetta** (dérivé d'un mot signifiant pa me de la main). — **Rada** (d'un vieux mot scandinave signifiant équipement des vaisseaux). — **Regata** (propr. émulation). — **Ridotto**, retraite. — **Ripresaglia** (de **ripreso**, repris). — **Riso** (du latin *oryza* et du grec ὄρυζα). — **Ritornello**. — **Riuscire**. — **Riverso**, envers. — **Rivolta**, action de faire volte, de tourner la face contre. — **Rodomonte**, nom d'un personnage créé par le Boïardo et adopté par l'Arioste (propr. qui roule des montagnes).

14ᵉ EXERCICE.

Trouver les mots français venus des mots italiens suivants.

Saccheggiare. — **Saccoccia** (diminutif de **sacco,** sac). — **Sacripante**, nom d'un personnage emprunté par l'Arioste au Boïardo et qui était un faux brave.— **Saltimbanco** (litt. saute-banc). — **Sbirro.** — **Scarlattina,** écarlate. — **Scirocco** (d'un mot arabe qui signifie vent de l'est). — **Semola** (du latin *simila*, fleur de farine). — **Sentinella.** — **Sepia** (du latin *sepia*, seiche). — **Serenissimo** (du latin *serenissimus*). — **Setin** (du latin *seta*, soie). — **Setone** (du bas-latin *seto*, dérivé de *seta*). — **Siroppo.** — **Soldato.** — **Solfeggiare.** — **Solo.** — **Sonata.** — **Sonetto.** — **Soperchieria,** outrage, insulte. — **Soprano.** — **Sorta** (du latin *sortem*, sort, manière d'être). — **Spadaccino** (dérivé de **spada,** épée). — **Stanza,** demeure, arrêt. — **Stiletto.** — **Stucco** (de l'ancien haut-allemand stucchi, croûte). — **Svelto** (de **svellere,** tirer).

15ᵉ EXERCICE.

Trouver les mots français venus des mots italiens suivants, en observant qu'il y a en français un e prosthétique.

Scala, échelle (on descend d'un vaisseau à terre à l'aide d'une échelle). — **Scalata.** — **Scappata** (de **scappare,** échapper). — **Scarpa,** talus. — **Schinanzia** (du grec χυνάγχη, angine). — **Schizzo** (du latin *schedius*, fait sur-le-champ). — **Scorta** (dérivé de **scorgere,** montrer le chemin). — **Scrocco,** écornifleur, coquin. — **Spadone** (augmentatif de **spada,** épée). — **Spalliere** (dérivé de **spalla,** appui pour les épaules). — **Spione.** — **Squadra.** — **Squadrone.** — **Staffetta,**

courrier (dérivé de staffa, étrier). — **Staffiere**, — **Staf-filata** (coup d'étrivières). — **Stampare**, imprimer. — **Steccata**, palissade. — **Stocco**, bâton. — **Strada** (du latin *strata*, voie pavée). — **Stramazzone**, grand couteau. — **Strappata** (dérivé de **strappare**, arracher). — **Stroppiare**.

16e EXERCICE.

Trouver les mots français venus des mots italiens suivants.

Talismano (de l'arabe *telesm* qui représente le grec τέλεσμα, initiation). — **Tara** (de l'arabe *tarha,* signifiant tare, déchet). — **Tarantella**. — **Tarocchi**, cartes tarotées, c'est-à-dire dont le dos est marqué de grisailles en compartiments. — **Tartana** (d'un mot arabe désignant une sorte de vaisseau). — **Tazza** (de l'arabe *tassa*, coupe). — **Tenore**. — **Timballo**, (de l'arabe *tabl*, tambour). — **Tocca**. — **Tonti**, nom d'un Napolitain inventeur, au XVIIe siècle, d'une sorte d'association de rentiers. — **Torso**, trognon de chou, chose coupée, torse. — **Traffico**. — **Tramontana**, étoile polaire, ainsi nommée parce qu'en Italie elle se voit au delà des monts. — **Trampellino** (d'un verbe signifiant sauter). — **Trillo**, *onomatopée.* — **Tromba**, tube, tube à feu. — **Trombone**, augmentatif de **tromba**, trompe.

17e EXERCICE.

Trouver les mots français venus des mots italiens suivants.

Valigia. — **Vedetta** (dérivé de **vedere**, voir). — **Vermicello** (propr. petit ver). — **Villa**, maison de campagne. — **Villeggiatura** (du verbe **villeggiare**, séjourner à la campagne). — **Viola**. — **Violone**. — **Violoncello**. — **Virtuoso**, habile. — **Vivandiere**. — **Vogare**. — **Volta**, tour, révolution. — **Volteggiare**.

— **Vulcano** (du latin *Vulcanus*, Vulcain, dieu du feu).

Zecchino (dérivé de **zecca**, atelier monétaire, venu lui-même de l'arabe *sikka*, signifiant coin à frapper la monnaie).—**Zediglia**. — **Zibellino** (du bas-latin *sabellum*, martre). — **Zibetto**, civette. — **Zigrino** (de *sagri*, nom turc de ce cuir particulier). — **Zimarra**.

18ᵉ EXERCICE.

Dresser, au moyen des mots contenus dans les exercices précédents, la liste de nos termes de guerre et de marine venus de l'italien.

19ᵉ EXERCICE.

Quels sont, d'après les exercices précédents, les termes de musique que nous avons empruntés à la langue italienne?

20ᵉ EXERCICE.

Quels sont les termes d'architecture, de peinture et de sculpture que nous avons empruntés à la langue italienne?

21ᵉ EXERCICE.

Quels sont les termes de banque et de commerce que nous avons empruntés à la langue italienne?

22ᵉ EXERCICE.

Relever, dans les listes précédentes, un certain nombre de mots qui nous sont venus du grec ou du latin par l'intermédiaire de l'italien.

MOTS D'ORIGINE ESPAGNOLE.

23ᵉ EXERCICE.

Trouver les mots français venus des mots espagnols suivants.

Albada (dérivé de *alba*, aube). — **Albino** (dérivé de *albo*, blanc). — **Anchoa**, petit poisson. —**Algarabia,**

langue arabe, et aussi bruit confus, baragouin. — **Arru-mar**, disposer la cargaison d'un navire, — **Aviso.**

Banderola, flamme fixée au bout d'une lance. — **Barbon**, qui a la barbe longue. — **Basquina**, jupe. — **Bastonada.** — **Bizarro** (à l'origine vaillant, brave). — **Bocal.** — **Borrasca**, orage causé par le vent du nord.

Cabestante. — **Cabra**, chèvre (a fourni un verbe dérivé).—**Calabaza.** — **Camarada**, homme de chambrée. — **Camisola.** — **Camusa**, chamois, animal ayant le nez court et plat.—**Caparaçon** (augmentatif du bas-latin *caparo*, chapron). — **Capitan**, chef d'une compagnie. — **Carriola**, petit char. — **Casaca**, vêtement de maison. — **Casa**, maison. — **Caserna** (dérivé de casa).—**Castañetas**, ainsi nommées à cause de la ressemblance qu'on leur a trouvées avec des cosses de châtaignes. — **Casuista**, qui examine les cas de conscience. — **Cazoleta.** — **Celada** (du latin *cœlata*, sousent. *cassis*, casque ciselé).—**Chocolate** (d'un mot mexicain ayant le même sens). — **Cigarro.** — **Cimitarra**, sorte de sabre. — **Cochinilla**, insecte vivant sur le nopal et produisant un principe colorant. — **Corredor** (dérivé de correre, courir), l'endroit où l'on court, où l'on passe. — **Criollo**, devenu en italien creolo, mot inventé par les conquérants des Indes occidentales.

24ᶜ EXERCICE.

Trouver les mots français venus des mots espagnols suivants.

Diana (d'un ancien adjectif dérivé de *dia*, jour). — **Disparate**[1], *subst. masc.* sottise, extravagance (du verbe *disparar*, faire des sottises). — **Domino**, capu-

---

1. Ce mot espagnol a fourni au français un substantif féminin aujourd'hui vieilli. Quant à l'adjectif français *disparate*, il vient directement du latin *disparatus*.

chon noir porté par les prêtres.—**Dueña** (propr. dame).

El dorado (litt. le doré, le pays d'or, prétendu pays qu'aurait découvert un lieutenant de Pizarre dans l'Amérique du Sud). — **Embarcadero** (dérivé de **embarcar,** embarquer). — **Embargo,** séquestre. — **Encartase,** action de prendre une mauvaise carte, de faire une sottise. — **Escuadra.** — **Españoletta.**

Gaban, manteau. — **Galon.** — **Guitarra** (du latin *cithara,* grec κιθάρα).

Hablar, parler (du latin *fabulari*). — **Hacanea.** — **Hombre,** homme. nom d'un jeu de cartes où celui qui fait jouer s'appelle l'*homme*.

Junquillo (diminutif dérivé du latin *juncus,* jonc, à cause de la couleur et de la forme de cette plante).

Marmelada, pulpe de coing. — **Matamoros** (littér. tueur de Mores). — **Mulato** (dérivé de mulo, mulet).

25ᵉ EXERCICE.

Trouver les mots français venus des mots espagnols suivants.

Nacarado, fait ou orné de nacre, et aussi qui est d'une couleur entre le rouge et l'orange. — **Negro** (du latin *niger,* noir). — **Nogado,** gâteau d'amandes au caramel (dérivé du latin *nux,* noix).

Paño, étoffe, vêtement (du latin *pannus,* pièce d'étoffe). — **Panada,** soupe faite avec du pain mitonné. — **Pinta,** marque et aussi mesure. — **Pintado,** bigarré (dérivé du latin *pingere,* peindre). — **Platina** (diminutif de plata, argent). — **Punto,** *terme de jeu.* point, as.

Regalar. — **Risco,** écueil, rocher escarpé.

Siesta (du latin *sexta hora,* la sixième heure ou heure de midi). — **Sobresalto** (du latin *supra,* sur, et *saltus,* saut).

Tabaco. — **Tomate** (du mexicain *tomatl*, même sens). — **Trama** (du latin *trama*, de *trameare*, passer au delà). — **Turquesa**, pierre précieuse trouvée d'abord dans l'ancienne Turquie.

Zarabanda. — **Zarzaparilla** (de *zarza*, ronce, et *Parillo*, nom du médecin qui le premier a employé cette plante dépurative).

MOTS D'ORIGINE PORTUGAISE.

26ᵉ EXERCICE.

Trouver les mots français venus des mots portugais suivants.

Auto-da-fe (littér. acte de foi). — **Bailadeira**, danseuse (de *baile*, danse). — **Bergamota** (du turc *berg armuth*, poire du Seigneur). — **Bezuar**, contre-poison. — **Chamada** (de *chamar*, appeler, venu du latin *clamare*), batterie de tambour. — **Coquo**, sorte de boisson. — **Escaques**, ancien français eschac (mot dans lequel on retrouve le persan chah, roi ; le joueur qui met le roi sous le coup d'une prise, avertit son adversaire en disant *ech-chah*, le roi [1] !) — **Fetisso**, objet *féé*, doué d'un pouvoir magique. — **Gazella** (de l'arabe *ghazal*, même sens). — **Mameluco** (de l'arabe *mamlouk*, esclave). — **Marabuto** (de l'arabe *morabit*, ermite). — **Mandarin** (d'un mot indien corrompu du sanscrit *mantrin*, ministre, conseiller). — **Sene** (de l'arabe *sena*), arbuste. — **Sorbete** (dérivé du verbe arabe *scharab*, boire). — **Sofa** (de l'arabe *soffa*, même sens). — **Turbante** (de l'arabe *dulbande*, tour-bande).

1. Notre expression *échec et mat* est une altération de l'arabe *ech-chah-mat*, le roi est mort.

MOTS D'ORIGINE PROVENÇALE.

27ᵉ EXERCICE.

Trouver les mots français venus des mots provençaux suivants.

Alcali (de l'arabe *al* et *cali*, nom de plante). — **Almussa** (de l'allemand *mütze*, bonnet, précédé de l'article arabe *al*). — **Amiralh** (de l'arabe *amir al bahr*, commandant de la mer). — **Autan** (du latin *altanus*, qui signifie vent de la mer, vent de la haute mer, et vent du Sud-Ouest). — **Badaul**, niais (du bas-latin *badare*, bâiller). — **Ballada**, chanson à danser. — **Barreta** (du latin *birrum*, sorte d'étoffe). — **Bastida** (du bas-latin *bastire*, bâtir). — **Batum**, mastic, enduit, autre forme de *betum*, bitume. — **Bigarrat**, orange amère. — **Cabrit** (du bas-latin *capritum*, chevreau). — **Capriola**, saut de chèvre. — **Capmail** (de *cap*, tête, et *mail*, armure). — **Camois**, boue, souillure (en vieux français *cambois*). — **Cap** (du latin *caput*, tête). — **Carnacier**, bourreau, rapprochez *carnazza*, chair morte (dérivé du latin *caro*, *carnis*, chair). — **Cicala** (du latin *cicada*, même sens). — **Cornelina** (du latin *cornu*, corne, parce que la couleur en ressemble à l'ongle rosé du doigt, l'ongle étant assimilé à la corne [1]). — **Corsari** (dérivé de *corsa*, course). — **Crozada**.

28ᵉ EXERCICE.

Trouver les mots français venus des mots provençaux suivants.

Daurada, dorée (dériv. du latin *deaurare*, dorer). — **Donzella** (du bas-latin *dominicella*, diminutif de *domina*, dame). — **Espada**, épée, sabre de bois pour bat-

---

1. En grec, cette pierre se nommait ὄνυξ, ongle.

tre le chanvre. — **Fastigar**, dégoûter (comparez *mâ-cher*, venu du latin *masticare*). — **Fat**, fou, ignorant (du latin *fatuus*, fou, niais). — **Forcat** (participe répondant au français forcé, d'un verbe du bas-latin dérivé de *fortis*, fort. — **Gasar**, caqueter. — **Granada** (venu du latin *granatum*, sous-ent. *malum*, pomme à grains). — **Granat**. — **Malastruq**, vieux français *malestru* (de mots latins signifiant qui est sous l'influence d'un mauvais astre). — **Menestral**, artisan. — **Mistral** (du latin *magistralis*, proprem. le vent maître). — **Pelos**, fourré, dur, épais (du latin *pilosus*, velu). — **Primavera** (du latin *primus*, et *ver*, printemps). — **Raditz** (du latin *radix*, racine). — **Rahusar**, tromper. — **Rodar**, rouler, tourner (du latin *rotare*, tourner). — **Vergua** (du latin *virga*, verge).

MOTS D'ORIGINE ALLEMANDE

29ᵉ EXERCICE.

Trouver les mots français venus des mots allemands suivants.

Backbord (de *Back*, château d'avant, et *Bord*, bord; parce que dans les anciennes embarcations du Nord, le château d'avant était sur la gauche). — **Beiwache** (de *bei*, auprès, et *wachen*, veiller). — **Blockhaus** (de *Block*, bloc, et *Haus*, maison). — **Block-hûs**, forme ancienne du mot précédent. — **Brachsme**, sorte de poisson d'eau douce. — **Branntwein** (de *brennen*, brûler, et *Wein*, vin). — **Eiderdaunen** (du suédois *Eider*, espèce d'oie du Nord, et *Dun*, petite plume, duvet). — **Elenn** (et en hollandais *eland*), espèce de cerf qui se trouve dans le Nord. — **Flitsch**, mot du moyen haut-allemand. — **Gang**, allée, chemin, filon (de *gehen*, aller). — **Graben**, creuser. — **Guss**, fonte (de *giessen*, verser, couler). — **Habersack,** sac à avoine. — **Halt,** station (de *halten*, s'arrêter). — **Haubitze,** pièce de grosse artillerie; rapprocher l'espagnol obuz (du bohémien *haufnice*, qui signifiait proprement un engin à lancer des pierres). — **Hurrah** (du slave *huraj*, au paradis, d'après l'idée que tout homme qui meurt en combattant vaillamment va en paradis).

30ᵉ EXERCICE.

Trouver les mots français venus des mots allemands suivants.

Kalesche (du polonais kolaska), sorte de voiture. — **Kirchvasser** (de *Kirsch*, cerise, et *Wasser*, eau). — **Kobalt**. — **Kreutzer**. — **Kupfer-asche** (littér. cendres de cuivre; rapprocher l'anglais *copperas*, et l'italien *copparosa*). — **Landsknecht** (de *Land*, pays, et *Knecht*, serviteur; fantassin du *flachland*, ou pays plat; nom donné à ce soldat pour le distinguer des soldats suisses qui venaient des montagnes d'Uri ou d'Unterwalden). — **Lustig,** gai, jovial (de *Lust*, plaisir). — **Manganerz,** minerai renfermant du manganèse. — **Nudel,** pâte faite avec de la farine et des œufs. — **Pfeife** et **pfeifer** (en italien *pifero*), petite flûte. — **Pottasche** (de *Pott*, pot, et *Asche*, cendre). — **Quarz** (on rapproche *Warze*, mamelon; pierre mamelonnée). — **Reiter,** cavalier (de *reiten*, chevaucher). — **Renn.** — **Ross,** cheval. — **Säbel.** — **Säbeltasche** (littér. poche du sabre). — **Sauerkraut** (de *sauer*, aigre, et *Kraut*, herbe). — **Schabrake.** — **Schlagen,** battre. — **Schnapphahn** (de *schnappen*, attraper, et *Hahn*, coq). — **Spath.** — **Stumpf** (proprem. émoussé; il y a en français un *e* prosthétique). — **Trinken,** boire. — **Wa-**

genmeister (de *Wagen*, voiture, et *Meister*, maître).
— **Walzer** (de *wälzen*, tourner en cercle). — **Zink**.

MOTS D'ORIGINE ANGLAISE

31ᵉ EXERCICE.

Trouver les mots français venus des mots anglais suivants.

Ale (pron. él'), sorte de bière anglaise †[1]. — **Alligator**, reptile vulgairement appelé caïman.

Ballast, lest (mot admis par l'Académie dans le sens de sable ou gravier que l'on tasse sur les voies ferrées pour assujettir les traverses). — **Beefsteak,** tranche de bœuf en grillade (de *beef*, bœuf, mot venant du français, et *steak*, tranche). — **Bill,** ancienn. bille (altération du français bulle), projet d'acte du Parlement d'Angleterre. — **Bowl,** tasse. — **Bowling-green,** à l'origine emplacement gazonné où l'on jouait aux boules. — **Bowsprit,** terme de marine (de l'allemand *Bugspriet*, de *Bug,* proue, et *Spriet*, pièce de bois). — **Box,** frapper avec le poing. — **Box,** compartiment. — **Budget,** état que chaque année on dresse des dépenses et des recettes publiques (de l'ancien français *boulgette,* petite bourse, qui a pris en anglais le sens spécial de bourse du roi, trésor royal). — **Bulldog,** espèce de chien (de *bull,* taureau, et *dog,* chien; chien à taureau).

32ᵉ EXERCICE.

Trouver les mots français venus des mots anglais suivants.

Cab, sorte de cabriolet où le cocher est placé derrière

---

1. Le signe † indique un mot usité en français, mais non admis par la dernière édition du *Dictionnaire de l'Académie.* Quand la prononciation est indiquée, d'après l'Académie, le mot a la même orthographe en français qu'en anglais.

la voiture. — **Cabin** (autre forme de *cabane*, du celtique *cab*, hutte). — **Caboose**, terme de marine (du hollandais *Kabuys*, cuisine de navire marchand). — **Cheque**, terme de banque (du verbe *to check*, contrôler, vérifier). — **Clown**, paysan, rustaud, rustre †. — **Club**, réunion. — **Coke**, charbon désulfuré. — **Comfort**, consolation, satisfaction, bien-être. — **Committee**, réunion de personnes prises dans une assemblée. — **Coaltar**, on prononce Kôltar, goudron, de *coal*, charbon, et *tar*, goudron) †. — **Cottage**, que l'on prononce *ot' édj*, (dérivé de *cot*, cabane, venu du celtique *cot*, chaumière). — **Cricket**, litt. crosse, nom d'un jeu †. — **Croup**, maladie. — **Cutter**, terme de marine ; on prononce, dit l'Académie, et plusieurs écrivent *cotre*.

Dandy, petit-maître, homme qui se pique d'élégance dans sa toilette et ses manières. — **Dog**, chien. — **Drag**. — **Drain**, *verbe*, filtrer, épuiser, dessécher.

Express, train allant plus vite que les trains ordinaires.

33ᵉ EXERCICE.

Trouver les mots français venus des mots anglais suivants.

Fashion, mot désignant la mode, le ton, les manières du grand monde et le beau monde lui-même (venu du français *façon*) †. — **Fashionable**. — **Gin** (abrégé de *genevra*, corrompu lui-même du français *genièvre*) †. — **Grog**, boisson inventée par l'amiral Vernon (xviiiᵉ siècle) qui avait été surnommé par ses marins *Old Grog*, parce qu'il portait un paletot de *grogram*, étoffe à gros grains. — **Groom**, palefrenier, petit laquais (de l'ancien français *gromet*, domestique et surtout domestique de marchand de vin). — **Gutta-percha** (du malais *gatah*, gomme, et *Pertcha*, nom de l'île que nous appelons Sumatra). — **Hail**, verbe, propr. saluer (primitivement souhaiter la santé, de *health*, santé). — **Humour**, gaîté d'imagination, verve comique (du français *humeur*, pris autrefois en ce sens). — **Interlope**, *verbe*, s'entremettre, se faufiler (du bas-allemand *enterlopen*, allemand littéraire *unterlaufen*, de *unter*, sous et entre, et *laufen*, courir, courir entre, se glisser frauduleusement).

34ᵉ EXERCICE.

Trouver les mots français venus des mots anglais suivants.

Jockey, autrefois domestique, aujourd'hui celui qui monte les chevaux dans les courses (altération du français *Jaquet*, diminutif de *Jacques*). — **Jury** (de l'ancien français *jurée*, qui signifiait une assemblée assermentée pour quelque fonction).

Lasting, étoffe de laine rase qui dure fort longtemps (part. prés. du verbe *to last*, durer). — **Logg**, terme de marine, instrument employé pour mesurer la vitesse progressive d'un navire. — **Luff**, terme de marine, le bord ou le côté du navire qui se trouve frappé par le vent. — **Lunch**, repas accessoire entre le déjeuner et le dîner) †.

Meeting, on prononce *mitinng*, dit l'Académie; réunion publique (part. prés. du verbe *to meet*, se rencontrer). — **Mess**, réunion d'individus, surtout d'officiers, qui mangent ensemble, proprement plat, mets).

35ᵉ EXERCICE.

Trouver les mots français venus des mots anglais suivants.

Packet-boat, navire (de *packet*, paquet de dépêches, et *boat*, bateau). — **Pamphlet**, petit livre de peu de pages (de *palme-feuillet*, feuillet qui se tient à la main).

— **Plaid**, manteau de montagnard écossais. — **Porter**, espèce de bière forte ╂. —**Pudding** (du gaélique *putag*, *putagan*, boudin). — **Pulley** (de l'anglo-saxon *pullian*, tirer). — **Punch**, liqueur (du persan *pandj*, cinq, à cause des cinq ingrédients, thé, sucre, eau-de-vie, cannelle et citron, qui entrent dans cette boisson). — **Rail**. — **Railway**, route à rails. — **Riding coat**, vêtement (propr. vêtement pour chevaucher), (de *ride*, chevaucher, et *coat*, habit). — **Roastbeef**, morceau de bœuf rôti (de *roast*, rôti, et *beef*, qui est le français bœuf). — **Rout**, assemblée nombreuse de personnes du grand monde (de l'ancien français *route*, troupe, bande); on fait sentir le t, quelques-uns prononcent *raout*, dit l'Académie.

36ᵉ EXERCICE.

Trouver les mots français venus des mots anglais suivants.

Speech, on prononce *spîtch*, allocution ╂. — **Spencer**, habit coupé entre la taille et les basques (probablement nom propre devenu nom de vêtement). — **Spleen**, on prononce *spline,* dit l'Académie : sorte de mélancolie (du grec σπλήν, rate, la rate ayant passé pour être le siège de la mélancolie. — **Sport**, exercice en plein air (de l'ancien français *desport*, amusement). — **Square**, place carrée, en français jardin entouré d'une grille au milieu d'une place publique. — **Stall**, compartiment. —**Steeple chase**, on prononce *stiple-tchesse*, dit l'Académie (de *steeple*, clocher, et *chase*, chasse). — **Tender**. — **Ticket**, venu du français *étiquette*. — **Tilbury**, voiture (du nom du carrossier qui l'inventa). —**Toast**, on prononce et quelques-uns écrivent *toste*, dit l'Académie, proprement rôtie, puis vin qu'on boit avec la rôtie, et finalement coup bu à la santé (ancien français *tostée*, de *tos-*

ter, griller). — **Tourist** (de *tour*, voyage ; ancien français *tour*, même sens). — **Tramway**, voies à rails plats.
— **Turf**, tourbe à brûler, champ de gazon. — **Verdict**,
résultat de la délibération du jury (ancien mot français, du bas-latin *vereditum*, vraiment dit). — **Waggon**
chariot. — **Waterproof**, manteau imperméable (de
water, eau. et *proof*, à l'épreuve). — **Whist**, silence
(parce que ce jeu exige silence et attention.) — **Yacht**,
bâtiment léger (même racine que l'allemand *jagen*,
chasser).

37ᵉ EXERCICE.

*Trouver, au moyen des listes précédentes, les mots qui, primi-
tivement français, ont cessé d'être en usage dans notre langue
et nous sont revenus par l'intermédiaire de l'anglais.*

38ᵉ EXERCICE.

*Dresser au moyen des exercices précédents la liste des mots
français venus de l'anglais relatifs à la marine et à l'industrie.*

AUTRES MOTS D'ORIGINE EUROPÉENNE

39ᵉ EXERCICE.

Trouver les mots français venus des mots suivants.

FLAMAND. — **Kerk-misse**, messe de l'église, fête
patronale.

GÉNEVOIS. — **Evalanche** (du bas-latin *avalantia*, descente). — **Ranz** (de l'allemand *ranz*, course).

HOLLANDAIS. — **Dok**, bassin. — **Dogger-boot**, bâtiment servant à la pêche du hareng. — **Happen**, mor-
dre. — **Koolzaad** (de *kool*, chou, et *zaad*, semence,
litt. semence de chou), nom donné à cette variété de
chou dont les graines fournissent une huile bonne à

brûler. — **Vrybuiter**, vieux français *fribustier* (de *vry*, libre, et *boot*, butin), libre faiseur de butin.

Hongrois. — **Huszar** (de *husz*, vingt, parce que, dans les guerres contre les Turcs, chaque village devait fournir, sur vingt hommes, un homme équipé). — **Shako**, sorte de coiffure militaire.

Polonais. — **Mazurka, polka, redowa**, danses.

Russe. — **Knout**, instrument de supplice composé de nerfs de bœuf terminés par des crochets en fer. — **Steppe**, plaine vaste et inculte. — **Tsar**, nom que porte le souverain de la Russie (la forme *czar* est polonaise).

Suédois. — **Nickel**, nom d'un des génies nains des mines, donné par dépit à ce métal nouveau par les mineurs suédois qui l'avaient pris d'abord pour un minerai très précieux.

MOTS D'ORIGINE SÉMITIQUE

Hébreu, Turc, Arabe

40ᵉ EXERCICE.

Trouver les mots français venus des mots hébreux suivants.

Amen, vrai, vérité, mot par lequel se terminaient les prières des Juifs. — **Chabbath**, en latin *sabbatum* (de la racine *chabath*, se reposer). — **Eden**, jardin. — **Goulgoleth**, crâne, place du crâne; en transcription grecque γολγοθα. — **Hochi'ana**, forme d'impératif signifiant porte secours, assistance; en transcription grecque ωσαννα. — **Iehovah**, nom de la divinité. — **Keroubim**, anges. — **Livyathan**, monstre aquatique mal défini. — **Pesha** (en latin *pascha*), passage, la Pâque juive se célébrant en mémoire de la sortie d'Égypte). — **Pourim**, *sorts* (fête juive instituée en mémoire des sorts

jetés par Aman pour perdre les Israélites). — **Rabbi**
(formé de *rab,* maître). — **Satan,** ennemi, adversaire,
chef des anges rebelles. — **Serafim**, anges du feu. —
Tohou-va-bohou, désert, solitude, néant, expression
appliquée à la terre au premier chapitre de la Genèse.
— **Yobel,** sorte de trompette au son de laquelle on
annonçait l'année du jubilé [1].

41ᵉ EXERCICE.

Trouver les mots français venus des mots turcs suivants.

Diwan. — **Dolaman,** manteau. — **Efendi,** seigneur. — **Kieuchk,** belvédère. — **Kolbâk,** sorte de
coiffure. — **Odaliq,** femme attachée au service des
chambres du palais. — **Qaiq,** chef. — **Tchibouq,** bâton,
tuyau, pipe. — **Yataghan** sorte de coutelas. — **Yeni-
tcheri,** littér. nouveau soldat.

42ᵉ EXERCICE.

Trouver les mots français venus des mots arabes suivants.

Al-qoran, la lecture (par excellence). — **Allah** (pour
al-ilah), la divinité. — **Charif,** illustre, noble. — **Cheikh,**
vieillard, seigneur. — **Chatt,** prononcé *chott,* bord, rive
d'un fleuve. — **Dhorra,** sorte de millet. — **Djinn,** les
génies et les démons. — **Djoubba** (en espagnol *Chupa,*
en italien *giuppa*), vêtement. — **Douar,** village composé de tentes. — **Emir** ou **amir,** chef. — **Fagir,**
pauvre. — **Fellah,** laboureur. — **Ghazia,** prononcé
en Algérie *razia,* incursion militaire. — **Ghoul,** ogre ou
démon qui dévore les hommes. — **Gourbi,** village de
tentes. — **Hachich,** herbe, foin, chanvre. — **Hachi-**

---

1. La plupart de ces mots, avant de passer au français, ont été
transcrits en latin par saint Jérôme.

chi (adjectif dérivé de *hachich*, boisson enivrante qui jouait un rôle important dans la fanatisation des sectaires ismaéliens'. — **Harem**, gynécée. — **Hedjra**, fuite de Mahomet à Médine, le 6 juillet 622.

43ᵉ EXERCICE.

Suite du précédent.

Imam. — **Islam**, religion musulmane, proprement *résignation à la volonté de Dieu*. — **Kakoua** (prononcé à la turque *kahvé*), liqueur. — **Khan**, hôtel. — **La'oq**, potion qu'on prend à petites gorgées. — **Maqabir**, cimetière (de là le nom d'une danse'. — **Matrah**, ancien français *materas, mathelas*. — **Oualida** (prononcé en turc *validé*), mère. — **Ouilaya** (prononcé en turc *vilayet*), province, préfecture. — **Qabila**, tribu. — **Qadi**, juge. — **Qaid**, chef, capitaine. — **Salem'aleik**, locution signifiant *salut sur toi*. — **Sandal**, arbre odoriférant. — **Semoum**, vent brûlant d'Afrique. — **Seyid**, seigneur. — **Soultan**. — **Soumag**, arbre produisant des baies servant à l'assaisonnement. — **Talq**, substance analogue au mica. — **Zagaya**, espèce de baïonnette.

44ᵉ EXERCICE.

Trouver les mots français venus de l'arabe par l'intermédiaire des mots espagnols suivants.

Alambique (de l'arabe *al-ambiq*, venu du grec ἄμβιξ, vase à distiller). — **Alazan** (de l'arabe *al-hasan*, le beau, l'élégant). — **Albaricoque** (de l'arabe *al-birkouk*, lequel était venu du bas-grec πραικόκκιον, ayant lui-même pour origine le latin præcoquum (de præcox), nom donné à ce fruit à cause de sa précocité) [1]. —

1. C'est là, dit Littré, un curieux exemple de la propagation et

Alcalde (de l'arabe *al-kadi*, le juge). — **Alcali** (de l'a-
rabe *al-qali*, cendre de soude). — **Alcarraza** (de l'arabe
al-kourraz, cruche). — **Alcoba** (de l'arabe *al-kobba*, la
petite maison, la tente). — **Alcohol** (de l'arabe *al-kohl*,
khandjar, le sabre). — **Algarada** (de l'arabe *al-yhara*,
incursion militaire, expédition guerrière). — **Algebra**
(de l'arabe *al-djebr*, réduction). — **Alguacil** (de l'arabe
al-wazir, le vizir). — **Alquimia** (de l'arabe *al* et du grec
χυμία ou χημεία, chimie). — **Arac** (de l'arabe *araq*,
lait, lait fermenté du dattier). — **Arrecife** (de l'arabe
arrecif, chaussée). — **Azarolla** (de l'arabe *az-zo'rour*,
même sens).

45ᵉ EXERCICE.

Suite du précédent.

    Badana (de l'arabe *bithanet*, peau de mouton tannée).
— **Barbacana** (de l'arabe *barbakh*, même sign.). —
Beduino (de l'arabe *bedoui*, qui demeure dans le
désert). — **Califa** (de l'arabe *kalifa*, successeur de
Mahomet). — **Caramelo** (de l'arabe *Kora mochalla*,
boule, chose douce). — **Cifra** (de l'arabe *sifr*, vide,
mot employé pour désigner le zéro). — **Gabela** (de
l'arabe *alcabala*, impôt, taxe). — **Jasmin** (de l'arabe
iásmin, fleur odoriférante). — **Lacayo** (de l'arabe *lakiyy*,
attaché à quelqu'un). — **Mantilla** (de l'arabe *mandila*,
sorte de vêtement de femme). — **Maravedi** (de l'arabe
morabiti, monnaie frappée sous la dynastie des Almora-
vides). — **Mezquino** (de l'arabe *maskin*, pauvre). —
Mezquita (de l'arabe *mesdjid*, lieu de prières). —

---

de l'altération d'un mot qui du latin est venu en français par l'intermédiaire de l'arabe et de l'espagnol. Quelques autres mots ont
eu un sort analogue.

Momaia (de l'arabe *moumia*, de cire). — **Mufti** (de l'arabe *moufti*, jurisconsulte). — **Musulman** (de l'arabe *mouslim*, qui fait partie de l'islam). — **Nabab** (de l'arabe *nowab*, lieutenant). — **Nadir** (de l'arabe *nadhir*, opposé à, en face de). — **Rob** (de l'arabe *robb*, sirop ou gelée de fruits). — **Tarifa** (de l'arabe *ta'arifa*, notification). — **Zarbatana** et *cerbatana* (de l'arabe *zabatana*, canne creuse). — **Zenith** et *cenit* (corruption de l'arabe *semt*, chemin, et abréviation de *chemin au-dessus de la tête*).

46ᵉ EXERCICE.

Trouver les mots français venus de l'arabe par l'intermédiaire de mots italiens (Voir exercices 4-17).

MOTS D'ORIGINE PERSANE

47ᵉ EXERCICE.

Trouver les mots français venus des mots persans suivants.

Bazar. — **Boutkedè** et **Poutkoudè,** maison des idoles, temple d'idoles. — **Chagal,** animal ressemblant au renard. — **Chah,** roi (les Anglais transcrivent *shah*, et les Allemands *schah*). — **Chal,** drap grossier en poils de chèvres que les derviches jettent sur leurs épaules. — **Ferman,** ordre. — **Karwan.** — **Karwanseraï,** demeure, hôtel de la caravane. — **Houri,** littér. qui a les yeux noirs de la gazelle. — **Khediw,** roi, souverain. — **Lechkery,** soldats, puis, par dérivation, matelots indiens de la classe des parias.—**Nareng,** en espagnol *naranja*, vieux français orenge. — **Narghil,** cocotier, noix de coco avec laquelle on fait des pipes.—**Roupiya,** monnaie d'or ou d'argent. —**Seraï,** palais, demeure royale. — **Sipahi,** cavalier, soldat.

MOTS D'ORIGINE MALAISE

48ᵉ EXERCICE.

Trouver les mots français venus des mots malais suivants.

Bambou. —Gong. — **Kasouari,** oiseau. —**Orang-houtan** (de *orang*, homme, et *houtan*, bois), littér. homme des bois. — **Penggouling** (de *gouling*, rouler), animal qui se roule en boule à la façon des hérissons. — **Praho,** en espagnol et en italien *piroga*. — **Rotan,** arbrisseau avec lequel on fait des cannes et des sièges. — **Sagou,** palmier produisant une fécule particulière.

AUTRES MOTS D'ORIGINE ASIATIQUE

49ᵉ EXERCICE.

Trouver les mots français venus des mots suivants.

CHINOIS.— **Té,** plante appelée par les botanistes *thea sinensis*.

SANSCRIT. — **Brahman,** homme de la caste sacerdotale. —**Iangala,** désert. — **Karnikin,** éléphant (de là le nom de son conducteur).

SIAMOIS. — **Banlangko,** du pâli *pallangko*, bois de lit, lit.

TAMOUL. — **Pareyers,** homme hors de classe.

MOTS DITS D'ORIGINE HISTORIQUE

1. — Mots venant d'un nom de peuple, de pays, de ville, etc.

50ᵉ EXERCICE.

Faire connaître l'étymologie des mots suivants.

Artésien. — Angora. — Assassin. — Berline. — Bis-
caïen. — Bougie. — Cachemire *et* casimir. — Calicot.
— Canari. — Cantaloup. — Carmagnole. — Chiner. —
Cognac. — Cordonnier. — Cravate. — Curaçao. — Da-
mas. — Dinde. — Épagneul. — Esclave. — Faïence. —
Fez. — Fiacre. — Flandrin. — Franc. — Frise.

51ᵉ EXERCICE.

Suite du précédent.

Gavotte. — Gaze. — Gothique. — Guinée. — Grève.
— Hermine. — Laconique. — Madras. — Maroquin. —
Moka. — Mousseline. — Nankin. — Ottomane. — Perse.
— Persienne. — Pistolet. — Rouennerie. — Sardoni-
que. — Sarrasin. — Tournois. — Truie. — Vandalisme.
— Vaudeville.

2. — Mots venant d'un nom de personne.

52ᵉ EXERCICE.

Faire connaître l'étymologie des mots suivants.

Amphitryon. — Barème. — Calepin. — Daguerréotype. — Dahlia. — Dédale. — Escobarderie. — Fon-
tange. — Galvanisme. — Gilet. — Guillemet. — Guil-
lotine. — Hercule. — Jaquette. — Jérémiade.

53ᵉ EXERCICE.

Suite du précédent.

Lambiner. — Louis. — Macadam. — Magnolier. —
— Mansarde. — Marionnette *et* marotte. — Marotique.
— Martinet. — Mégère. — Mercure. — Nicotine. —
Phaéton. — Pierrot. — Praline. — Quinquet. — Roquet.
— Sansonet. — Silhouette. — Simonie. — Strass. —
Tontine. — Turlupinade.

3. — Mots venant du nom d'un personnage ou d'un objet imaginaire.

54ᵉ EXERCICE.

Trouver l'étymologie des mots suivants.

Céladon. — Espiègle. — Flamberge. — Patelinage.
— Renard. — Robinet. — Tartufe.

———

MOTS D'ORIGINE SAVANTE

MOTS D'ORIGINE GRECQUE

OBSERVATION. — La plupart des mots suivants ne sont pas
venus directement du grec en français, ils ont d'abord été
transcrits en latin, soit par les auteurs classiques, soit par les
écrivains du moyen âge, et c'est du latin qu'ils sont passés
dans notre langue. D'autres mots français ont été formés par
les savants soit d'une racine grecque augmentée d'un ou de
plusieurs suffixes comme *achromatique*, soit de deux ou de
plusieurs mots grecs juxtaposés comme *aéromètre, phono-
graphe, anthroposomatologie.* Ces mots seront étudiés plus
loin au chapitre des *Mots composés.*

55ᵉ EXERCICE.

Trouver les mots français de **formation savante** *venus des mots grecs suivants ; en indiquer le sens.*

Ἄβαξ, ακος. — Ἀγαλακτία. — Ἀγάπη. — Ἀγαπητός. — Ἀγγειολογία. — Ἀγοράφος. — Ἀγκυλοβλέφαρον. — Ἀγκυλόγλωσσον. — Ἀγκύλωσις. — Ἄγκυρα, ancora. — Ἀγκών. — Ἀγλαή. — Ἀγορά. — Ἀγορανόμος. — Ἀγρονομία. — Ἀγρονόμος. — Ἀγρυπνία. — Ἄγρωστις. — Ἀγωνία. — Ἀγωνίζειν. — Ἀγωνοθέτης. — Ἀδενοειδής. — Ἀδηφαγία. — Ἀδάμαντον. — Ἀδυναμία. — Ἀετίτης. — Ἄζυμος. — Ἄθεος. — Ἀθηναῖον. — Ἀθλητής. — Αἰγίλωψ. — Αἰγίς, ίδος. — Αἰθήρ. — Αἱματίτης. — Αἱματώδης. — Αἱμάτωσις. — Αἱμορραγία. — Αἴνιγμα. — Αἰολικός. — Αἱρεσιάρχης. — Αἵρεσις. — Αἰσθητικός. — Αἰτιολογία.

56ᵉ EXERCICE.

Trouver les mots français de **formation savante** *venus des mots grecs suivants ; en indiquer le sens.*

Ἀκαδημία. — Ἄκαμπτος. — Ἄκανθος. — Ἀκαταληκτικός. — Ἀκαταληψία. — Ἄκαυλος. — Ἄκερος. — Ἀκέφαλος. — Ἀκόνιτον. — Ἀκούσματος. — Ἀκουστικός. — Ἀκράτεια. — Ἀκριδοφάγος. — Ἀκρισία. — Ἀκροατικός. — Ἀκρόνυχος. — Ἀκρόστιχον. — Ἀκρώμιον. — Ἀκρωτήριον. — Ἀκτινωτός. — Ἀκώλυτος. — Ἀλεξητήριον. — Ἀλεξιφάρμακον. — Ἀληκτώ. — Ἀλθαία. — Ἀλιευτικός. — Ἄλισμα. — Ἀλκαϊκός. — Ἀλκέα. — Ἀλκύων. — Ἀλλαντοειδής. — Ἀλληγορία. — Ἀλμαναχά, almanachus. — Ἀλοΐνη. — Ἄλυσσον. — Ἀλγός. — Ἀλωπεκία. — Ἅλως.

57ᵉ EXERCICE.

Trouver les mots français de **formation savante** *venus des mots grecs suivants ; en indiquer le sens.*

Ἀμαδρυάδες. — Ἀμαζών. — Ἀμάραντος. — Ἀμαύρωσις. — Ἀμβλυγώνιος. — Ἀμβλυωπία. — Ἀμβροσία. — Ἄμβων. —

3

Ἀμέθυστος. — Ἀμίαντος. — Ἄμμι. — Ἀμμοδύτης. — Ἀμμό-
χρυσος. — Ἀμμωνιακόν. — Ἀμνηστία. — Ἄμορφος. — Ἀμπε-
λίτης. — Ἀμυγδάλη. — Ἀμφίβιος. — Ἀμφιβράγχια. — Ἀμφί-
βραχυς. — Ἀμφιθέατρον. — Ἀμφικέφαλος. — Ἀμφίμακρος. —
Ἀμφιπρόστυλος. — Ἀμφίσβαινα. — Ἀμφορεύς, amphora. —
Ἀμφωτίς, ίδος.

58ᵉ EXERCICE.

Trouver les mots français de **formation savante** *venus des
mots grecs suivants; en indiquer le sens.*

Ἀναβαπτιστής. — Ἀνάβρωσις. — Ἀναγαλλίς. — Ἀναγλυφή.
— Ἀνάγραμμα. — Ἀναδίπλωσις. — Ἀνάδοσις. — Ἀνάθεμα. —
Ἀνάλεκτα. — Ἀνάλημμα. — Ἀνάληψις. — Ἀναλογία. —
Ἀναλόγισμα. — Ἀνάλυσις. — Ἀναμνηστικός. — Ἀναμόρφωσις. —
Ἀνάπαιστος. — Ἀναπέτεια. — Ἀναπλήρωσις. — Ἀνάπνευσις. —
Ἀναρροπία. — Ἀναρχία. — Ἀνάσπασις. — Ἀνασταλτικός. —
Ἀνάστασις. — Ἀναστόμωσις. — Ἀναστροφή. — Ἀνατοκισμός. —
Ἀνατολή. — Ἀνατομή. — Ἀναφορά. — Ἀναχωρητής.

59ᵉ EXERCICE.

Trouver les mots français de **formation savante** *venus des
mots grecs suivants; en indiquer le sens.*

Ἀνέκδοτος. — Ἀνεμώνη. — Ἀνεπίγραφος. — Ἀνεύρυσμα. —
Ἀνθέλιξ. — Ἀνθηρός. — Ἄνθησις. — Ἀνθολογία. — Ἀνθρα-
κίτης. — Ἄνθραξ. — Ἀνθρωπόμορφος. — Ἀνθρωποφάγος. —
Ἄνισον. — Ἀνορεξία. — Ἀνταγώνισμα. — Ἀνταγωνιστής. —
Ἀνταρκτικός. — Ἀντίδοτον. — Ἀντίθεσις. — Ἀντιλόβιον. —
Ἀντιλογία. — Ἀντινομία. — Ἀντιπάθεια. — Ἀντίποδες. —
Ἀντιρρητικός. — Ἀντίσπασις. — Ἀντισπαστικός. — Ἀντίσπαστος.
— Ἀντιστροφή. — Ἀντίχρησις. — Ἀντονομασία. — Ἀξίωμα. —
Ἀόριστος. — Ἀορτή. — Ἀνωδυνία. — Ἀνώδυνος. — Ἀνωμαλία.
— Ἀνώνυμος.

60ᵉ EXERCICE.

Trouver les mots français de **formation savante** *venus des mots grecs suivants ; en indiquer le sens.*

Ἀπάθεια. — Ἀπανθρωπία. — Ἀπεψία. — Ἀπήχημα. — Ἀπληστία. — Ἀπλοτομία. — Ἄπνοια. — Ἀπόγειον. — Ἀπογραφή. — Ἀποδεικτικός. — Ἀποδίωξις. — Ἀπόζεμα. — Ἀποθέωσις. — Ἀπόθραυσις. — Ἀποκάλυψις. — Ἀποκένωσις. — Ἀποκοπή. — Ἀπόκρυφος. — Ἀπολογία. — Ἀπόλογος. — Ἀπονεύρωσις. — Ἀποπληξία. — Ἀποσιτία. — Ἀποστασία. — Ἀπόστημα. — Ἀποστροφή. — Ἀποτομή. — Ἀπόφθεγμα. — Ἀποφυγή. — Ἀπόφυσις. — Ἄπτερος. — Ἀπυρεξία. — Ἄπυρος.

61ᵉ EXERCICE.

Trouver les mots français de **formation savante** *venus des mots grecs suivants ; en indiquer le sens.*

Ἀραιόστυλος. — Ἀραχνοειδής. — Ἄργιλλος. — Ἀργοναύτης. — Ἀργυράσπιδες. — Ἀρειόπαγος. — Ἀριθμητική. — Ἀριστοκράτεια. — Ἀρκτικός. — Ἀρκτοφύλαξ. — Ἁρμονία. — Ἅρπυιαι. — Ἀρσενικόν. — Ἀρτέμων. — Ἀρτηρία. — Ἄρον. — Ἀρχαιολογία. — Ἀρχαιότυπος. — Ἀρχαϊσμός. — Ἀρχίατρος. — Ἀρχιμανδρίτης. — Ἀρχίμιμος. — Ἀρχιτεκτονικός. — Ἀρχιτέκτων. — Ἄρχων, ἄρχοντος. — Ἄρωμα.

62ᵉ EXERCICE.

Trouver les mots français de **formation savante** *venus des mots grecs suivants ; en indiquer le sens.*

Ἄσβεστος. — Ἀσθένεια. — Ἆσθμα. — Ἀσκαρίδες. — Ἀσκητικός. — Ἀσκίτης. — Ἀσκοφόρος. — Ἀσπάραγος. — Ἀσπιδοφόρος. — Ἀστερισμός. — Ἀστράγαλος. — Ἀστρόλαβον. — Ἀστρολογία. — Ἄστρον. — Ἀστρονομία. — Ἀσύμπτωτος. — Ἄσφαλτος. — Ἀσφοδέλος. — Ἀσφυξία. — Ἀσώδης. — Ἀταξία. —

Ἀταραξία. — Ἄτομος. — Ἀτονία. — Ἀτροφία. — Ἀττικισμός. — Αὐθεντικός. — Αὐλικός. — Αὐστηρός. — Αὐτόγραφος. — Αὐτόματος. — Αὐτονομία. — Αὐτόνομος. — Αὐτόχθων. — Αὐτοψία. — Ἀφαίρεσις. — Ἄφθαι. — Ἀφορισμός. — Ἀφρόνιτρον. — Ἄφυλλος. — Ἀχώρ. — Ἀψίς, ιδος.

63ᵉ EXERCICE.

Trouver les mots français de **formation savante** *venus des mots grecs suivants; en indiquer le sens.*

Βαλανίτης. — Βαλσαμίνη. — Βάπτισμα. — Βαρβαρισμός. — Βάρβαρος. — Βαρύτονος. — Βαρυφωνία. — Βασιλική. — Βασιλικόν. — Βασιλίσκος. — Βάσις. — Βατραχίτης. — Βατραχομυομαχία. — Βαττολογία. — Βελομαντεία. — Βηχικός. — Βιβλία. — Βιβλιογραφία. — Βιβλιογράφος. — Βιβλιοθήκη. — ' Βλασφημεῖν. — Βολίς, ίδος. — Βορέα. — Βορβορυγμός. — Βόσπορος. — Βοτανική. — Βουβών. — Βούγλωσσον. — Βουκέφαλος. — Βουκολικός. — Βουλιμία. — Βουστροφήδον. — Βράγχια. — Βραδυπεψία. — Βραχίων. — Βρογχοκήλη. — Βρόγχος. — Βρύον. — Βρῶμος. — Βύσσος.

64ᵉ EXERCICE.

Trouver les mots français de **formation savante** *venus des mots grecs suivants; en indiquer le sens.*

Γάλλιον. — Γάγγραινα. — Γάμμα. — Γαργαρίζειν. — Γαστήρ. — Γαστραλγία. — Γαστρονομία. — Γενεαλογία. — Γενεθλιακός. — Γένεσις. — Γέρων, οντος. — Γεωγραφία. — Γεώδης. — Γεωμετρία. — Γεωργικός. — Γιγαντομαχία. — Γλαυκός. — Γλυφή. — Γλῶσσα. — Γλῶττα. — Γνώμη. — Γνωμικός. — Γνώμων. — Γνῶσις. — Γνωστικός. — Γόμφωσις. — Γραφικός. — Γράμμα. — Γρῖφος. — Γρύπωσις. — Γυμνάσιον. — Γυμναστική. — Γυμνικός. — Γυμνοπαιδία. — Γυμνοσοφιστής. — Γυναικεῖον. — Γύψος.

65ᵉ EXERCICE.

Trouver les mots français de **formation savante** *venus des mots grecs suivants : en indiquer le sens.*

Δαίδαλος. — Δαίμων. — Δάκτυλος. — Δεκάγωνος. — Δεκάλογος. — Δεκάς, άδος. — Δεκάστυλος. — Δέλτα. — Δελφίς, ίνος. — Δέρμα. — Δεσπότης. — Δευτερονόμιον. — Δημαγωγός. — Δημιουργός. — Δημοκρατία. — Δῆμος. — Διάβολος. — Διάγνωσις. — Διάγραμμα. — Διάδημα. — Διάθεσις. — Δίαιτα. — Διάκονος. — Διαλεκτική. — Διάλεκτος. — Διάλογος. — Διαπασῶν. — Διάπτωσις. — Διάρθρωσις. — Διάρροια. — Διασκευαστής. — Διάστασις.

66ᵉ EXERCICE.

Trouver les mots français de **formation savante** *venus des mots grecs suivants ; en indiquer le sens.*

Διάστημα. — Διαστολή. — Διατριβή. — Δίαυλος. — Διαφανής. — Διαφόρησις. — Διάφραγμα. — Διάφυσις. — Δίδραχμος. — Δίγαμμα. — Διδακτικός. — Διδασκαλία. — Δίεσις. — Διθύραμβος. — Δίκταμον. — Δίλημμα. — Δίμετρος. — Διοίκησις. — Διονυσιακός. — Διοπτρικός. — Διόσκουροι. — Δίπλωμα. — Διποδία. — Δίπτυχα. — Δισσύλλαβος. — Δίστιχος. — Διχόρειος. — Διχοτομία.

67ᵉ EXERCICE.

Trouver les mots français de **formation savante** *venus des mots grecs suivants ; en indiquer le sens.*

Δόγμα. — Δογματικός. — Δόλος — Δοξολογία. — Δόσις. — Δράκων. — Δράμα. — Δραματικός. — Δραματουργός. — Δραστικός. — Δραχμή. — Δρυάδες. — Δυάς, άδος. — Δύναμις. — Δυναστεία. — Δυνάστης. — Δυσεντερία. — Δυσουρία. — Δυσπεψία. — Δύσπνοια. — Δυτικός. — Δωδεκάγωνος. — Δωδεκάεδρος. — Δῶμα. — Δωρικός.

68ᵉ EXERCICE.

Trouver les mots français de **formation savante** *venus des mots grecs suivants ; en indiquer le sens.*

Ἔβενος. — Ἐγκαυστική. — Ἐγκέφαλον. — Ἐγκλιτικός. — Ἐγκύκλιος. — Ἐγκυκλοπαιδεία. — Ἐγχειρίδιον. — Ἐγχύμωσις. — Ἐθνάρχης. — Ἐθνικός. — Εἰδύλλιον. — Εἴδωλον. — Εἰκονογραφία. — Εἰκονοκλαστής. — Εἰκονολογία. — Εἵλως, ωτος. — Εἰρωνεία. — Ἔκβασις. — Ἔκζεμα. — Ἔκθλιψις. — Ἐκκλησία. — Ἐκκλησιαστής. — Ἐκκλησιαστικός. — Ἐκκοπή. — Ἐκκοπρωτικός. — Ἔκλαμψις. — Ἔκλειψις. — Ἐκλεκτικός. — Ἐκλογή. — Ἔκστασις. — Ἔκτασις. — Ἐκτρόπιον. — Ἔκτυπον. — Ἐκχύμωσις. — Ἐλεγεία. — Ἐλευθέρια. — Ἐλέφας. — Ἕλιξ. — Ἑλλέβορος. — Ἔλλειψις. — Ἕλληνες. — Ἑλληνίζειν. — Ἑλληνικός. — Ἑλληνισμός. — Ἑλληνιστής. — Ἕλμινς, ινθος. — Ἔλυτρον.

69ᵉ EXERCICE.

Trouver les mots français de **formation savante** *venus des mots grecs suivants ; en indiquer le sens.*

Ἔμβλημα. — Ἔμβρυον. — Ἐμετικός. — Ἐμπειρικός. — Ἔμπλαστρον. — Ἐμπύημα. — Ἐμπύρευμα. — Ἔμπυρος. — Ἔμφασις. — Ἔμφραξις. — Ἐμφύσημα. — Ἐμφύτευσις. — Ἐναλλαγή. — Ἐναντίωσις. — Ἐναρμονικός. — Ἐνδημία. — Ἐνέργεια. — Ἐνεργούμενος. — Ἐνθουσιασμός. — Ἐνθύμημα. — Ἐννεάς, άδος. — Ἐντερικός. — Ἐντελέχεια. — Ἐξαίρησις. — Ἑξάμετρος. — Ἑξάπολις. — Ἑξάπους, ποδος. — Ἑξάστυλος. — Ἔξαρχος. — Ἔξοδος. — Ἐξομολόγησις. — Ἐξορκίζειν. — Ἐξορκισμός. — Ἐξόστωσις. — Ἐξωτερικός.

70ᵉ EXERCICE.

Trouver les mots français de **formation savante** *venus des mots grecs suivants ; en indiquer le sens.*

Ἐπαγόμενος. — Ἔπακτος. — Ἐπαναδίπλωσις. — Ἐπανά-

λῆψις. — Ἐπανόρθωσις. — Ἐπεισόδιον. — Ἐπένθεσις. —
Ἐπιγάστριον. — Ἐπιγλωττίς. — Ἐπίγονοι. — Ἐπίγραμμα. —
Ἐπιγραφή. — Ἐπιδερμίς. — Ἐπιδήμιος. — Ἐπιθαλάμιον. —
Ἐπίθετον. — Ἐπικός. — Ἐπικράνιος. — Ἐπίκρασις. — Ἐπί-
κυκλος. — Ἐπιληψία. — Ἐπίλογος. — Ἐπίστασις. — Ἐπιστά-
της. — Ἐπιστολή. — Ἐπιστολογράφος. — Ἐπιστροφή. —
Ἐπιστύλιον. — Ἐπίτασις. — Ἐπιτάφιον. — Ἐπιτομή. — Ἐπι-
τροπή. — Ἐπιφάνεια. — Ἐπιφανής. — Ἐπιφορά. — Ἐπιφώνημα.
— Ἐπιχείρημα.

71ᵉ EXERCICE.

Trouver les mots français de **formation savante** *venus des
mots grecs suivants; en indiquer le sens.*

Ἐποποία. — Ἐπουλωτικός. — Ἐποχή. — Ἐπτάχορδος. —
Ἐπῳδή. — Ἐπώνυμος. — Ἑρμαφρόδιτος. — Ἑρμηνευτικός. —
Ἑρμῆς. — Ἔρπης. — Ἐρυσίπελος. — Ἐρωτικός. — Ἐσωτερικός.
— Ἑτερογενής. — Ἑτερόδοξος. — Ἑτερόκλιτος. — Ἑτερόσκιοι.
— Ἐτήσιοι. — Ἐτυμολογία. — Εὐαγγέλιον. — Εὐδαιμο-
νισμός. — Εὐεργέτης. — Εὐκρασία. — Εὐλογία. — Εὐμενίδες.
— Εὐρώπη. — Εὐτέρπη. — Εὐφημισμός. — Εὐφροσύνη. —
Εὐφωνία. — Εὐχαριστία. — Εὐχολόγιον. — Ἔχθος. — Ἐφηλίς,
ίδος. — Ἐφήμερος. — Ἐφημερίς, ίδος. — Ἔφορος. — Ἐχῖνος.

72ᵉ EXERCICE.

Trouver les mots français de **formation savante** *venus des
mots grecs suivants; en indiquer le sens.*

Ζέφυρος. — Ζῆλος. — Ζητητικός. — Ζιζάνιον. — Ζύγωμα.
— Ζωδιακός. — Ζώνη. — Ζωοφάγος. — Ζωοφόρος. — Ζωόφυτον. — Ζώπισσα.

Ἦθος. — Ἡλιακός. — Ἡλιαστής. — Ἡθοποιία. — Ἤλεκτρον.
— Ἡλύσιον. — Ἡμεροκαλλίς. — Ἡμίκυκλος. — Ἡμίνα. —
Ἡμίονος. — Ἡμιπληξία. — Ἡμισφαίριον. — Ἡμιστίχιον. —
Ἡπατικός. — Ἡπατῖτις. — Ἡρωϊκός. — Ἥρως. — Ἠχώ.

73ᵉ EXERCICE

Trouver les mots français de **formation savante** *venus des mots grecs suivants; en indiquer le sens.*

Θαυματουργός. — Θεανδρικός. — Θεάνθρωπος. — Θέατρον. — Θέμα. — Θέμις. — Θέναρ. — Θεογονία. — Θεοκρατία. — Θεολογία. — Θεομαντεία. — Θεομάχος. — Θεόσοφος. — Θεουργία. — Θεοφάνεια. — Θεραπευταί. — Θεραπευτικός. — Θερμαί. — Θερμαντικός. — Θέσις. — Θεσμοθέτης. — Θεώρημα. — Θεωρία. — Θεωρός. — Θηριακή. — Θησαυρίζειν. — Θλάσπι. — Θλίψις. — Θόλος. — Θρόμβος. — Θρόνος. — Θυΐα. — Θυϊάδες. — Θύμος. — Θυροειδής. — Θύρσος. — Θωρακικός. — Θώραξ.

74ᵉ EXERCICE.

Trouver les mots français de **formation savante** *venus des mots grecs suivants; en indiquer le sens.*

Ἴαμβος. — Ἴασις. — Ἴβις. — Ἰδέα. — Ἰδίωμα. — Ἰδιώτης. — Ἱεραρχία. — Ἱερατικός. — Ἱερογλύφος. — Ἱερογραφία. — Ἱερολογία. — Ἱεροφάντης. — Ἴκτερος. — Ἰλιάς, αδος. — Ἵππαρχος. — Ἱππιατρική. — Ἱππικός. — Ἱππόδρομος. — Ἱππόκαμπος. — Ἱπποκένταυρος. — Ἱπποκρήνη. — Ἱπποπόταμος. — Ἶρις. — Ἰσθμός. — Ἰσοσκέλης. — Ἰσόχρονος. — Ἱστορία. — Ἱστοριογράφος. — Ἰχθυοφάγος. — Ἰχνογραφία. — Ἰώδης. — Ἰωνικός. — Ἰῶτα.

75ᵉ EXERCICE.

Trouver les mots français de **formation savante** *venus des mots grecs suivants; en indiquer le sens.*

Καθαρτικός. — Καθολικός. — Κακολογία. — Κακοφωνία. — Κακόχυμος. — Καλλιγραφία. — Καλλιγράφος. — Κάλυξ. — Κάμηλος. — Κανήφορος. — Κανθαρίς, ίδος. — Κάννη. — Κανονικός. — Κανών. — Καρυάτιδες. — Καρωτίδες. — Κατά-

δοῦπα. — Κατάλυσμός. — Κατάλεκτά. — Καταληπτικός. —
Κατάληψις. — Κατάλογος. — Κατάλυσις. — Καταπέλτης,
catapulta. — Κατάπλασμα. — Καταρράκτης. — Κατάρρους.
— Κατάστασις. — Καταστροφή. — Καταφρακτός. — Κατά-
χρησις. — Κατηγορία. — Κατηγούμενος. — Κατήχησις. —
Κατοπτρικός. — Καυστικός. — Καυτήριον. — Καχεξία.

76ᵉ EXERCICE.

Trouver les mots français de **formation savante** *venus des
mots grecs suivants : en indiquer le sens.*

Κέδρος. — Κενοτάφιον. — Κένταυρος. — Κέραμος. —
Κεράστης. — Κεστός. — Κεφαλαλγία. — Κεφαλικός. —
Κιβώριον. — Κινάρα. — Κιννάμωμον. — Κίσσος. — Κισσο-
φόρος. — Κλέφθης. — Κλεψύδρα. — Κληρικός. — Κλίμα. —
Κλιμακτηρικός. — Κλινικός. — Κνημίς, ίδος. — Κόγχη. —
Κογχοειδής. — Κογχύλιον. — Κόθορνος, cothurnus. —
Κοιλιακός. — Κοιμητήριον. — Κοινόβιος. — Κόκκος. —
Κολεόπτερος. — Κόλλα. — Κολλύριον. — Κολοκύνθα. —
Κολοσσός. — Κόλουρος. — Κομήτης. — Κόμμα. — Κόνδυ-
λος. — Κοράλλιον. — Κορύζα. — Κόρυμβος. — Κορυφαῖος.
— Κοσμητικός. — Κοσμογονία. — Κοσμογραφία. — Κοσμο-
λογία. — Κοσμοπολίτης. — Κοτύλη. — Κοτυληδών.

77ᵉ EXERCICE.

Trouver les mots français de **formation savante** *venus des
mots grecs suivants ; en indiquer le sens.*

Κραιπάλη, crapula. — Κράνιον. — Κράσις. — Κρατήρ. —
Κρίσις. — Κριτήριον. — Κροκόδειλος. — Κρόταλον. —
Κρότης. — Κρύσταλλος. — Κύαθος. — Κύανωσις. — Κύβιτον.
— Κύβος. — Κυκλάδες. — Κυκλοειδής. — Κύκλος. —
Κύκλωψ. — Κύκνος. — Κύλινδρος. — Κύμβαλον. — Κυνάγχη.
— Κυνηγετική. — Κυνικός. — Κυνισμός. — Κυνόγλωσσον. —

Κυνοκέφαλος. — Κυπάρισσος. — Κυροπαιδεία. — Κύστις. — Κύτισος. — Κωλικός. — Κῶλον. — Κῶμα. — Κωμικός. — Κωμωδία. — Κῶνος.

78ᵉ EXERCICE.

Trouver les mots français de **formation savante** *venus des mots grecs suivants; en indiquer le sens.*

Λαβύρινθος. — Λάθυρος. — Λαϊκός. — Λακωνικός. — Λαμβαδιστής. — Λαμία. — Λαμπαδοφόρος. — Λαμπυρίς. — Λατρεία. — Λειεντερία. — Λειτουργία. — Λειπογράμματος. — Λειποθυμία. — Λεξικογράφος. — Λεξικόν. — Λήθη. — Λῆμμα. — Λισσός. — Λιθάργυρος. — Λιθίασις. — Λιθοκόλλα. — Λιτανεία. — Λοβός. — Λογικός. — Λογογράφος. — Λογοθέτης. — Λογομαχία. — Λυκάνθρωπος. — Λύκειον. — Λύγξ. — Λύρα. — Λυρικός. — Λωτοφάγοι.

79ᶠ EXERCICE.

Trouver les mots français de **formation savante** *venus des mots grecs suivants; en indiquer le sens.*

Μαινάς, άδος. — Μανία. — Μαρασμός. — Μάρτυρ. — Ματαιολογία. — Μέγαιρα. — Μεγαλογραφία. — Μέδιμνος. — Μέθοδος. — Μελαγχολία. — Μελοποιία. — Μελωδία. — Μεταβολή. — Μετάθεσις. — Μετάληψις. — Μεταμόρφωσις. — Μεταπλασμός. — Μετάστασις. — Μετατάρσιον. — Μεταφορά. — Μετάφρασις. — Τὰ μεταφυσικά. — Μετεμψύχωσις. — Μετεωρολογία. — Μετέωρος. — Μετονομασία. — Μετοπή. — Μετωνυμία.

80ᵉ EXERCICE.

Trouver les mots français de **formation savante** *venus des mots grecs suivants; en indiquer le sens.*

Μητρόπολις. — Μίασμα. — Μικρόκοσμος. — Μιμολογία. — Μῖμος. — Μινόταυρος. — Μισανθρωπία. — Μισάνθρωπος. —

Μνημονικός. — Μονάς, άδος. — Μονόγαμος. — Μονόλιθος. —
Μονοπώλιον. — Μονόστιχος. — Μονοσύλλαβος. — Μονότονος.
— Μονόχορδον. — Μονῳδία. — Μουσαγέτης. — Μοῦσα. —
Μουσεῖον. — Μουσική. — Μυθολογία. — Μῦθος. — Μυσω-
τίς. — Μύουρος. — Μυριάς, άδος. — Μύρρα. — Μύρτος. —
Μυσταγωγός. — Μυστήριον. — Μυστικός. — Μύωψ, ωπος.

81ᵉ EXERCICE.

Trouver les mots français de **formation savante** *venus des*
mots grecs suivants ; en indiquer le sens.

Ναϊάς, άδος. — Ναπαῖαι. — Νάρδος. — Νάρκισσος. —
Ναρκωτικός. — Ναυσία, nausea. — Ναυτικός. — Νειλομέ-
τριον. — Νεκρόπολις. — Νέκρωσις. — Νέκταρ. — Νέμεσις. —
Νεομηνία. — Νεόφυτος. — Νευρετικός. — Νεωκόρος. —
Νηρεΐδες. — Νομάς, άδος. — Νομαρχία. — Νομάρχης. —
Νομισματικός. — Νομογράφος. — Νομοθέτης. — Νόμος. —
Νουμαῖον. — Νύμφη.

Ξενηλασία. — Ξηρασία. — Ξηροτριβία. — Ξηροφαγία. —
Ξηροφθαλμία. — Ξιφίας. — Ξιφοειδής. — Ξυλοβάλσαμον. —
Ξυλοειδής. — Ξυλοφάγος. — Ξυστός.

82ᵉ EXERCICE.

Trouver les mots français de **formation savante** *venus des*
mots grecs suivants ; en indiquer le sens.

Ὄασις. — Ὀδύσσεια. — Ὄζαινα. — Οἴδημα. — Οἰκου-
μενικός. — Οἰνάνθη. — Οἰνοφόρος. — Οἰσοφάγος. — Ὀκτάεδρος.
— Ὀκταετηρίς, ίδος. — Ὀκταχόρδος. — Ὀλιγαρχία. — Ὁλόγρα-
φος. — Ὁλόκαυστος. — Ὁμηρικός. — Ὁμιλία. — Ὁμογενής.
— Ὁμολογεῖν. — Ὁμόλογος. — Ὁμώνυμος. — Ὁμοφωνία. —
Ὄναγρος. — Ὀνειροκρισία. — Ὀνειρόμαντις. — Ὀνομαστικόν.
— Ὀνοματοποιΐα. — Ὄνυξ. — Ὀξαλίς. — Ὀξύκρατον. —
Ὀξύτονος. — Ὀπισθόγραφος. — Ὀπισθόδομος. — Ὁπλίτης. —
Ὄργανον. — Ὀργασμός. — Ὀργία. — Ὀρθόδοξος. — Ὀρθόπνοια.

— Ὁρίζων. — Ὁρχήστρα. — Ὀστρακισμός. — Οὐρανία. — Οὐρανογραφία. — Οὐρανοσκόπος. — Ὀφθαλμία. — Ὀχλοκρατία.

83ᵉ EXERCICE.

Trouver les mots français de **formation savante** *venus de mots grecs suivants; en indiquer le sens.*

Παγκράτιον. — Πάγκρεας. — Παθητικός. — Παθογνωμονικός. — Παθολογία. — Πάθος. — Παιδαγωγός. — Παιών. — Παλαίστρα. — Παλιγγενεσία. — Παλίμψηστος. — Παλίνδρομος. — Παλινῳδία. — Παλλάδιον. — Παναθήναια. — Πανάκεια. — Πανδέκται. — Πανηγυρικός. — Πάνθειον. — Πάνθειος. — Πανθήρ. — Πανικός. — Παντόμιμος. — Πάππας. — Πάπυρος. — Παράβασις. — Παραβολή. — Παράγραφος. — Παραγωγή. — Παράδειγμα. — Παράδεισος. — Παράδοξος. — Παράδρομος. — Παράκλητος.

84ᵉ EXERCICE.

Trouver les mots français de **formation savante** *venus des mots grecs suivants; en indiquer le sens.*

Παραλειπόμενα. — Παράλειψις. — Παράλλαξις. — Παραλληλόγραμμον. — Παράλληλος. — Παραλληλεπίπεδον. — Παραλογισμός. — Παράλυσις. — Παρανύμφος. — Παραπληγία. — Παρασάγγης. — Παράσιτος. — Παρασκευή. — Τὰ παράφερνα. — Παράφρασις. — Παρέγχυμα. — Παραίνεσις. — Παρένθεσις. — Παρηγορικός. — Παρθενών. — Παροικία. — Παρονομασία. — Παροξυσμός. — Παροξύτονος. — Παρῳδία. — Παρώνυμος. — Παρωτίς, ίδος. — Πατάνη, patina. — Πάτρα, patria. — Πατρίαρχης. — Πατριώτης. — Πατρωνυμικός.

85ᵉ EXERCICE.

Trouver les mots français de **formation savante** *venus des mots grecs suivants; en indiquer le sens.*

Πειρατής. — Πελάγιος. — Πελεκάνος. — Πελεκοειδής. —

Πέλτη. — Πεμφιγώδης. — Πεντάγωνος. — Πεντάδάκτυλος. — Πένταθλον. — Πεντάμετρος. — Πεντάπέτηλος. — Πεντάπολις. — Πεντάτευχος. — Πεντάφυλλος. — Πεντάχορδον. — Πεντηκοστή. — Πεπσμός. — Πέπλος. — Πέρδιξ. — Περιανθής. — Περίβλεψις. — Περιβολή. — Περίγειον. — Περίδρομος. — Περικάρδιον. — Περικάρπιον. — Περικράνιον. — Περίμετρος. — Περίνεον. — Περιοδικός. — Περίοδος. — Περίοικοι. — Περιόστεον.

86ᵉ EXERCICE.

Trouver les mots français de **formation savante** *venus des mots grecs suivants; en indiquer le sens.*

Περιπατητικός. — Περιπέτεια. — Περίπλοος. — Περιπνευμονία. — Περίπτερον. — Περίσκιοι. — Περιτόναιος. — Περιφέρεια. — Περίφρασις. — Πέρκη. — Περόνη. — Πετάλισμος. — Πέταλον. — Πέτασος. — Πετραῖος. — Πετρέλαιον. — Πήγασος. — Πηλαμός. — Πικρόχολος. — Πισσάσφαλτος. — Πιτυρίασις. — Πλανήτης. — Πλαστικός. — Πλάτανος. — Πλατύς. — Πλατωνικός. — Πλειάδες. — Πλεονασμός. — Πλευρά. — Πλευρῖτις. — Πληθώρα. — Πλήρωσις. — Πλίνθος. — Πνευμονία. — Πνευμονικός. — Πνύξ.

87ᵉ EXERCICE.

Trouver les mots français de **formation savante** *venus des mots grecs suivants; en indiquer le sens.*

Ποδάγρα. — Ποίημα. — Ποίησις. — Ποιητής. — Ποιητικός. — Ποικίλη. — Πολέμαρχος. — Πολεμικός. — Πολιορκητής. — Πολιτεία. — Πολιτικός. — Πόλος. — Πολυγαμία. — Πολύγλωττος. — Πολυγράφος. — Πολύγωνος. — Πολύεδρος. — Πολυμάθεια. — Πολυμνία. — Πολυπόδιον. — Πολύπους. — Πολυαρχία. — Πολύσκοπος. — Πολύστυλος. — Πολυσύλλαβος. — Πολυτροφία. — Πολύφυλλος. — Πολυώνυμος. — Πομπή. — Πόρος. — Πορφύρα. — Πορφυρογέννητος.

88ᵉ EXERCICE.

Trouver les mots français de **formation savante** *venus des mots grecs suivants; en indiquer le sens.*

Πραγματικός. — Πρακτικός. — Πρεσβυτέριον. — Πρεσβύτης. — Πρίσμα. — Πρόβλημα. — Προβοσκίς, ίδος. — Προγνωστικόν. — Πρόγραμμα. — Πρόδρομος. — Πρόθεσις. — Προκαταρκτικός. — Προκελευσματικός. — Τὰ προλεγόμενα. — Πρόληψις. — Πρόλογος. — Πρόπολις. — Προπύλαια. — Προσήλυτος. — Πρόσθεσις. — Πρόστασις. — Πρόστυλος. — Προσωδία. — Προσωποποιΐα. — Πρότασις. — Προῦνον, prunum. — Προφυλακτικός. — Πρυτανεῖον. — Πρύτανις.

89ᵉ EXERCICE.

Trouver les mots français de **formation savante** *venus des mots grecs suivants; en indiquer le sens.*

Πρωταγωνιστής. — Πρωτομάρτυρ. — Πρῶτος. — Πρωτότυπος. — Πταρμικός. — Πτερίς, ίδος. — Πτερυγοειδής. — Πτίλωσις. — Πτυαλισμός. — Πύγαργος. — Πυγμαῖος. — Πυθαγορικός. — Πυθία. — Πυθικός. — Πυθώνισσα. — Πυκνόστυλος. — Πυκνωτικός. — Πυλών. — Πυουλκός. — Πυράκανθα. — Πυραμίς, ίδος. — Πύρεθρον. — Πύρεξις. — Πυρήν. — Πυρηνοειδής. — Πυρίτης. — Πυρομαντεία. — Πυροφόρος. — Πυῤῥίχη. — Πυρωτικός.

90ᵉ EXERCICE.

Trouver les mots français de **formation savante** *venus des mots grecs suivants; en indiquer le sens.*

Ῥαβδοειδής. — Ῥαβδομαντεία. — Ῥαγάς, άδος. — Ῥαγοειδής. — Ῥαφή. — Ῥαχῖτις. — Ῥαψῳδία. — Ῥεῦμα. — Ῥευματισμός. — Ῥητίνη, resina. — Ῥήτωρ. — Ῥιζάγρα. — Ῥιζοφάγος. — Ῥινόκερως. — Ῥοδόδενδρον. — Ῥομβοειδής. —

Ῥόμβος. — Ῥοάς, άδος. — Ῥυθμικός. — Ῥυθμοποιΐα. —
Ῥυθμός. — Ῥυπογράφος. — Ῥοπτικός. — Ῥωγμή.

91ᵉ EXERCICE.

Trouver les mots français de **formation savante** *venus des
mots grecs suivants; en indiquer le sens.*

Σάκκος. — Σάπφειρος. — Σαπτικός. — Σαρδόνιος. — Σαρ-
δόνυξ. — Σαρκασμός. — Σαρκοκόλλα. — Σαρκόμφαλον. —
Σαρκοφάγος. — Σάρκωμα. — Σαρκωτικός. — Σατράπης. —
Σάτυρος. — Σαφηνής. — Σειρήν. — Σείριος. — Σείστρον. —
Σεληνιακός. — Σεληνίτης. — Σέσελι. — Σηπτικός. — Σησάμη.
— Σησαμοειδής. — Σιαλισμός. — Σίβυλλα. — Σιγμοειδής. —
Σιδηρίτης. — Σίλλος. — Σιναπισμός. — Σινδών. — Σίσυμ-
βρον. — Σίφων.

92ᵉ EXERCICE.

Trouver les mots français de **formation savante** *venus des
mots grecs suivants; en indiquer le sens.*

Σκάζων. — Σκαληνός. — Σκαμμώνιον. — Σκάνδαλον. —
Σκάφη. — Σκαφοειδής. — Σκελετός. — Σκεπτικός. — Σκηνή.
— Σκηνικός. — Σκῆπτρον. — Σκιαγραφία. — Σκιαμαχία. —
Σκίλλα. — Σκίρρος. — Σκληρίασις. — Σκληροφθαλμία. —
Σκόλιον. — Σκολοπένδρα. — Σκόμβρος. — Σκορπίος. — Σκο-
τία. — Σκότωμα. — Σκυτάλη. — Σκωρία. — Σμαραγδίτης.
— Σμηκτίς. — Σμίλη.

93ᵉ EXERCICE.

Trouver les mots français de **formation savante** *venus des
mots grecs suivants; en indiquer le sens.*

Σολοικισμός. — Σόφισμα. — Σοφιστής. — Σπάθη. — Σπά-
ρος. — Σπάρτος. — Σπασμός. — Σπασμώδης. — Σπινθήρ. —
Σπλαγχνικός. — Σπλήν. — Σπληνικός. — Σπληνῖτις. —

Σπονδεῖος. — Σπόνδυλος. — Σποράδες. — Σποραδικός. — Στάδιον. — Σταλακτίς. — Σταλτικός. — Στάσις. — Στατική. — Σταφυλή. — Σταφυλῖνος. — Σταφύλωμα. — Στεατίτης. — Στεάτωμα. — Στεγανογραφία. — Σκενοχωρία. — Στέντωρ. — Στέρνον.

94ᵉ EXERCICE.

Trouver les mots français de **formation savante** *venus des mots grecs suivants; en indiquer le sens.*

Στήλη. — Στίγμα. — Στιγματίζειν. — Στομαχικός. — Στραβισμός. — Στραγγουρία. — Στρατήγημα. — Στρατηγία. — Στρατηγός. — Στρόβιλος. — Στρογγύλος. — Στροφή. — Στυλιβάτης. — Στυλίτης. — Στυλοειδής. — Στῦλος. — Στυπτικός. — Στύραξ. — Συγγένησις. — Συγκοπή. — Συγκρητισμός. — Συγχόνδρωσις. — Συγχρονισμός. — Σύγχρονος. — Σύγχυσις. — Συζυγία. — Συκόμορος. — Συκοφάντης. — Συλλαβή. — Σύλληψις. — Συλλογισμός.

95ᵉ EXERCICE.

Trouver les mots français de **formation savante** *venus des mots grecs suivants; en indiquer le sens.*

Σύμβολον. — Συμμετρία. — Συμπάθεια. — Σύμπτωμα. — Συμπτωματικός. — Σύμπτωσις. — Σύμφυσις. — Συμφωνία. — Συναγελαστικός. — Συναγωγή. — Συναίρεσις. — Συναλλαγματικός. — Συναλοιφή. — Σύναξις. — Συνάρθρωσις. — Σύνδικός. — Συνεκδοχή. — Σύνθεσις. — Συννεύρωσις. — Σύνοδος. — Σύνοχος. — Σύνταξις. — Σύντηξις. — Συντήρησις. — Συνώνυμος. — Σύριγξ. — Σύρτις. — Συσσάρκωσις. — Συσταλτικός. — Σύστημα. — Συστηματικός. — Συστολή. — Σύστυλος. — Σφιγκτήρ. — Σφυγμικός. — Σχίσμα. — Σκιστός. — Σχοινοβάτης. — Σχοῖνος. — Σχολαστικός. — Σωλήν. — Σωρείτης.

96ᵉ EXERCICE.

Trouver les mots français de **formation savante** *venus des mots grecs suivants; en indiquer le sens.*

Ταινία, tœnia. — Τακτική. — Τάλαντον. — Ταρσός. — Τάρταρος. — Ταυροβόλος. — Ταυτολογία. — Τερατοσκοπία. — Τερέβινθίνη. — Τερέβινθος. — Τέρμα. — Τερψιχόρη. — Τέτανος. — Τετραδάκτυλος. — Τετράδυμον. — Τετράκερως. — Τετραλογία. — Τετράμετρος. — Τετράποδος. — Τετράπτερος. — Τετράγχης. — Τετράστιχον. — Τετράστυλος. — Τετρασύλλαβος. — Τεχνικός. — Τεχνολογία. — Τηλεσκόπος.

97ᵉ EXERCICE.

Trouver les mots français de **formation savante** *venus des mots grecs suivants; en indiquer le sens.*

Τιάρα. — Τίγρις. — Τισιφόνη. — Τμῆσις. — Τόμος. — Τόνος. — Τοξικός. — Τόπαζος. — Τοπαρχία. — Τοπική. — Τοπογραφία. — Τραγάκανθα. — Τραχικός. — Τραγῳδία. — Τράπεζα. — Τραπεζοειδής. — Τραυματικός. — Τράχωμα. — Τρίβραχυς. — Τρίχλωρος. — Τριχλώρη. — Τρίγωνον. — Τριδάκτυλος. — Τριήραρχος. — Τρίμετρος. — Τριπέταλος. — Τρισμέγιστος. — Τρίσπαστος. — Τρισύλλαβος.

98ᵉ EXERCICE.

Trouver les mots français de **formation savante** *venus des mots grecs suivants; en indiquer le sens.*

Τρίφυλλον, trifolium. — Τρίφυλλος. — Τρίψιξις. — Τριψισμός. — Τρόπαιον. — Τροπικός. — Τροπολογία. — Τρόπος. — Τροχαϊκός. — Τροχαῖος. — Τροχαντήρ. — Τροχίσκος. — Τροχοειδής. — Τρωγλοδύτης. — Τυμπανίζειν. — Τυμπανίτης. — Τύμπανον. — Τύπος. — Τύραννος. — Τύρσις. — Τυρομανία. — Τῦφος. — Τυφώδης. — Τυφών.

4

99ᵉ EXERCICE.

Trouver les mots français de **formation savante** *venus des mots grecs suivants; en indiquer le sens.*

Ὑάδες. — Ὑάκινθος. — Ὑβρίς, ίδος. — Ὕδρα. — Ὑδραγωγός. — Ὑδροκέφαλος. — Ὑδρόμελι. — Ὑδροσκόπος. — Ὑδροφοβία. — Ὑδροφόβος. — Ὑδρωπικός. — Ὑδρώπισις. — Ὑμέναιος. — Ὑμήν. — Ὕμνος. — Ὑμνωδός. — Ὑοσκύαμος. — Ὕπαιθρος. — Ὑπαλλαγή. — Ὑπέρβατον. — Ὑπερβολή. — Ὑπερβόρεος. — Ὑπερκαταληκτικός. — Ὑπέρμετρος. — Ὑπνωτικός. — Ὑπογάστριον. — Ὑπόγαιον. — Ὑπόθεσις. — Ὑποθήκη. — Ὑποκρισία. — Ὑπόστασις. — Ὑποτείνουσα. — Ὑποτραχήλιον. — Ὑποτύπωσις. — Ὑποχόνδριον. — Ὕσσωπος.

100ᵉ EXERCICE.

Trouver les mots français de **formation savante** *venus des mots grecs suivants; en indiquer le sens.*

Φαγεδαινικός. — Φαινόμενον. — Φαλάγγωσις. — Φάλαινα. — Φάλαγξ. — Φακοειδής. — Φανερός. — Φαντασία. — Φάντασμα. — Φαρμακεία. — Φαρμακευτικός. — Φαρμακοποιία. — Φαρμακοπώλης. — Φάρος. — Φάρυγξ. — Φασίολος, phaseolus. — Φάσις. — Φθειρίασις. — Φθίσις. — Φιλάδελφος. — Φιλάνθρωπος. — Φιλαυτία. — Φιλέλλην. — Φιλιππικός.

101ᵉ EXERCICE.

Trouver les mots français de **formation savante** *venus des mots grecs suivants; en indiquer le sens.*

Φιλολογία. — Φιλομήλα. — Φιλομήτωρ. — Φιλοπάτωρ. — Φιλοσοφία. — Φίλτρον. — Φλεβοτομία. — Φλεβοτόμον. — Φλέγμα. — Φλεγμασία. — Φλόγωσις. — Φλύκταινα. — Φοῖβος. — Φοινιγμός. — Φοινικόπτερος. — Φοῖνιξ. — Φράσις. — Φρενικός. — Φύγεθλον. — Φυλακτήριον. — Φυλάρχης. —

Φῦμα. — Φυσική. — Φυσιογνωμονία. — Φυσιολογία. —
Φώκη. — Φωσφόρος.

102ᵉ EXERCICE.

Trouver les mots français de **formation savante** *venus des
mots grecs suivants ; en indiquer le sens.*

Χαμαιλέων. — Χάος. — Χαρακτήρ. — Χάρτης. — Χειράγρα.
— Χειρόγραφον. — Χειρομαντεία. — Χειρουργία. — Χερσόνησος.
— Χιλιάς, άδος. — Χίμαιρα. — Χλαμύς, ύδος. — Χλωρός. —
Χολαγωγός. — Χολέρα. — Χορδή. — Χορεία. — Χορηγός. —
Χορίαμβος. — Χορός. — Χρεία. — Χρηστομάθεια. — Χρῖσμα.
— Χριστός. — Χρονικός. — Χρονολογία. — Χρυσαλλίς. —
Χρυσόστομος. — Χρωματικός. — Χυλός. — Χυμεία. — Χυμός.
— Χωλίαμβος. — Χωρογραφία.

103ᵉ EXERCICE.

Trouver les mots français de **formation savante** *venus des
mots grecs suivants ; en indiquer le sens.*

Ψαλμός. — Ψαλμωδία. — Ψαλτήριον. — Ψέλλισμα. —
Ψευδώνυμος. — Ψυκτικός. — Ψύλλοι. — Ψυχαγωγικός. —
Ψυχή. — Ψώρα. — Ψωροφθαλμία.

Ὠδεῖον. — Ὠδή. — Ὠκεανός. — Ὠμοπλάτη. — Ὥρα. —
Ὡρολόγιον. — Ὡροσκοπεῖον. — Ὤχρα.

ÉTUDE DES DOUBLETS

I. — Doublets d'origine savante.

(Grammaire, introduction, p. xi.)

(L'un des doublets est d'origine populaire, l'autre
d'origine savante.)

1. — *Persistance de l'accent latin* [1].

Observation. — Les mots d'origine populaire ont l'accent tonique sur la même syllabe que les mots d'où ils viennent; les mots d'origine savante sont calqués sur les mots d'où ils dérivent et l'accent est généralement déplacé.

104ᵉ EXERCICE.

Trouver les doublets venus des mots latins suivants; marquer l'accent tonique sur les mots latins et sur les mots français.

Aquarium. — Amygdalam. — Antiphonam. — Angelus. — Apprehendere. — Basilicam. — † Cancerem. — † Canonicum. — Chorum. — Classicum. — Claviculam. — Colligere. — Compositum. — Computum. — Cophinum. — Copulam. — Cucurbitam. — Dactylum. — Decimam. — Dictum. — Ductilem.

105ᵉ EXERCICE.

Trouver les doublets venus des mots latins suivants; marquer l'accent tonique sur les mots latins et sur les mots français.

Examen. — Explicitum. — Fabricam. — Factum. — Feriam. — Fragilem. — Implicitam. — Imprimere. — Maculam. — Magister. — Major. — Medium. — Millesimum. — Mobilem. — Modulum. — Organum. — Papyrum. — Parabolam. — Persicam. — Nauseam. — Pensum. — Phantasticum. — Placet. — Platanum. — Polypum. — Porticum.

1. D'après l'opuscule de M. Auguste BRACHET, *Dictionnaire des doublets ou doubles formes de la langue française.* Paris, Franck.

106ᵉ EXERCICE.

*Trouver les doublets venus des mots latins suivants; marquer
l'accent tonique sur les mots latins et sur les mots français.*

Quadragesimam. — Ranunculam. — Rigidum. — Ro-
tulum. — Rusticum. — Sarcophagum. — Scandalum.
— Sepiam. — Spatulam. — Surgere. — Tibiam. —
Tympanum. — Umbilicum. — Viaticum.

2. — *Suppression de la voyelle brève.*

Observation. — La voyelle brève qui précède la voyelle
accentuée des mots latins, disparait dans les mots français d'origine populaire et persiste dans les mots d'origine savante.

107ᵉ EXERCICE.

*Trouver les doublets venus des mots latins suivants; marquer
l'accent tonique sur les mots latins et sur les mots français.*

Aquilonem. — Asperitatem. — Auricularium. — Capitale. — Caritatem. — ÷ Cartularium. — Cinerarium.
— Circulare. — Compositorem. — Coagulare. — Collocare. — Cumulare. — Episcopatum. — Hereditarium.
— Hospitale. — Inquisitorem. — Legalitatem. — Liberare.

108ᵉ EXERCICE.

Suite du précédent.

Masticare. — Matricularium. — Ministerialem. — Navigare. — Operare. — Ossifragam. — ÷ Paradisum. —
Prædicatorem. — Qualificare. — Recuperare. — Regu-
latorem. — Separare. — Simulare. — Singularem. —
Sollicitare. — Temperare. — Vigilantem.

3. — *Chute de la consonne médiane.*

Observation. — Les mots d'origine populaire perden la consonne médiane; les mots d'origine savante la conservent.

<h3 style="text-align:center">109ᵉ EXERCICE.</h3>

Trouver les doublets venus des mots latins suivants; écrire entre crochets la consonne médiane et marquer l'accent tonique sur les mots latins et sur les mots français.

Adamantem. — Advocatum. — Armaturam. — Augurium. — Augustum. — Cohortem. — Communicare. — Confidentiam. — Credentiam. — Curvaturam. — Decadentiam. — Decanatum. — Delicatum. — Denudatum. — Dilatare. — Dotare. — Explicatum. — Fidelem. — Filatorem. — Gaudere. — Implicare. — Legalem. — Ligationem, — Ligaturam.

<h3 style="text-align:center">110ᵉ EXERCICE.</h3>

Suite du précédent.

Medianum. — Natalem. — Nativum. — Patellam. — Petalum. — ✝ Precariam. — Præsidentiam. — Prehensionem. — ✝ Pulsativum. — Quadraturam. — Quaternum. — Recusare. — Redemptionem. — Regalem. — Rotondam. — Radiatum. — Replicare. — Secatorem. — Securitatem. — Territorium. — Traditionem. — Vocalem. — Votare. — Votum.

4. — *Doublets provenant de mots à suffixes accentués.*

Observation. — Dans les doublets provenant de mots latins terminés par des suffixes accentués, les mots d'origine populaire altèrent le suffixe, les mots d'origine savante conservent le suffixe presque intact.

111ᵉ EXERCICE.

Trouver les doublets venus des mots latins suivants.

1° *Suffixe latin* atum. — Agregatum. — †Annatam. — Ceratum, — Formatum. — Legatum. — Mandatum. — Muscatum. — Platam. — Rosatum. — Solidatum.

2° *Suffixes latins* arem *et* arium. — Apothecarium. — Centenarium. — Epistolarium. — Hereditarium. — Molarem. — Primarium. — Rosarium. — Salarium. — Scolarem. — Vicarium.

3° *Suffixe latin* onem *et* ionem. — Carbonem. — Coctionem. — Factionem. — Fluctuationem. — Frictionem. — Fusionem. — Inclinationem. — Potionem. — Rationem. — Suspicionem.

4° *Suffixe latin* itiam. — Justitiam.

5. — *Autres doublets d'origine savante.*

Observation. — Les doublets suivants ne rentrent dans aucune des catégories précédentes.

112ᵉ EXERCICE.

Trouver les doublets venus des mots latins suivants ; signaler les changements de lettres qui se sont produits dans les mots d'origine populaire.

Acrem. — Affectatum. — Affirmare. — Arcum. — Aream. — Articulum. — Assignare. — Assopire. — Auscultare. — Adversum. — Bitumen. — Bullam. — Canalem. — Captivum. — Causam. — Chartam. — Codex. — Cœmentum. — Collectam. — Concham. — Continentiam. — Crassum. — Crispare. — Cryptam. — Cylindrum.

113ᵉ EXERCICE.

Suite du précédent.

Depretiare. — Designare. — Discum. — Directum. — Dispensare. — Districtum. — Diurnale. — Diurnum. — Divinum. — Divisare. — Elephantem. — Ferocem. — Foris. — Gehennam. — Græcam. — Gravem. — Hyacinthum. — Illuminare. — Includere. — Incrassare. — Incrustare. — Infirmare. — Integer. — † Interpausare. — Intendentem. — Inversum.

114ᵉ EXERCICE.

Trouver les doublets venus des mots latins suivants ; signaler les changements de lettres qui se sont produits dans les mots d'origine populaire.

Laicum. — Minare. — Minutam. — Musculum. — Palam. — Palmam. — Papilionem. — Pausam. — Pensare. — Pietatem. — Pituitam. — Pigmentum. — Planam. — † Præbendam. — Probabilem. — Provincialem. — Psalterium. — † Punctuare. — Quatuor. — Quæstorem. — Quietum.

115ᵉ EXERCICE.

Comme le précédent.

Recollectum. — Relaxare. — Respectum. — Retractare. — Rhythmum. — Romanum. — Rupturam. — Scalarium. — Scintillare. — Signum. — Sinistram. — Sinum. — Sixtam. — Speciem. — Strictum. — Subvenire. — Taxare. — Valentem. — Ventosum. — Viduam. — Vitrum.

II. — Doublets d'origine populaire.

Observation. — 1° L'un des deux mots est un débris d'un ancien dialecte.

2º L'un des deux mots est formé du nominatif latin. l'autre de l'accusatif.

3º L'un des deux mots a été produit par un déplacement fautif de l'accent latin.

4º L'un des deux mots a été formé postérieurement à l'autre.

5º Autres doublets ne rentrant pas dans une des catégories précédentes.

116ᵉ EXERCICE.

Trouver les doublets venus des mots latins suivants.

1º Campaniam. — Campum. — Camerare. — Cappam. — Capsam. — Caput. — Carnarium. — Carricare. — Credentiam. — Fatuum. — Flagrare. — Magistralem. — Plicare.

2º Major, majorem. — Minor, minorem. — Pastor, pastorem. — Prudens, prudentem. — Senior, seniorem.

117ᵉ EXERCICE.

Trouver les doublets venus des mots latins suivants.

3º Currere. — Gemere. — Placere. — Quærere. — Surgere.

4º ╪ Appellum. — ╪ Bellum. — Benedictum. — Centesimum. — Collum. — Decimum. — ╪ Follem. — ╪ Inrotulare. — Laborem. — Millesimum. — Mollem. — Solidare. — ╪ Stallum. — Vallem.

5º Amantem. — Amatum. — Capsam. — Cingulare. — Computare. — Coquum. — Digitum. — Gemellos. — Gulam. — Hominem. — Inducere. — Seniorem. — Tabulam. — Upupam.

III. — Doublets d'origine étrangère.

Observation. — L'un des deux mots est passé directement du latin au français ; l'autre y est venu par l'intermédiaire d'une langue étrangère.

1° *Doublets d'origine italienne.*

118° EXERCICE.

*Trouver les doublets venus des mots suivants ; le premier mot
est latin, le second mot est italien.*

† Altitiam, **altezza**. — Aptitudinem, **attitudine**. —
† Bancum, **banca**. — † Bandariam, **bandiera**. — Bal-
neum, **bagno**. — † Bellam dominam, **bella dona**. —
Bilancem, **bilancio**. — † Caballarium, **cavaliere**. —
† Caballicatam, **cavalcata**. — Cadentiam, **cadenza**.
— Calceum, **calzone**. — Camerarium, **cameriere**. —
Castellum, **castello**. — † Catafalcum, **catafalco**.

† Ducatum, **ducato**. — Ducum, **doge**. — † Dominicellam, **donzella**. — Duos, **duo**. — † Exquadram,
squadra. — Incarnatum, **incarnato**. — Lacunam, **laguna**. — † Metalleam, **medaglia**. — Operam, **opera**.
— Palatinum, **paladino**. — Pastillum, **pastello**. —
Planum, **piano**. — Præstum, **presto**. — Quadrare,
quadrare. — Reductum, **ridotto**. — Reversum, **ri-
vescio**. — Scalam, **scala**. — Tympanum, **timballo**.
— Villam, **villa**. — Volutam, **volta**.

2° *Doublets d'origine espagnole.*

119° EXERCICE.

*Trouver les doublets venus des mots suivants ; le premier mot
est latin, le second mot est espagnol.*

Adjutantem, **ayudante**. — † Capitaneum, **capitan**.

— Casam, **casa**. — Citharam, **guitarra**. — Coccinel-
lam, **cochinilla**. — Dominam, **dueña**. — Hominem,
hombre. — Infantem, **infante**. — Junctam, **junta**.—
Nigerum, **negro**. — Regalem, **real**. — Sextam, **siesta**.
— Super-saltum, **sobresalto**.

3° *Doublets d'origine anglaise.*

120ᵉ EXERCICE.

*Trouver les doublets venus des mots suivants ; le premier mot
est latin, le second est anglais.*

Bullam, **bill**. — Capannam, **cabin**. — Expressum,
express. — †Exquadram, **square**. — Factionem,
fashion. — Humorem, **humour**. — Mensam, **mess**.
— Ruptam, **rout**.

_____

MOTS D'ORIGINE POPULAIRE

LOIS QUI ONT PRÉSIDÉ A LA FORMATION DES
MOTS D'ORIGINE POPULAIRE

**1. — Suppression de la voyelle atone et brève
qui précède la voyelle accentuée des mots
latins.**

(Grammaire, introduction, p. xiv.)

1. — *Suppression des voyelles* **a** *et* **e**.

121ᵉ EXERCICE

Indiquer les mots français de **formation populaire** *venus
des mots latins suivants ; écrire entre crochets la voyelle supprimée et marquer l'accent tonique sur les mots latins et sur les
mots français.*

Alabastrum. — †Boariolum. — †Denariatam. — Separare. — †Adbiberare. — Antecessorem. — †Arte-

misiam. — † Biberaticum. — Camerare. — Camerariam.
— † Cœrefolium. — † Cerebellam. — Cerebellum. —
† Cerevisiam. — Cinerosum. — Cooperire. — Deside-
rare. — † Dexterarium. — Dinumerare. — † Eremitam.
— Ingenerare. — Liberare. — Litteratum. — † Materia-
rium. — † Ministerialem. — † Offerere. — † Operare.—
Operararium. — † Paraveredum. — Recuperare. —
† Sufferere. — Temperare. — † Vervecale. — † Ver-
vecarium.

2. — *Suppression de la voyelle* i.

122ᵉ EXERCICE

Indiquer les mots français de **formation populaire** *venus
des mots latins suivants : écrire entre crochets la voyelle supprimée et marquer l'accent tonique sur les mots latins et sur les
mots français.*

† Accognitare. — † Accubitare. — † Adluminare. —
Amaritudinem. — † Amicitatem. — † Arboricellum. —
† Aripennem. — Asinarium. — Asperitatem. — † Auri-
chalcum. — † Avicellum. — † Bellitatem. — † Bombi-
tare. — Bonitatem. — † Caballicare. — Calefacere. —
† Calidariam. — Capitale. — † Capitastrum. — † Capi-
tettum. — † Cardinariam. — Caritatem. — Carminare.
— † Carricare. — Christianitatem.— Circinare. — † Cir-
cinellum. — Civitatem. — Claritatem. — † Clausituram.
† Clericatum. — Cogitare. — Comitatum. — † Commu-
nalitatem. — Crudelitatem. — † Cubitatam. — † Culi-
cinum.

123ᵉ EXERCICE

Suite du précédent.

Decimare. — † Dominicellam. — † Dominicellum. —
† Dominiarium. — † Dominionem. — Domitare. — Dormitorium. — Dubitare. — Evigilare. — Examinare. —

† Excoricare. — † Excalidare. — † Expandicare. — † Extorpidire. — Fabricare. — † Famicosum. — Ferita- tem. — † Filicariam. — † Filicellam. — Germinare. — † Hereditare. — † Hispidosum. — † Hominaticum. — Hospitale. — † Inimicitatem. — † Intaminare. — Judi- care. — † Juvenicellum. — Legalitatem. — † Longita- neum. — † Luminariam. — Masticare. — Molinarium. — † Molituram. — † Monticellum. — † Navicare. — Na- vigare. — Nominare. — † Novellitatem.

124ᵉ EXERCICE.

Suite des précédents.

† Obsidiaticum. — † Orbitariam. — Ossifragam. — † Papalitatem. — † Particellam. — † Pectinare. — † Pendicare. — Penicellum. — † Plumbicare. — † Po- sitare. — Posituram. — Prædicare. — † Primalitatem. — † Principalitatem. — † Privalitatem. — † Pullice- num. — † Punicellum. — † Radicinam. — † Ramicel- lum. — † Regalitatem. — † Reticellum. — † Rivicellum. — † Rumigare. — † Salicetum. — † Salinarium. — Sa- nitatem. — Securitatem. — † Seminare. — † Semita- rium. — † Septimanam. — † Solidare. — Sollicitare. — Stabilire. — † Subitaneum. — Testimonium. — † Tin- nitare. — † Vanitare. — Vigilare. — Vindicare. — Vi- ridare. — Viridarium. — † Vitrinire.

3. Suppression des voyelles o et u.

125ᵉ EXERCICE.

Indiquer les mots français de **formation populaire** *venus des mots latins suivants; écrire entre crochets la voyelle suppri- mée et marquer l'accent tonique sur les mots latins et sur les mots français.*

Collocare. — † Corrogatam. — † Episcopatum. —

Horologium. — † Leporarium. — † Marmoratum. — Pectorale. — † Pectorinam. — † Petroselinum. — Turronensem. — Votulare.

† Affibulare. — † Bacularc. — † Buculare. — † Canutire. — † Cincturare. — † Cingulare. — Circulare. — Coagulare. — Computare. — † Corotulare. — Cumulare. — † Fabulellum. — † Fissulare. — † Fodiculare. — † Impromutuare. — † Joculare. — Joculatorem. — † Matricularium. — † Misculare. — † Modulare. — † Orulare. — Periculum. — † Perustulare. — † Pisturire. — † Populare. — † Popularium. — † Radulare. — † Rasculare. — † Regulare. — † Rotulare. — Sabulonem. — Sarculare. — Simulare. — Singularem. — Strangulare. † Suculare. — † Tabulellum. — † Tremulare. — † Turbulare. — † Ullulare. — † Ungulatam. — Vitulinum.

II. — Suppression de la voyelle atone et brève qui suit la voyelle accentuée des mots latins.

(Grammaire, introduction, p. x.vi)

1. *Suppression des voyelles* a, e, i, o.

126ᵉ EXERCICE.

Indiquer les mots français de **formation populaire** *venus des mots latins suivants; écrire entre crochets la voyelle supprimée et marquer l'accent tonique sur les mots latins et sur les mots français.*

Organum. — Apprehendere. — Astringere. — Attendere. — Cinerem. — Cingere. — Comprehendere. — Descendere. — Findere. — Imprimere. — Intendere. — Pindere. — Pingere. — Plangere. — Ponere. — Prendere. — Reddere. — Suspendere. — Tendere. — Vendere. — Vincere.

Affabilem. — † Agreabilem. — Amabilem. — † Ami-

cabilem. — † Capabilem. — Culpabilem. — Durabilem.
— Mutabilem. — Porticum.

† Apostolum. — Arbor. — † Camphoram. — Cantor.
— Diabolum. — † Diaconum. — Episcopum. — Episto-
lam. — Leporem. — Minorem. — Parabolam. — Pastor.
— Trifolium.

2. — *Suppression de la voyelle* **u.**

127ᵉ EXERCICE.

Indiquer les mots français de **formation populaire** *venus
des mots latins suivants : écrire entre crochets la voyelle supprimée et marquer l'accent tonique sur les mots latins et sur les
mots français.*

Angulum. — Avunculum. — Capitulum. — Capulum.
— † Cartulam. — Cingulum. — Circulum. — † Compu-
tum. — Cooperculum. — Copulam. — Corpus. — Cu-
mulum. — Fabulam. — Furunculum. — Insulam. —
† Margulam. — Merulam. — † Metulam. — Modulum.
— Musculum. — Oculum. — Oraculum. — Populum.
— † Posterulam. — Regulam. — † Rotulum. — Sabu-
lum. — Scopulum. — Socculum. — Sœculum. — Spec-
taculum. — † Spinulam. — Stabulum. — Tabulam. —
Tegulam. — Tempus. — Titulum. — Ungulam.

III. — **Suppression de la consonne médiane.**

Grammaire, introduction, p. xiv.j

1. — *Suppression de* **b** *et de* **c**, *consonnes médianes.*

128ᵉ EXERCICE.

Indiquer les mots français de **formation populaire** *venus
des mots latins suivants ; écrire entre crochets la consonne supprimée et marquer l'accent tonique sur les mots latins et sur les
mots français.*

† Adbaubari. — † Debutum. — Habentem. — † Ha-

butum. — Nubem. — † Subumbrare. — † Subundare. — Tabanum. — † Tubellum. — Viburnum.

Advocatum. — Allocare. — † Amicabilem. — † Assecurare. — † Auctoricare. — † Carricare. — Communicare. — Cucurbitam. — † Decanatum. — Decanum. — Dedicare. — Delicatum. — † Exsucare. — † Festicare. — † Focarium. — Fricare. — Hoc-illud. — Implicare. — † Inraucare. — † Jocare. — Locare. — † Locarium. — † Lyciscam. — Manicare. — Mendicare. — Necare. — † Necentem. — † Nucale. — † Nucarium. — Pacare. — Plicare. — † Præconium. — † Precare. — Precariam. — Publicare. — Secare. — Securitatem. — Securum. — Vocalem.

2. — *Suppression de* **d**, *consonne médiane.*

129ᵉ EXERCICE.

Indiquer les mots français de **formation populaire** *venus des mots latins suivants; écrire entre crochets la consonne supprimée et marquer l'accent tonique sur les mots latins et sur les mots français.*

Adamantem. — Assidere. — Audire. — Benedicere. — † Cadentiam. — Cadere. — † Cadutam. — Confidentiam. — † Credentiam. — Crudelitatem. — † Decadentiam. — † Excadentiam. — Fidare. — † Fidentiare. — † Fodere. — Gaudere. — Gladiolum. — Infodere. — Invadere. — Laudare. — Medianum. — Medietatem. — Medullam. — † Minuscadentem. — † Nidacem. — † Nitidare. — Nodare. — Nodosum. — Obedire. — † Paradisum. — † Præsidentiam. — Redemptionem. — † Sedentiam. — Sedere. — Sudare. — Sudarium. — Tradere. — Traditionem. — Traditor. — Videre.

3. — *Suppression de* **g**, *consonne médiane.*

130ᵉ EXERCICE.

Trouver les mots français de **formation populaire** *venus des mots latins suivants; écrire entre crochets la consonne supprimée et marquer l'accent tonique sur les mots latins et sur les mots français.*

✝Agolettam. — Augurium. — Augustum. — Castigare. — Denegare. — ✝Exagium. — ✝Exfrigare. — Faginam. — Flagellum. — Frigentem. — Frigorem. — Gigantem. — Legalem. — Legalitatem. — Legem. — Ligamen. — Ligare. — Ligationem. — Magistrum. — Negare. — Nigellam. — Ossifragam. — Paganum. — Plagam. — ✝Propaginare. — Quadragesimam. — Quadraginta. — Quinquaginta. — Regalem. — ✝Regalimen. — Regalitatem. — Regem. — Reginam. — Religare. — ✝Rugam. — Sagum. — Sanguisugam. — Sexaginta. —· Sigillum. — Tegulam. — Triginta. — Vaginam.

4. — *Suppression de* **s** *ou* **x**. *consonne médiane.*

131ᵉ EXERCICE.

Trouver les mots français de **formation populaire** *venus des mots latins suivants; écrire entre crochets la consonne supprimée et marquer l'accent tonique sur les mots latins et sur les mots français.*

✝Adjuxtare. — ✝Asturem. — ✝Avis-struthio. — Avistarda. — Balsamum. — Cisternam. — Compositam. — ✝Costumam. — ✝Flasconem. — ✝Fustaliam. — ✝Hastellarium. — Hispidosum. — Labruscam. — Luscum. — ✝Monasterium. — Muscam. — ✝Muscatum. — Musculum. — Nostrum. — ✝Postellum. — ✝Posterulam.

— Suspicionem. — Suspiraculum. — Suspirare. — Sustinere. — † Viscum. — Viscum-malvam.

5. — *Suppression de* s *consonne médiane et âllongement
de la voyelle précédente.*

132ᵉ EXERCICE.

Trouver les mots français de **formation populaire** *venus
des mots latins suivants; écrire entre crochets la consonne supprimée et marquer l'accent tonique sur les mots latins.*

† Adpastum. — † Adrestare. — Alabastrum. — Aris-
tam. — Asinum. — Asperum. — Augustum. — † Bap-
tisma. — Bestiam. — † Blasphemare. — Campestrem.
— † Casnum. — Castaneam. — Castellum. — Castigare.
— † Clausituram. — † Claustrum. — Cognoscere. —
Costam. — Crescere. — Crispare. — Cristam. — Crus-
tam. — † Episcopatum. — Episcopum. — Epistolam. —
† Essere. — Fastigium. — Fenestram. — † Festam. —
Fraxinum. — Fustem. — Gustum. — † Haustare. —
Hospitale. — Hospitem. — Impositum. — Insulam. —
† Juxtare.

133ᵉ EXERCICE.

Suite du précédent.

Magistrum. — Masculum. — Masticare. — † Matras-
trem. — Metipsimum. — Misculare. — † Nascere. —
† Obsidiaticum. — Ostream. — Parescere. — Pascham.
— Pascere. — † Pastam. — Pastor. — † Pasturam. —
† Perustulare. — Persicam. — **Pi**scare. — † Plastrum.
— Præpositum. — Præstare. — Presbyter. — Quadra-
gesimam. — Quœsitam. — † Rasculare. — † Rastel-
lum. — Suppositum. — Tempestas. — Testam. —
Vastare. — Vespam. — Vesperum. — Vestire. — Ves-
trum.

6. — *Suppression de* s, *consonne médiane, et accentuation de la voyelle précédente.*

134ᵉ EXERCICE.

Trouver les mots français de **formation populaire** *venus des mots latins suivants; écrire entre crochets la consonne supprimée et marquer l'accent tonique sur les mots latins.*

†Arcubalistam. — Albaspinam. — Auscultare. — Bestiale. — Centesimum. — Christianum. — †Comesstabuli. — Describere. — Despectum. — Despoliare. — Destruere. — Districtum. — †Festucam. — Ministerium. — †Mixtellum. — Octesimum. — Pistrinum. — †Pisturire. — Responsam. — Scabinum ¹. — Scalam. — Statum. — †Sciuriolum. — Scolam. — Scribere. — Scrinium. — Scriptum. — Scripturam. — †Scrobem. — †Scrofellam pour scrofulam. — †Scutarium. — Scutum. — †Smaragdam. — Speciem. — Spicam. — Spinam. — Sponsum. — Stabilire. — Stabulum. — Stellam. — Strictum. — Stringere. — Studium. — Testimonium.

7. — *Suppression de* t, *consonne médiane.*

135ᵉ EXERCICE.

Trouver les mots français de **formation populaire** *venus des mots latins suivants; écrire entre crochets la consonne supprimée et marquer l'accent tonique sur les mots latins et sur les mots français.*

†Abbatiam. — †Abbatissam. — †.Etaticum. — Armaturam. — Botellum. — Catenam. — †Catenionem. — Cathedram. — Commutare. — Devotare. — Dilatare.

1. Dans tous les mots commençant par s l'accent a été mis sur un e prosthétique.

— Dotare. — Dotarium. — † Ducatissimam. — † Fatu-
tum. — Imperatorem. — Maritare. — † Metipsimum.
— Mutare. — Natalem. — † Oblitare. — † Potere. —
† Pratariam. — Pratellum. — Quiritare. — † Rotel-
lam. — † Scutarium. — † Sitellum. — Sollicitare. —
Sternutare. -- Succutere. — Vitellum. — Votare.

8. — *Suppression de* v *consonne médiane.* — *Récapitulation.*

136ᵉ EXERCICE.

Trouver les mots français de **formation populaire** *venus
des mots latins suivants; indiquer entre crochets la consonne
supprimée et marquer l'accent tonique sur les mots latins et sur
les mots français.*

† Aviolum. — Avunculum. — † Caveolam. — † Cla-
vare. — Oblivionem. — † Oviclam. — Pavonem. —
Pavorem. — Pluviam. — † Vivenda.

Augustum. — Castigare. — Catenam. — Communi-
care. — Crudelem. — Dedicare. — Denegare. — Gigan-
tem. — Imperatorem. — Laudare. — Legalitatem. —
Legem. — Ligamen. — Magistrum. — Maturum. —
Natalem. — Nigellam. — Nodare. — Nubem. — † Nuca-
rium. — Plicare. — Publicare. — Quadragesimam. —
Regem. — Reginam. — Rotundum. — Salutare. —
Securum. — Sternutare. — Viburnum.

NOTIONS PRÉLIMINAIRES

DE L'ALPHABET, DES SIGNES ORTHOGRAPHIQUES
DE L'ACCENT TONIQUE

CHAPITRE PREMIER

DES LETTRES

QUESTIONNAIRE

D'où viennent les mots *grammaire* et *orthographe?* § 1.

D'où vient le mot *alphabet?* § 3.

L'alphabet français s'appelle-t-il quelquefois autrement?

Quelle est l'étymologie du mot *lettre?*

D'où viennent les mots *voyelle* et *consonne?* § 5.

Quelle est l'étymologie de *syllabe, monosyllabe, polysyllabe?* § 6.

Quelle est la règle à observer pour décomposer les mots en syllabes?

Comment divise-t-on en syllabes les mots composés?

Donnez des exemples.

D'où viennent *inspirer, instruire, désordre?*

137ᵉ EXERCICE.

Grammaire. § 6.

Décomposer en syllabes les mots suivants :

S'abstenir. — Abstrait. — Anarchie. — Anomalie. — Anonyme. — Apostasie. — Aspirer. — Bisaïeul. — Biscuit. — Cercle. — Cisalpin. — Désabuser. — Désagréable. — Déshonorer. — Détruire. — Dyspepsie. — Ébouler. — Écorcher. — Effroi. — Espiègle. — Espoir. Éther. — Exagérer. — Exploit. — Fable. — Hétérogène. — Inanimé. — Inhumain. — Inscrire. — Inspirer. — Instruire. — Mésaventure. — Mésintelligence. — Misanthrope. — Obliger. — Obstacle. — Parachever. — Porche. — Prescrire. — Préséance. — Prosodie. —

Réel. — Résister. — Soustraire. — Subalterne. — Sur-humain. — Suspendre. — Transaction. — Travestir.

CHAPITRE II

VOYELLES

QUESTIONNAIRE

D'où viennent les mots *accent* et *circonflexe?* § 8.

Le vieux français avait-il des accents ?

A quelle époque et par qui les accents ont-ils été introduits dans l'orthographe française ?

Qu'indique en général l'accent circonflexe ?

Pourquoi y a-t-il un accent circonflexe sur les mots *bête, âme, âge ?*

Comment explique-t-on l'accent circonflexe qui se trouve sur les mots *dôme, extrême, pâle?*

A quelle époque l's étymologique a-t-elle été remplacée par un accent circonflexe ?

Cette *s* étymologique se faisait-elle autrefois sentir dans la prononciation ?

Les derivés gardent-ils toujours l'accent circonflexe des mots simples ?

Donnez des exemples.

Dans quel cas une syllabe marquée de l'accent circonflexe reste-t-elle brève ?

L'*e* marqué d'un accent circonflexe forme-t-il une quatrième espèce d'*e* ? § 9.

Quel est le son de *e* suivi de *r* finale ?

De quel accent est marqué l'*e* placé à l'avant-dernière syllabe et suivi d'une syllabe muette ?

Quelles sont les exceptions ?

De quel accent est marquée la syllabe *ege ?*

Dans quel cas un *é* fermé se change-t-il en *è* ouvert ?

Quand l'*è* ouvert devient-il *é* fermé ?

Qu'arrive-t-il, quand deux syllabes primitivement muettes viennent à se suivre dans un mot composé ?

Dans la composition des mots, le préfixe *re* garde-t-il son *e* muet ?

A la dernière syllabe, l'*e* suivi d'une *s* est-il toujours marqué d'un accent grave ?

Comment écrivait-on au XVIIᵉ siècle *dès, après, cet homme ?*

L'*e* suivi d'un *x* est-il accentué ?

Un *e* seul peut-il former une syllabe ?

Que devient l'*e* nasalisé ?

Pourquoi l'*y grec* s'appelle-t-il ainsi? § 10.

L'*y grec* représente-t-il toujours une voyelle latine ?

Citez des mots autrefois écrits par un *y* grec et écrits maintenant par un *y*.

Comment écrivait-on, au XVIᵉ et au XVIIᵉ siècle, j'ai *vu, — mûr — sûr ?* § 11.

D'où vient l'*m* de *faim* et de *parfum ?*

Comment prononçait-on autrefois la diphtongue *oi* ? § 13.

Citez des mots en *oi* pour la prononciation desquels la langue a hésité du XIVᵉ au XVIIIᵉ siècle.

Citez des mots analogues ayant les uns conservé la diphtongue *oi*, les autres pris la diphtongue *ai*.

Citez un mot dans lequel *oi* se prononce *ai*.

D'où viennent les mots *élision* et *élider?*

D'où vient le mot *apostrophe?*

138e EXERCICE.

(Grammaire, § 8.)

Expliquer pourquoi les mots suivants sont marqués d'un accent circonflexe.

Age. — Albâtre. — Ame. — Ane. — Apôtre. — Apre. — Arête. — Arrêt. — Baptême. — Bâton. — Bête. — Blâmer. — Brûler. — Champêtre. — Châsse. — Cloître. — Côte. — Cône. — Crète. — Croûte. — Dîner. — Dôme. Emplâtre. — Épître. — Extrême. — Faîne. — Fenêtre. — Fête. — Forêt. — Frêne. — Gêne. — Gnôme. — Goût. — Grâce. — Hôte. — Hôtel. — Ile. — Impôt. — Jeûne. — Mâcher. — Mâle. — Pâle. — Pâque. — Pâtre. — Pêcher. — Pôle. — Prêter. — Prêtre. — Protêt. — Râteau. — Suprème. — Tempête. — Tête. — Vêpres. — Vêtir.

139e EXERCICE.

(Grammaire, § 8.)

*Indiquer les mots de **formation savante** appartenant à la même famille que les mots suivants et dans lesquels l's latine n'a pas été remplacée par l'accent circonflexe.*

Apôtre. — Apre. — Arrêt. — Baptême. — Bâtonner. — Bête. — Côte. — Épître. — Fenêtre. — Fête. — Forêt. — Hôte. — Ile. — Impôt. — Pâques. — Pâtre. — Prêter. — Prêtre. — Protêt. — Vêpres — Vêtir.

140e EXERCICE.

(Grammaire, § 10.)

*Indiquer les mots grecs d'où sont venus les mots français suivants, tous de **formation savante**; quand le passage a pu avoir lieu par l'intermédiaire du latin, faire suivre le mot grec du mot latin.*

Azyme. — Cyclades. — Cycle. — Cyclope. — Cygne.

— Cylindre. — Cymbale. — Cynique. — Cyprès. —
Dryades. — Dynamique. — Dynastie. — Gymnase. —
Gynécée. — Hiéroglyphe. — Hippolyte. — Homonyme.
— Hydre. — Hydraulique. — Hydromel. — Hydropisie.
— Hygiène. — Hymne. — Hyperbole. — Hypocrisie. —
Hypoténuse. — Hypothèque. — Hypothèse[1].

141ᵉ EXERCICE.

Comme le précédent.

Ichtyophage. — Labyrinthe. — Myriamètre. — Myr-
rhe. — Mystère. — Mythe. — Nymphe. — Physique.
— Pyrotechnie. — Rythme. — Syllabe. — Syllogisme.
— Symbole. — Symétrie. — Sympathie. — Symphonie.
— Symptôme. — Synagogue. — Syndic. — Synode. —
Syntaxe. — Système. — Syzygie. — Typhus. — Typo-
graphie. — Tyran. — Zoophyte.

142ᵉ EXERCICE.

(Grammaire, §§ 8-13.)

*Quelles remarques de grammaire historique peut-on faire à
propos des mots qui dans les phrases suivantes sont imprimés
en lettres italiques.*

1. Les professeurs du *collége* de France avaient le titre de
lecteurs royaux. (*Dict. de l'Académie*, 1835.)

2. Sous l'ancienne monarchie, Versailles était le *siége* du
gouvernement. (*Dict. de Littré*, 1873.)

3. *Dès* longtemps elle hait cette fermeté rare,
Qui rehausse en Joad l'éclat de la tiare.
(RACINE, *Athalie.*)

4. L'on dit *bayonnettes* de Bayonne. (DES ACCORDS.)

5. Le zèle [de notre religion] en arma plusieurs contre

1. Comparer l'Exercice 155ᵉ.

toutes sortes de livres *payens*, de quoi les gens de lettres souffrent une merveilleuse perte. (MONTAIGNE.)

6. De mes persécuteurs j'ai *veu* le Ciel complice.

(RACINE, *Britannicus.*)

7. Trop *seure* que ses yeux ne se *pouvoient* cacher
Peut-*estre* elle *fuyoit* pour se faire chercher.

(RACINE, *Britannicus.*)

8. Tenez, voilà le cas qu'on fait de votre *exploit*.
—· Comment! c'est un exploit que ma fille *lisoit*.

(RACINE, *les Plaideurs*.)

9. Ah! s'écria Bourbon, quand pourront les *François*
Voir d'un règne aussi beau fleurir les justes lois?

(VOLTAIRE, *la Henriade.*)

10. Se 'si' ce méchant 'le médecin' j'eusse *creu*,
Las! je *serois* mort tout *roide*,
Se seulement j'eusse *beu*
Sa tisanne et son eau froide. (BASSELIN, XV° *Siècle.*)

CHAPITRE III

CONSONNES

QUESTIONNAIRE

A quelle remarque donne lieu le mot *imbécile*? § 16.

Que représente la consonne *x*? § 18.

Quelles sont les différentes prononciations de la consonne *x*?

Citez quelques mots pour lesquels il y a eu doute sur la nature de l'*h* initiale.

Citez, dans le français populaire, des exemples de *s* euphonique. § 21.

De quel genre est le nom des consonnes?

143° EXERCICE

A quelles remarques de grammaire historique peuvent donner lieu les phrases suivantes?

1. Je meurs au moins sans être haï de vous. (VOLTAIRE.)

2. *Alte* un peu ; retenez l'ardeur qui vous emporte.

(MOLIÈRE.)

3. L'on prend aussi des canards au hameçon presque comme poissons. (O. DE SERRES.)

4. En passementerie, on appelle soucis d'hanneton des franges qui portent de petites houppes. (ACADÉMIE.)

5. M. de Malesherbes n'a-t-il pas été attaqué comme vous et vos confrères dans ce discours d'harengère. (VOLTAIRE.)

6. Telle troupe d'héros, l'élite de la Grèce,
Accompagnoient Jason d'un cœur plein d'allégresse.

(RONSARD.)

7. Il ne hésitait jamais. (MALHERBE.)

8. Ne hésiter jamais et mentir encore moins. (CORNEILLE.)

9. Mme de Montespan est très occupée de ses ouvriers, et va à Saint-Cloud où elle joue à l'hoca. (SÉVIGNÉ.)

10. Qui pis est les méchantes [furies] raillent
A chaque horion qu'elles baillent. (SCARRON.)

11. Il alla parmi eux contrefaire l'huguenot. (D'AUBIGNÉ.)

ORIGINES LATINES DE L'ALPHABET FRANÇAIS

CORRESPONDANCE ENTRE LES LETTRES LATINES ET LES LETTRES FRANÇAISES

I. — Voyelles et diphtongues.

Quelles sont les voyelles latines qui, dans le passage du latin au français, se sont transformées en un *a* ?

Donnez des exemples.

Citez des mots français dans lesquels un e remplace un *e* latin, un *a* long, un *i*, un *o*, un *u*.

Que représentent en français *é, ez, è* ?

Donnez des exemples.

Que représente *è* ?

Que représente la diphtongue *ei* ?

A quoi correspond la diphtongue *eu* ?

Qu'est devenue la diphtongue latine *oli* dans les mots *folium* et *solium* ?

Que représente la voyelle française *i* ?

Citez des exemples de *c, g* et *j* latins vocalisés en *i* français.

Que représente la diphtongue française *ie* ? — et la diphtongue *ieu* ?

A quoi correspond la voyelle française *o* ?

Que représentent les diphtongues *oi, oin, oir* ?

Que représente la diphtongue *ou* ?

Quelles sont les consonnes latines qui, dans le passage du latin au français, se sont vocalisées en *u* ?

Que représente la diphtongue *ui* ?

Que représente l'*i* ?

144ᵉ EXERCICE.

(Grammaire, § 29 *ter*, I, 1.)

Trouver les mots français de **formation populaire** *venus des mots latins suivants ; dire quelles sont les voyelles latines que représentent les voyelles françaises* **a, ai, au.**

1. — 1° Angelum. — Ardorem. — Asinum. — Asperum. — Avarum. — Barbam. — Cameram. — Carbonem. — Carrum. — Flammam. — Parare. — Quare. — Saponem.

2° Lacertam — Lucernam. — Mercantem. — Per. — ÷ Pergaminum. — Remum.

3° † Bilancem. — Cingulum. — Linguam. — Pigritiam. — Quadraginta. — Sexaginta. — Silvaticum. —
Sinc. — Singularem. — Tincam.

4° Dominam. — † Dominicellam. — Locustam.

145ᵉ EXERCICE

Suite du précédent.

II. — Acrem. — Acutum. — Alam. — Amo. — Aqui-
lam. — Aream. — Axem. — Axillam. — Balneum. — Car-
nem. — Clarum. — Damum. — † De-mane. — Famem.
— Fascem. — Fastigium. — Gladium. — Granum. —
Lanam. — Laxare. — Major. — Magis. — Manum. —
Nanum. — Pacem. — Panem. — Racemum. — † Rami-
cellum. — Ranam. — Sanum. — † Septimanam. —
Stannum. — Vanum. — † Vascellum. — Veracem.

III. — Albam. — Alnum. — Altum. — Calamum. —
Calcem. — Calvum. — Falcem. — Falconem. — Fal-
sum. — Galliam. — Malvam. — Palmam. — Psalmum.
— Salmonem. — Salvare. — Salvum. — Talpam.

146ᵉ EXERCICE

(Grammaire, § 29 *ter*, I, 2.)

Trouver les mots français de **formation populaire** *venus
des mots latins suivants ; dire quelles sont les voyelles latines
que représentent les voyelles françaises* **e, é, ez, è, ê, ei, eu,
euil.**

I. — 1° Arenam. — Candelam. — Cervum. — Her-
bam. — Querelam. — Regulam. — Servum.

2° Amarum. — Caballum. — Carnalem. — Mortalem.
— Sal. — Talem.

3° † Arcubalistam. — Aristam. — Assignare. — Axillam. — Bitumen. — † Bisaccum. — Concipere. — Cinerem. — Circare. — Circulum. — Crispum. — Cristam.

— Dilatare. — Diluvium. — Dimidium. — Divinum. —
Episcopum. — † Falcitatem. — Findere. — Firmare.
— Firmum. -- Gigantem. — † Gigerium. — Hirpicem.
— Illam. — Inde. — Inimicum. — Insimul. — Intra. —
Litteram. — † Minare. — Ministerium. — † Ministeria-
lem. — Minutum. — † Misculare. — Missam. — † Mis-
saticum.— Mittere. — † Nitidicare. — Nitidum. — Per-
cipere. —Pervincam. — Piscare. —Pistrinum. —† Præ-
sidentiam. — † Primarium. — † Quadrifurcum. — Reci-
pere. — Scintillam. — Siccum. — Simulare. — Subinde.
— Sustinere. — Trifolium. — Triginta. — Vindemiam.
— Vindicare. — Virgam. — Viridem. — Virtutem. —
Vitrum.

4° † Coluculam. — Quomodo.

5° † Junicem. — Juniperum. — Succurrere.

147ᵉ EXERCICE

Suite du précédent.

II. — Capram. — Clavem. — Fabam. — Fratrem. —
Labrum. — Nasum. — Navem. — Pratum. — Rasum.
III. — 1° Fragilem. — Gracilem.

2° Bestiam. — Campestrem. — Fenestram. — Fes-
tum. — † Forestam. — Præstare. — Presbyterum. —
Tempestatem. — Testam. — Vesperum. — Vestire.

IV. — 1° Frenum. — Plenum. — Renes. — Serenum.
— Sedecim. — Tredecim. — Venam. — Verbenam.

2° † Apiculam. — Articulum. — Auriculam. — Cingere. — Pingere. — Tingere.

148ᵉ EXERCICE

Suite des précédents.

V. — 1° Colubram. — Fluvium. — Gulam. — Juvenem.

2° Aliorsum. — Bovem. — Chorum. — Colorem. — Cor. — Dolorem. — † Emotam. — Florem. — Focum. — Horam. — Invidiosum. — Jocum. — Mobilem. — Molam. — Mores. — Mosam, *nom de rivière*. — Motam. — Nepotem. — Nodum. — Novem. — Novum. — Operam. — Ovum. — Pastorem. — Plorare. — Popularium. — Populum. — Possum. — Priorem. — Probam. — Seniorem. — Solum. — Soror. — Spinosum. — Volo. — Votum. VI. — Dolium. — Folium. — Solium.

149ᵉ EXERCICE.
(Grammaire, § 29 *ter*, I, 3.)

Trouver les mots français de **formation populaire** *venus des mots latins suivants; dire quelles sont les voyelles latines que représentent les voyelles françaises* **i, ie, ieu.**

I. — 1° Amicum. — Cicutam. — Illum. — Imaginem. — Ligare. — Principem. — Simplicem.

2° Abolere. — † Adpertinere. — Alesiam, *nom de ville.* Apothecam. — Avertere. — Ceram. — Decem. — Decimam. — † Ebriacam. — Ebrium. — Eboreum. — Ecclesiam. — Florere. — Gaudere. — Implere. — Ingenium. — Languere. — Mercedem. — † Mucere. — † Offerere, *bas-latin pour* offerre. — Pejus. — † Pennicillum. — Pergamenum. — Precari. — Pretium. — † Pullicenum. — † Putrere. — Racemum. — † Sarracenum. — Secare. — Sex. — Speciem. — † Sufferere, *bas-latin pour* sufferre. — Sustinere. — Tapetum. — Tenere. — Venenum. — Vervecem.

150ᵉ EXERCICE.
Suite du précédent.

3° Confectum. — Despectum. — Lectum. — Profectum. — Respectum.

4° Attractum. — Conductum. — Distractum. — Factum. — Fructum. — Instructum. — Lactem. — Lactucam. — Nocere. — Noctem. — Octo. — Placere. —
Tractare. — Tractum. — Plagam. — Plangere. — Sagum. — Majorem.

II. — 1° Bene. — Brevitatem. — Canterium. — Cente-
simum. — ÷ Cœmeterium. — ÷ De-retro. — Febrem.
— Fel. — Feritatem. — Ferum. — ÷ Gigerium. — Hede-
ram. — Heri. — Integrum. — Leporem. — Materiam.
— ÷ Neptiam. — Octesimum. — Palpebram. — Pedem.
— Petram. — Rem. — Tenet. — Tepidum. — Tertium.
— Venit.

2° Cereum. — Mel.

3° Cœlum. — Sœculum.

III. — Deum. — Leucam.

151ᵉ EXERCICE.

(Grammaire, § 29 *ter*, I, 4.)

Trouver les mots français de **formation populaire** *venus
des mots latins suivants; dire quelles sont les voyelles latines
que représentent les voyelles françaises* **o, oi, oin, oir, ou.**

I. — 1° Cornu. — Honorem. — Mollem. — Montem.
— Nomen. — Rationem.

2° Articulum. — Natalem. — Patellam. — Phan-
tasma. — ÷ Phialam.

3° Alausam. — Audere. — Auriculam. — Aurum. —
Causam. — Claudere. — Thesaurum.

4° Columbam. — Columnam. — Cumulum. — Fluctum. — Frumentum. — Fundum. — Juncum. — Mun-
dum. — Numerum. — Nuntium. — Plumbum. — Truncum. — Unciam. — Undam. — Ungulam. — Urticam.

152ᵉ EXERCICE.

Suite du précédent.

II. — 1° Directum. — Tectum.

2° Avenam. — Cadere. — Concipere. — Credere. — Crescere.— Debere. — Decipere. — Fallere. — Habere. —Legem. — Me. — Mensem. — Messionem. — Movere. — † Potere, *bas-latin pour* posse. — Quietum. — Recipere. — Regem. — Sapere. — Se. — Sedere. — Serum. — Setam. — Sexaginta. — Stellam. — Te. — Telam. — Tres. — Valere. — Velum. — † Volere, *bas-latin pour* velle.

3° Bibere. — Digitum. — † Franciscum. — Frigidum. — Rigidum. — Strictum. — Vicinum.

4° Claustrum. — Gaudium. — Potionem. — † Sabaudiam, *nom de pays.* — Vocalem.

III. — Jungere. — Punctum. — Pungere. — Ungere.

IV. — Dormitorium. — † Foriam. — Gloriam. — Historiam. — Memoriam.

153ᵉ EXERCICE.

Suite des précédents.

V. — 1° Nos. — Probare. — Rotam. — Tolosam, *nom de ville.* — Totum. — Vos.

2° Accubitare. — Arbuteum. — Buccam. — Bucculam. — † Burgum. — Burricam. — † Bursam. — Crustam. — Cubare. — Cubitum. — † Cuppam. — Currere. — Cursum. — Curtum. — Curvam. — † Deruptam. — Dubitare. — Duplum. — Fullonem. — Furcam. — Furnum. — † Glutonem. — Gubernaculum. — Gubernare. — Gustum. — Guttam. — † Inglutire. — Jugum. — Lu-

pum. — ┼ Luscum. — Muscam. — Nutrire. — ┼ Pul-
lam. — Pulsare. — Pulsum. — Puppem. — Purpuram.
— Quadrifurcum. — Recuperare. — ┼ Rubjum. *pour* rubeum. — ┼ Rubiculam. — Ruptam. — Russum. —
┼ Stuppam. — Subinde. — Sublevare. — Subterraneum.
— Succurrere. — ┼ Succussam. — Sufflare. — Super-
cilium. — Suspicionem. — ┼ Suspiraculum. — Suspi-
rium. — Sustinere. — Turbam. — Turbulare. — Tur-
rem. — ┼ Turterillam. — Tussem. — Tussire. — Ursum. — Utrem. — Vulturium.

3° Collum. — Mollem. — Pollicem.

154ᵉ EXERCICE.

(Grammaire, § 29 *ter*, I, 5.)

Trouver les mots français de **formation populaire** *venus
des mots latins suivants; dire quelles sont les lettres latines que
représentent les voyelles françaises* **u** *et* **ui.**

I. — 1° Acutum. — Durum. — Figuram. — Fustem.
— Justum. — Minutum. — Munire. — Murum. — Na-
turam. — Nudum. — Rudem. — Succum. — Superbum.
— Ululare. — Unum. — Urnam.

2° Albam. — Alnum. — Alterum. — Bellum. — Calcem. — Calvum. — Collum. — Falsum. — Falconem.
— Galliam. — Malvam. — Palmam. — Psalmum. —
Salvum. — Saltare. — Saltum. — Salmonem. — Solse-
quium. — Talpam.

II. — 1° Illi-huic. — Qui.

2° Cochleare. — Coctinem. — Coquere. — Coquinam.
— Coxam. — Hodie. — Modium. — Nocere. — Oleum.
— Ostium. — Ostream. — Podium. — Postea. — Spo-
lium.

3° Biscoctum. — Coctum. — Conductum. — Fruc-

tum. — Instructum. — Noctem. — Octesimum. — Octo.
— Reductum. — Seductum.

155ᵉ EXERCICE.

(Grammaire, § 21 *ter*, I, 6.)

Trouver les mots français de **formation savante** *venus des mots grecs suivants ; quand le passage a eu lieu par l'intermédiaire du latin classique, faire suivre le mot grec du mot latin.*

Ἄζυμος. — Γυμνάσιον. — Γυναικεῖον. — Δρυάδες. — Δυναμικός. — Δυναστεία. — Ἱππόλυτος. — Ἰχθυοφάγος. — Κυκλάδες. — Κύκλος. — Κύκλωψ. — Κυκνος. — Κύλινδρος. — Κύμβαλον. — Κυνικός. — Κυπάρισσος. — Λαβύρινθος. — Μῦθος. — Μύρόα. — Μυστήριον. — Νύμφη. — Ὁμώνυμος. — Ῥυθμός. — Συζυγία. — Συλλαβή. — Συλλογισμός. — Σύμβολον. — Συμμετρία. — Συμπάθεια. — Σύμπτωμα. — Συμφωνία. — Συναγωγή. — Σύνδικος. — Σύνοδος. — Σύνταξις. — Σύστημα. — Τύραννος. — Τῦφος. — Ὑγιενός. — Ὕδρα. — Ὑδραυλικός. — Ὑδρόμελι. — Ὕμνος. — Ὑπερβολή. — Ὑπόθεσις. — Ὑποθήκη. — Ὑπόκρισις. — Ὑποτείνουσα. — Ζωόφυτον.

156ᵉ EXERCICE.

(Grammaire, § 21 *ter*, II.)

Trouver les mots français de **formation populaire** *venus des mots latins suivants ; indiquer les consonnes supprimées.*

† Ad-vallem. — Advenire. — Adventum. — † Adverare. — Advertere. — Advocatum. — Blasphemare. — Captivum. — † Comptare. — † Cubitatam. — Cubitum. — Cucurbitam. — † Deruptam. — Dorsum. — Dubitare. — Hospitale. — Hospitem. — Judicare. — Magdalenam. — † Maleaptum. — † Ruptam. — † Septimanam. — Scriptum. — Subjectum. — Subitaneum. — Testimonium.

II. — Consonnes.

QUESTIONNAIRE.

Citez des exemples de la suppression de la consonne médiane.

Qu'arrive-t-il souvent quand le mot latin présente plusieurs consonnes de suite?

Qu'entend-on par *métathèse?*

Quand y a-t-il *affaiblissement?*

Qu'est-ce que l'*assimilation* et l'*accommodation?*

Citez des exemples de simple *substitution.*

Quelles sont les lettres euphoniques intercalées quelquefois à l'intérieur des mots?

Citez des exemples.

Que représente le *b* français?

Que représente le *c?*

Citez quelques mots dans lesquels *ch* représente *c* ou *cc.*

Que représente l'*f?*

Que représente le *g?*

Citez des mots français dans lesquels l'*h* latine a été supprimée.

Citez d'autres mots dans lesquels une *h* a été ajoutée, bien qu'il n'y en ait pas en latin.

Que représente le *j?*

Quelles sont les consonnes latines que représente l's française?

Que représente le *v?*

Dans quel cas le *c* latin s'est-il changé en *x?*

MODIFICATION DES CONSONNES

1° *Métathèse ou transposition.*

157ᵉ EXERCICE.

(Grammaire, § 21 *ter*, II.)

Trouver les mots français de **formation populaire** *venus des mots latins suivants; indiquer les transpositions de consonnes qui ont eu lieu dans le passage du latin au français.*

Asperitatem. — † Fimbriam. — † Formaticum. — Druentiam, *nom d'une rivière.* — † Lampetram. — † Orcum. — Paupertatem. — Pro. — Pugnum. — Pulpitum. — † Requiritare. — Signum. — Stagnum. — Singultare. — Temperare. — Torculum. — Turbare. — Turbinem. — † Turbulare. — Vervecem, *bas-latin* † vervicem *et* † berbecem. — Viginti.

2° *Affaiblissement* [1].

158e EXERCICE.
(Grammaire, § 21 *ter*, II.)

Trouver les mots français de **formation populaire** *venus des mots latins suivants; indiquer l'affaiblissement qui a eu lieu dans le passage du latin au français.*

Acrem. — † Acuculam. — Acutum. — Adjudicare. — Alacrem. — † Callum. — † Calopediam. — Camellam. † Carptiare. — † Carricare. — † Caryophyllum. — † Caveolam. — † Cicadulam. — Ciconiam. — Cicutam. — † Claream. — Classicum. — † Clericatum. — Conflare. — Contum. — Coquum. — Crassum. — † Craticulam. — † Crotalum. — Cryptam. — Cucurbitam. — † Cupelletum. — Draconem. — † Ecclesiam. — Fabricare. — Ficum. — † Incrassare. — † Increnare. — Joculari. — Judicare. — Locustam. — Macrum. — Manducare. — † Muscatum. — † Narricare. — Orcum. — Pedicam. — † Plumbicare. — † Sericam. — Verecundiam. — † Vervecarium. — Vicarium. — Vindicare.

159e EXERCICE.
Comme le précédent.

Aprilem. — Capillum. — Capram. — Capreolum. — Concipere. — Coopertum. — Crepare. — Cupam. — Episcopum. — Insepelire. — Leporem. — Lupam. — † Nappetum, *diminutif* de napum. — Nepotem. — Operare. — Pauperem. — Percipere. — Rapam. — Rapere. — Recipere. — Recuperare. — Ripam. — Sapere. — Saponem. — Saporem. — Separare.

1. L'affaiblissement est aussi désigné sous le nom de *principe de la moindre action.*

† Ab-ante. — † Aurifabrum. — Caballum. — Colubram. — Cubare. — Debere. — Ebrium. — Fabam. —
Febrim. — Gubernaclum. — Gubernare. — Habere. —
Hibernum. — Labrum. — Liberare. — Libram. — Librum. — Probam. — Probare. — Subinde. — Taber-
nam. — Turbare. — Verbenam. — Verbinum, *nom de ville.*

3° *Assimilation ou accommodation et dissimilation* [1].

160ᵉ EXERCICE.

Trouver les mots français de **formation populaire** *venus
des mots latins suivants; indiquer les changements de consonnes
qui ont eu lieu dans le passage du latin au français.*

I. — *Assimilation.* — † Adcrescere. — † Adpastum. —
† Adportare. — † Adrestare. — † Ad-retro. — † Adri-
pare. — † Adrorare. — Cognoscere. — Columnam. —
† Exquadrare. — Feminam. — Garumnam, *nom de fleuve.*
Hederam. — † Hominem: — † Matrinam. — Nutrire.
— Nutrituram. — † Patrinum. — Petram. — Putrere.
— † Quadrariam. — Quadratum. — † Quadrifurcum.
— Somnum. — Vitrum.

II. — *Dissimilation.* — Cribrum. — Fragrare. — Lus-
ciniolam. — † Parafredum. — Peregrinum.

4° *Substitution de consonnes.*

161ᵉ EXERCICE.

Trouver les mots français de **formation populaire** *qui viennent des mots latins suivants; indiquer les substitutions de consonnes qui ont eu lieu dans le passage du latin au français.*

1° *Au commencement des mots :* — † Gambam. — Gau-

---

1. Pour faciliter la prononciation, deux lettres semblables en latin sont devenues différentes en français ; ainsi de deux r l'une a été
changée en l.

dere. — Gemellum. — Mappam. — Mattam. — Vadum. — Vaginam. — Vasconem. — Vastare. — Vespam. — † Viscum.

2° *Au milieu des mots :* — Apostolum — † Comes stabuli. — Computare. — † Primum-tempus. — Pumicem. — Rumicem. — Rumigare.

3° *A la fin des mots :* Æramen. — † Bitumen. — Examen. — Homo. — Levamen. — Ligamen. — Meum. — Racemum. — Rem. — Summum. — Suum. — Tuum.

Bovem. — Brevem. — Cervum. — Clavem. — Nervum. — Novem. — Novum. — Ovum. — Servum.

Soricem. — Vicem.

Calcem. — Crucem. — Nucem. — Pacem. — Vocem.

5° *Lettres euphoniques intercalées.*

162ᵉ EXERCICE.

(Grammaire, § 21 *ter*, II.)

Trouver les mots français de **formation populaire** *venus des mots latins suivants ; dire quelles sont les lettres euphoniques qui ont été intercalées dans le passage du latin au français.*

Cameracum, *nom de ville.* — Cameram. — Camerare. — Cucumerem. — Cumulum. — Humilem. — Insimul. — Marmor. — Numerum. — Simulare. — Tremulare.

Absolvere. — Cinerem. — Fulgur. — Generum. — Ingenerare. — Molere. — Plangere. — Ponere. — Portus-Veneris, *nom de ville.* — Pulverem. — Summonere. — Tenerum. — Veneris-dies.

Cannabum. — † Encaustum. — Fundam. — Perdicem. — Regestum. — Rusticum. — Thesaurum. — Villosum.

Accrescere. — Antecessorem. — Cognoscere. — Crescere. — Essere, *bas latin pour* esse.

163ᵉ EXERCICE.

(Grammaire, § 21 *ter*, II, 1.)

Trouver les mots français de **formation populaire** *venus des mots latins suivants; indiquer les consonnes latines que représente la consonne française* **b.**

Barbam. — Bibere. — Bene. — Benignum. — Bonum. Bovem. — Laborem. — Mobilem. — Nobilem. — Plumbum. — Sabulum.

Apiculam. — Apothecam. — † Cupelletum. — Duplum — † Perustulare. — Tympanum.

Corvellum. — Curvare. — Curvum. — Vesontionem, *nom de ville.* — † Vervecarium. — Vervicem.

164ᵉ EXERCICE.

(Grammaire, § 21 *ter*, 2)

Trouver les mots français de **formation populaire** *venus des mots latins suivants; indiquer les consonnes latines que représente la consonne française* **c.**

Capsam. — Cœlum. — Collum. — Colorem. — Cubare. — Facilem. — Secundum. — Siccum. — Stomachum.

Quadragesimam. — Quadrantem. — † Quadrariam. — Quadratum. — † Quadrifurcum. — † Quadrum. — Quare. — Quassare. — Quemque-unum. — Quietum. — Quinque. — Quinquaginta. — Quiritare. — Quomodo. — Quotam.

† Mergum. — Pergamenum.

165ᵉ EXERCICE.

(Grammaire, § 21 *ter*, II, 2 *bis*.)

Trouver les mots français de **formation populaire** *venus des mots latins suivants; indiquer à quelle consonne latine correspond la consonne française* **ch.**

Caballum. — † Caballarium. — † Caballicare. — † Cadentiam. — Cadere. — † Calamellum. — Calamum. — Calceare. — Calcem. — † Calciatum. — † Caldaria — † Calefare (*bas-latin pour* calefacere). — Calidum. — Calorem. — Calvum. — † Cambiare. — Camelum. — Cameram. — † Caminatam. — † Caminum. — † Camisiam. — Campestrem. — † Campinionem. — Campum. — Canalem. — Cancellarium. — Cancellare. — Cancrum. — Candelam. — Canem. — Caniculam. — Canile. — † Cannabisium (*bas-latin dérivé de* cannabem). — Canonicum. — Cantare. — Canterium. — Cantionem. — Cantor. — Cantum.

166ᵉ EXERCICE.

Comme le précédent.

† Capellaturam. — Capillum. — Capitale. — Capitellum. — Capitulum. — Caponem. — Cappam. — Capram. — Capreolum. — † Caprifolium. — † Captiare. — Captivum. — Caput. — † Caram. — Carbonem. — Carcerem. — † Cardinariam. (*bas-latin dérivé de* cardinem, *gond*). — † Carduonem. — Caritatem. — Carmen. — Carpentarium. — Carpinum. — † Carricare. — Carruca. — Carrum. — Carum. — Casam. — † Casibubulam. — † Casnum. — Castaneam. — Castellum. — Castigare. — Catenam. — Catenionem. — † Cattum. — Caulem.

Cicer. — †Cichorium. — Cicum. — Circare. —
Cosam.

167ᵉ EXERCICE.

Comme les précédents.

†Acarnare. — Arcam. — Collocare. — †Decaden-
tiam. — †Decanare. — Ducatum. † — Excadentiam.
— †Excorticare. — †Expandicare. — Ferocem. —
Furcam. — †Incapistrare. — Mancum. — †Manicam.
— †Masticare. — Mercatum. — Micam. — †Minusca-
dentem. — Muscam. — †Pendicare. — Perticam. —
Pervincam. — †Plancam. — Porcarium. — Prædicare.
†Pullicam. — Scabinum. — Scalam. — †Tincam.

Buccam. — Peccatum. — †Siccam. — †Siccare.
†Vaccam.

168ᵉ EXERCICE.

Trouver les mots français de **formation populaire** *venus
des mots latins suivants* (*d* = **d**) :

Adamantem. — †Ad-tunc. — †De-aurare. — Debere.
— Debitam. — Decanum. — Decem. — Decimam. —
Decipere. — Deducere. — Defendere. — Deliberare. —
Delphinum. — †De-mane. — Demonstrare. — Dene-
gare. — Denumerare. — Denuntiare. — Depingere. — †
Deretranum. — †De-retro. — Desiderare. — Designare.
— Despoliare. — Detinere. — Deum. — †De-unde. —
Diabolum. — †Diaconum. — Dicere. — †Diem-domini-
cam. — Dignari. — Dilatare. — Diluvium. — Dimidium.
— Directum. — †Discarnare. — Discum. — Disjun-
gere. — Dispositum. — Disruptam. — Dissolvere. —
Distrahere. — Districtum. — Dolorem. — Dominam.
— †Dominiarium. — †Dominicellum. — Donare. —
Dormitorium. — Dotarium. — Draconem. — †Dric-

tiare. — Dubitare. — † Ductile. — Dulcem. — Dulco-
rem. — Duodecim. — Duos. — Duplum.

169ᵉ EXERCICE.

(Grammaire, § 21 *ter*, II, 3.)

Trouver les mots français de **formation populaire** *venus des mots latins suivants; indiquer les consonnes latines que représente la consonne française* **f.**

Fabam. — Facilem. — Falcem. — Febrim. — Fima-
rium. — Fluctum. — Fremere. — Furcam. — Ossifragam.

Cophinum. — Elephantum. — Graphium. — † Gri-
phonum. — Phasianum. — † Phialam. — † Phlegma.
— † Phrenesin. — Sulphur.

Activum. — Bovem. — Brevem. — Cervum. — Clavem.
— Navem. — Nervum. - Novem. — Novum. — Ovum.
— Salvum. — Servum. — Vicem. — Vivum.

170ᵉ EXERCICE.

(Grammaire, § 21 *ter*, II, 4.)

Trouver les mots français de **formation populaire** *venus des mots latins suivants; indiquer les consonnes latines que représente la consonne française* **g.**

Angustiam. — Cingulam. — Gemere. — Gigantem.
— Gobionem. — Gustum. — Largum. — Longum. —
Pugnum. — Stagnum.

Vadum. — Vaginam. — Vasconem. — Vasconiam.
— Vastare. — Vespam. — † Viscum. — † Viscummal-
vam. — † Vulpeculionem. — † Abreviare. — † Alleviare.
— † Assediare. — † Cambiare. — Diluvium. — Fim-
briam. — † Levium. — † Leviarium. — † Salviam. —
Servientem. — † Subleviare.

Acrem. — †Acuculam. — Acutum. — Adjudicare, etc. (*Voir* 158ᵉ *Exercice.* II.)

171ᵉ EXERCICE.

(Grammaire, § 21 *ter*, III, 6.)

Trouver les mots français de **formation populaire** *venus
des mots latins suivants; signaler l'addition ou la suppression
de la consonne* **h.**

†Agolettam. — ÷Altiare. — Altum. — ÷Armeniam.
— Asciam. — Augurium. — Cohortem. — ÷Eremitam.
— †Ericiare. — Ericium. — Habere. — Habitare. —
Hanc-horam. — ÷Hastellarium. — †Haustare. — Heri.
— Hoc-illud. — Hodie. — Homo. — Hominem. — Ho-
norem. — Horam. — Horridum. — Hortulanum. —
Invadere. — Octesimum. — Octo. — Oleum. — Ostium.
— Ostream. — Tradere. — Traditionem. — Ululare. —
Upupam.

172ᵉ EXERCICE.

(Grammaire, § 21 *ter*, II, 6.)

Trouver les mots français de **formation populaire** *venus
des mots latins suivants: indiquer à quelles consonnes latines
correspond la consonne française* **j.**

Jactare. — Januarium. — ÷Jejunare. — Jocari. —
÷Jocale. — Joculari. — Jovis-barbam. — Judicem. —
Juncum. — Junctum. — Juncturam. — Jungere. — Ju-
rare. — Justitiam. — Juvenem. — ÷Juvenicellum. —
†Juxtare.

Diurnalem. — Diurnum. — Gobionem. — Hyacinthum.
† Galbinum. — ÷Gambam. — ÷Gascariam. — Gau-
dere. — †Gaudiam. — ÷Gaudiosum. — †Gautam. —
Gemellum.

173ᵉ EXERCICE.

Trouver les mots français de **formation populaire** *venus des mots latins suivants (l = l) :*

Glirem. — Illac. — Illam. — Illorum. — Illum. — Laborare. — Labruscam. — Lacertum. — Lacrimam. — Lactem. — Lactucam. — Lætitiam. — Laminam. — Lampetram. — Lanam. — Lanariam. — Lanceam. — Latrocinium. — Latronem. — Laudare. — †Laude- miam. — Laxam. — Laxare. — Laxum. — Lazarum. — †Lectariam. — †Lectrinum. — Lectum. — Legalem. — Legalitatem. — Legem. — Legere. — Leonem. — Leporem. — Leucam. — †Leviarium. — †Levium. — Liberationem. — Libram. — Librum. — Licere. — Li- gamen. — Ligare. — Ligationem. — Lilium. — Lin- guam. — Lineam. — Lineum. — Linteolum. — Litte- ram. — Litteratum. — †Locarium. — Locustam. — Lucere. — Luctari. — †Lumbeam. — Lunæ-diem. — Lupum. — Luscum. — Lutram.

174ᵉ EXERCICE.

Trouver les mots français de **formation populaire** *venus des mots latins suivants (m = m) :*

†Hemicranium. — †Macionem. — Macrorem. — Macrum. — Maculam. — †Madium (*pour* maium). — Magis. — Major. — Male-aptum. — Maledicere. — Ma- lignum. — Malleum. — Manentem. — †Manerium. — †Manicam. — †Mansationem. — †Mansianoticum. — Mansionem. — †Mansuram. — †Marcare. — Mar- ginem. — Margulam. — †Maritaticum. — Maritare. — Marmorem. — †Martellum. — †Materiarium. — †Matrastrem. — †Matrem. — Matricularium. — †Ma-

trinam. — Maturum. — Matutinum. — † Maxucam. —
† Medalliam (pour metalleam). — Medietanum. — † Me-
dietarium. — Medietatem. — Medium. — Medullam.
— Melius. — Mensurabilem. — Mensem. — Mensuram.
— Mensurare. — † Mercatantem. — Mercatum. — Mer-
cedem. — Mercurii-diem. — Messionem. — † Metipsi-
mum. — Meum. — Micam. — Millesimum. — Millia.
— Milliarium. — † Minaciam. — † Minare. — Ministe-
rium. — Minor. — Minus. — Minutum. — Mirabilia.
— Misculare. — † Missam. — † Missaticum. — Mittere.
— † Mixtellum. — Mobilem. — Modulum. — Molam.
— Molere. — † Molinarium. — † Molituram. — Monas-
terium. — Monstrare. — Monticellum. — † Moram. —
Morbum. — Mordere. — Mores. — Mortem. — † Motam.
— Movere. — Muscam. — Mutare.

175ᵉ EXERCICE.

Trouver les mots français de **formation populaire** *venus
des mots latins suivants* (n = **n**) :

Nanum. — Nappetum. — † Nariculam. — Naricare. —
Nascentiam. — † Nascere. — † Nasellum. — Nasum.
— Natalem. — Nativum. — Nauseam. — † Navettam. —
Navicellam. — Navigare. — Necare. — † Necentem. —
Negare. — Negotium. — Nepotem. — † Neptiam. —
Nidicare. — Nidum. — Nigellam. — Nigrum. — Niveam.
— Nobilem. — Nocere. — † Nocibilem. — Noctem. —
Nodare. — Nodosum. — Nodum. — Nominare. — Non-
illud. — Non-obstante. — Nostrum. — † Novellitatem.
— Novellum. — Novem. — † Novenam. — Novum. —
Nubem. — Nudum. — Numerare. — Numerosum. —
Numerum. — Nucalem. — † Nucarium. — Nuptias.
— Nutricem. — Nutrire.

176ᵉ EXERCICE.

Trouver les mots français de **formation populaire** *venus des mots latins suivants (p = **p**)* :

Pacare. — Pacem. — Pæoniam. — Paganum. — Palam. — Palatium. — Palatum. — Paleam. — Pallidum. — Palmam. — Palpebram. — Palum. — † Pampinam. — † Panacem. — Panem. — Panticem. — Papilionem. — † Pappalitatem. — † Pappam. — † Papyrium. — Par. — Parabolam. — † Parabolare. — Paradisum. — † Paragraphum. — † Paraveredum. — † Parescere. — † Pariculum. — Parœciam. — † Particellam. — Partiri. — † Pascham. — † Pascere. — — † Passerellum. — Pastorem. — † Pasturam. — Patellam. — Patrem. — † Patrinum. — Paucum. — Pauperem. — Paupertatem. — Pausare. — Pavonem. — Pavorem.

177ᵉ EXERCICE.

Suite du précédent.

Peccare. — Peccatorem. — † Pectinare. — Pectinem. — † Pectoraculum. — Pedem. — Pedicam. — † Peditonem. — Pejorem. — Pejus. — Pellem. — † Pelliciam. — Pendere. — † Pendicare. — Penicillum. — Pensare. — Percam. — Percipere. — Percurrere. — Percursum. — Perdere. — Perdicem. — Perdonare. — Peregrinum. — † Pergaminum. — Periculosum. — Periclum. — Permedium. — Permittere. — Persicum. — Pervincam. — † Petium. — Petram. — Petroselinum. — Petrosum. — Picam. — Picem. — Picturam. — Pietatem. — † Pietosum. — Pigmentum. — Pigritiam. — † Piluccium. — Pingere. — † Piperatam. — † Pipionem. — Piper (*n.*). — † Pirulam. — Pirum. — Piscari. —

Piscatorem. — ╪ Piscionem. — Pistrinum. — ╪ Pisturire.
— Pituitam.

178ᵉ EXERCICE.

Suite des précédents.

Placere. — Placitum. — Plangere. — Plantaginem.
— ╪ Plastrum. — Platanum. — Plateam. — Plicare. —
Plorare. — ╪ Plumbicare. — Plumbum. — Pluere. —
Pluralem. — ╪ Pluriores. — Pœnam. — Pœnitentiam.
— Pollicem. — Polypum. — Pomum. — Ponere. —
Porcarium. — ╪ Portaculum. — ╪ Portarium. — Porti-
cum. — Posituram. — Post. — ╪ Posterulam. — Post-
natum. — Potentiam. — ╪ Potere. — ╪ Pratellum.
— Præbendam. — Præconium. — Prædam. — Prædi-
care. — Præsentiam. — Præsidentiam. — Præpositum.
— Præstare. — Præstum. — ╪ Precare. — ╪ Prensio-
nem. — Prensum. — Presbyterum. — Pretium. — Pri-
marium. — ╪ Primalitatem. — Principalitatem. —
Principem. — ╪ Privalitatem. — Pro. — Probam. —
Probare. — Profectum. — ╪ Prominare. — Promittere.
— Promovere. — Proscribere. — ╪ Prosequere. — Providere. — Pulmonem. — Pulpitum. — Pulsare. — Pul-
sum. — Pumicem. — Punctionem. — Punctum. —
Pungere. — Punicellum. — Puppim. — Purpuram. —
Puteum. — Putrire. — ╪ Psalmum. — Psalterium.

179ᵉ EXERCICE.

(Grammaire, § 21 *ter*, II, 7 et 9.)

Trouver les mots français de **formation populaire** *venus
des mots latins suivants ; indiquer les consonnes latines que représentent les consonnes françaises* **q, s** *et* **x.**

Quadraginta. — Qualem. — Qualemcumque. — Quan-
do. — Quartarium. — Quatuor. — Quatuordecim. —

Querelam. — Quicumque. — †Quietantiam. — Quietum. — Quid. — Quindecim.

Asparagum. — Cerasum. — Magis. — †Mansionem.
— Minus. — Risum. — Sacramentum. — Solum. —
Sparsum. — Ursum. — Vasconiam.

Ambaciam, *nom de ville.* — Cingulum. — Placere. —
Soricem. — Vicem. — Vicinum.

Ligationem. — Otiosum. — Potionem. — Rationem.
— Sationem. — Traditionem. — Venetiam, *nom de ville.*

Exagium. — Examen. — Laxare.

Sex. — Sexaginta.

Calcem. — Crucem. — Decem. — Nucem. — Pacem.
— Vocem.

Duos. — Otiosum. — Russum. — Sponsum. — Vi-
nosum.

180ᵉ EXERCICE.

Trouver les mots français de **formation populaire** *venus
des mots latins suivants* (*r* = **r**) :

Rabiem. — Racemum. — †Radellum. — †Radiam.
— Radiare. — †Radiculare. — †Radicinam. — Radium.
— †Ramaticum. — †Ramellum. — †Ramicellum. —
Rancidum. — Rapam. — Rapere. — †Rasiculare. —
Rastellum. — Rasum. — Rationabilem. — Rationem.—
†Receptam. — Recolligere. — Recuperare. — Redemp-
tionem. — Reflectere. — †Regalimen. — Regalitatem.
— Regem. — Reginam. — †Regulare. — Relucere. —
Rem. — †Repastum. — Reprobare. — †Repropiare.
— Requirere. — Requisitam. — Resolvere. — Respec-
tum. — Respondere. — Restringere. — Restivum. —
†Reticellum. — Retinere. — Retrahere. — Revidere.
— Rhythmum. — Ridere. — Rigidum. — †Ripariam.
— †Ripaticum. — †Rivicellum. — Rubeum. — †Ru-

bigulam. — Rumicem. — Rumigare. — Ruptam. —
† Rupturam. — Russum. — Rusticum.

181ᵉ EXERCICE.

Trouver les mots français de **formation populaire** *venus
des mots latins suivants* (t = **t**) :

Tabanum. — Tabulam. — † Tabulellum. — Tacere.
— Tactum. — † Taleare. — Talpam. — † Taratrum. —
† Taxitare. — Tectum. — Tegulam. — Temonem. —
Temperare. — † Temporam. — Tempus. — Tendere. —
Tenere. — Tenerum. — Tensam. — Tepidum. — Ter-
minum. — Terrenum. — Territorium. — Tertiam. —
Tertium. — Testam. — Testimonium. — Testum. —
Thecam. — Tibiam. — † Tiliolum. — Tincam. — Tinc-
turam. — Tingere. — Titionem. — Titulum. — Tonde-
re. — Torculum. — Tormentum. — Tornare. — † Tor-
nicare. — Torquere. — † Tortam. — Tortiare. — Tortum.
— † Tot-cito. — Trabatam. — Tractare. — Tractatum.
— † Tractiare. — Tradere. — Traditorem. — Traducere.
— Trahere. — Trans. — Transsalire. — † Transtellum.
— † Transpassare. — Tredecim. — Tremulam. — Tre-
mulare. — † Tricciare. — Trichilam. — Trifolium. —
Triginta. — Tripedem. — † Tritare. — Trojam. —
Truncum. — Tubellum. — — Turbinem. — Turbulare.
— Turonensem. — Turrim. — Tussim. — Tympanum.
— Tyrannum.

182ᵉ EXERCICE.

(Grammaire, § 21 *ter*, II, 8.)

Trouver les mots français de **formation** **populaire** *venus
des mots latins suivants; indiquer quelles sont les consonnes
latines que représente la consonne française* **t**.

Calvum. — † Gengivam. — Naccam. — Valentem. —

Valentiam. — Valere. — Vallem. — † Vascellum. —
† Vassaletum. — Vecturam. — Venam. — Venationem.
— † Vendemiare. — Venenum. — Veneris-diem. —
Verbenam. — Vere. — Verecundiam. — † Veruculum.
— Vesicam. — Vesperem. — Vestire. — Viam. — Via-
rium. — Vicinum. — Videre. — Viduam. — Viduum.
— Vigilare. — Villosum. — Vindicare. — Vineam. —
Vini-opulens. — Virgam. — Viridem. — Viridarium.—
Virtutem. — Vitellum. — Vitrum. — Vivere. — Voca-
lem. — † Volutam. — Votum. — Vulturium.

Aprilem. — Capillum. — Capram. — Capreolum, etc.
(*Voir* 159ᵉ *Exercice.*)

Ab-ante. — Aurifabrum. — Caballum, etc. (*Voir* 159ᵉ
Exercice.)

CHAPITRE IV

SIGNES ORTHOGRAPHIQUES ET PONCTUATION
ACCENT TONIQUE

QUESTIONNAIRE

I. D'où vient le mot *cédille*. § 22 ?
D'où vient le mot *tréma?*
Quand le tréma a-t-il été employé pour la première fois ?

II. D'où viennent les mots *tonique* et *atone?*

Que remarque-t-on au sujet de l'accent tonique dans les mots composés de plus de deux syllabes? § 24, Rem.

Plusieurs monosyllabes qui se suivent sont-ils tous accentués?

Distinguez l'accent tonique et la quantité.

L'accent tonique a-t-il quelque influence sur la quantité?

Quelle est, en général, la quantité des syllabes atones?

La quantité de la syllabe *er* est-elle la même dans *errer* et *j'erre?*

Dans l'ancien français qui ne connaissait pas nos accents, comment marquait-on qu'une syllabe finale était accentuée?

Y a-t-il quelques mots qui peuvent s'écrire indifféremment par un *é* marqué d'un accent aigu ou par un *e* suivi d'une consonne?

Quelle a été l'influence de l'accent latin sur l'accent français?

III. D'où vient le mot *virgule?* § 26

Quelle est l'étymologie du mot *point?*

Quel est parfois dans la langue actuelle l'emploi du *tiret?*

D'où vient le mot *guillemet?*

Quelle est l'étymologie de *paren-thèse?*

183ᵉ EXERCICE.

Grammaire, §§ 22-24.

A quelles remarques de grammaire historique peuvent donner lieu les mots qui dans les phrases suivantes sont en italique.

1. Il *receut* la ville de Heraclea, laquelle volontairement se rendit à lui. (AMYOT.)

2. Car mult furent *païens* li humme de cel sié (cet endroit.)
(Th. le Mart., XIIᵉ siècle.)

3. En plusieurs endroits de ce royaume, par le *bled* est entendu le pur froment. (O. DE SERRES.)

4. Que plus n'i a d'honneur et de *bontet*.
(Chanson de Roland, XIᵉ siècle.)

5. Si tu redoutes l'apreitet de la médecine.
(SAINT BERNARD, XIIᵉ siècle.)

6. Pour sa *beltet* dames lui sont amies.
(Chanson de Roland, XIᵉ siècle.)

7. Mur ne citet n'i est remès (resté) à fraindre. (Id.)

8. *Clef* ou *clé* (l'f ne se prononce jamais). (LITTRÉ.)
— *Clef*. (ACADÉMIE.)

9.   Courte messe et long *diner*,
C'est la joie au chevalier. (XVIᵉ siècle.)

10. Petit *diné* longuement attendu n'est pas donné mais chèrement vendu. (XVIᵉ siècle.)

11. *Diner*. (Quelques-uns écrivent *diné*.) (ACADÉMIE.)

12. *Souper* ou *soupé*. (ACADÉMIE.)

13. Sire, à *pied* estes, et je sui à cheval. (Chanson de Roland.)

14. A vieillesse tenir *pié* ne pourrai.
(CH. D'ORLÉANS, XVᵉ siècle.)

15. *Pied*. (ACADÉMIE.)

184ᵉ EXERCICE.

(Grammaire, § 24.)

Marquer la quantité des syllabes imprimées en italique.

*Ar*bre. — A*dr*esse. — Bar*b*are. — *Bar*be. — *Br*ûler. — *Cloî*trer. — *Cr*uche. — *Dî*ner. — En*tê*té. — *F*osse. — *F*oule. — *F*ouler. — Ha*bit*. — *Her*be. — *H*ôpital. — *L*ime. — Mar*m*otte. — Ob*jet*. — Om*bre*lle. — *Or*dre. *P*atte. — *P*este. — *P*ôle. — *R*are. Rè*g*lement. — Ré*gu*lier. — *R*obe. — *R*ose. — *R*use. — *R*user. — Sol*dat*. — *Ter*re. — Trom*p*ette. — *Ver*re. — *V*ie. — *V*ue. — *Z*one.

PREMIÈRE PARTIE

ÉTUDE DES MOTS CONSIDÉRÉS SÉPARÉMENT

CHAPITRE PREMIER

DES DIFFÉRENTES ESPÈCES DE MOTS

QUESTIONNAIRE

Doit-on compter en français neuf ou dix espèces de mots? § 27.

CHAPITRE II

LE NOM OU SUBSTANTIF

QUESTIONNAIRE

D'où vient le mot *substantif*? § 28.

Que remarque-t-on dans l'ancienne langue au sujet des mots employés substantivement? § 30.

D'où vient en grande partie la différence des genres en français? § 32.

Que remarque-t-on au sujet des noms abstraits latins en *or*?

Quelle a été pour le genre des mots français l'influence de l'*e* muet final?

Citez des noms féminins en latin et devenus masculins en français.

Les noms neutres sont-ils devenus masculins ou féminins?

Citez des mots sur le genre desquels il y a eu indécision.

Que savez-vous sur le genre des mots *idole, poison* et *sphinx*?

D'où viennent les terminaisons *teur* et *trice*? § 34.

Que savez-vous sur le féminin d'*amateur*?

Quelle est la forme la plus ancienne du féminin dans les noms en *eur*?

D'où vient la terminaison *euse*?

Comment explique-t-on les formes *chanteur* et *cantatrice, empereur* et *impératrice*?

D'où vient la terminaison *esse*?

Comment explique-t-on les féminins *fille* et *reine*?

Quel était dans l'ancienne langue le féminin des mots *gouverneur, veuf, apprenti*?

Qu'est ce que les mots *compagnon* et *compain*?

D'où vient l's, signe du pluriel dans les noms français? § 36.

Que pensait Regnier Desmarais de la suppression du *t* au pluriel des noms en *ant* et *ent*?

Comment explique-t-on la terminaison *aux* que l'on trouve au pluriel des mots terminés au singulier par *al* ou *ail*? § 37.

À quelle époque a commencé la vocalisation de *l* en *u*?

Que savez-vous sur le mot *chevau-léger*?

D'où vient le pluriel *bestiaux* ?

A quelles remarques donne lieu le mot *débris* ?

D'où viennent les mots français ter-minés au singulier par une *s*, un *x* ou un *z* ? § 39.

D'où viennent les mots *legs* et *lis* ?

Que savez-vous sur le mot *fourmi* ?

185ᵉ EXERCICE.

(Grammaire, § 32.)

Trouver, dans les phrases suivantes, les substantifs qui ont changé de genre : dire pour chacun d'eux si le genre ancien était plus conforme à l'étymologie que le genre actuel.

1. Certainement il entendait combien étoit grande l'abîme de nos péchés. (CALVIN.)

2. J'ai vu plusieurs jurisconsultes et grands hommes d'État s'étendre sur cet affaire [le duel]. (D'AUBIGNÉ.)

3.   Outre l'âge en tous deux un peu trop refroidie,
     Cela sentirait trop sa fin de comédie. (CORNEILLE.)

4. Toujours d'un valet ta carrosse est suivie. (RÉGNIER.)

5. Le corps du comte de Horn fut enseveli en sa comté. (BRANTÔME.)

6. Les dialectes du langage celtique étaient affreuses. (VOLTAIRE.)

7.   L'ordre est que le futur doit doter la future
     Du tiers du dot qu'elle a. (MOLIÈRE.)

8. Les mutins qui s'étaient attroupés dans sa duché de Rohan..... (SÉVIGNÉ.)

9. Autrement il auroit pensé faire une échange, et non pas un plaisir. (MALHERBE.)

10. Il avait une cicatrice que couvrait une petite emplâtre en losange. (HAMILTON.)

11. Ils sont un énigme inexplicable à eux-mêmes. (MASSILLON.)

12. Je n'ai plus qu'à mourir, mon épitaphe est fait. (CORNEILLE.)

13. Ces maux étaient une petite érysipèle ou érésipèle que j'ai encore et qui m'inquiète beaucoup par les cuisons qu'elle me cause. (RACINE.)

186ᵉ EXERCICE.

Comme le précédent.

1. C'est un vain étude. mais c'est un étude de fruit inestimable. (MONTAIGNE.)

2. S'il étoit possible que les fourmis eussent l'entendement tel que les hommes, ne feroient-ils pas la même division d'une aire en plusieurs provinces. (MALHERBE.)

3. Les truyes [saulve d'honneur de toute la compaignie] ne sont nourries que de fleurs d'orangiers. RABELAIS.)

4. Et Pison ne sera qu'un idole sacré.
   Qu'ils tiendront sur l'autel pour répondre à leur gré.
                                          (CORNEILLE.)

5. Vous oyez assez de mensonges d'ailleurs, sans que j'y ajoute les miennes. (MALHERBE.)

6. Ariamenes étoit dessus une grosse navire. (AMYOT.)

7. Ah! si d'une autre chaine il n'était pas lié,
   L'offre de mon hymen l'eût-il tant effrayé? (RACINE.)

8. Le cheval de César avoit l'ongle coupée en formes de doigts. (MONTAIGNE.)

9. Le vin pur, qui autrement est un certain remède contre la poison de la ciguë. si vous le mêlez avec le jus de la ciguë, rend la force de la poison irrémédiable. (AMYOT.)

10. On ne se pique point d'une reproche qu'on peut faire à tout le monde. (MALHERBE.)

11. Premier que de joindre, il lui fallut boire la volée de 14 canons, le salve des enfants perdus et celui du bataillon.
                                          (D'AUBIGNÉ.)

12. De la racine procède un tige unique, rond, férulacé.
(RABELAIS.)

187ᵉ EXERCICE.

(Grammaire, §§ 33-42.)

A quelles remarques de grammaire historique peuvent donner lieu certains substantifs employés dans les phrases suivantes ?

1. Ils ne se pouvoient persuader que la nature en de telles choses fût dedans le corps humain, comme dans une ville *vmatrice* et inventrice de nouvelleté. (AMYOT.)

2. Cette capitale est pleine d'amateurs et surtout d'*amatrices* qui font leurs ouvrages comme M. Guillaume inventait ses couleurs. (J.-J. ROUSSEAU.)

3. Moi, devine! On se moque. Eh! messieurs, sais-je lire.
(LA FONTAINE.)

4.   Chez la devineuse on courait
        Pour se faire annoncer ce que l'on désirait. (ID.)

5. Sa femme étoit devineresse. (AMYOT.)

6. Jeanne d'Arc fut qualifiée de superstitieuse, devineresse du diable. (VOLTAIRE.)

7. Nous avons la reine pour gouverneuse. (MALHERBE.)

8. Les apprentifs et qui ne sont pas de si haute leçon s'enfarinent le visage. (MONTAIGNE.)

9. François Aneman, qui estoit compaing en toutes choses à Philippe. (FROISSARD, XVᵉ *siècle*.)

10. Assez parens, assez tourmens. (COTGRAVE.)

11. Les arts sont les enfans de la nécessité. (LA FONTAINE.)

12. Puisque il sont as cheval et as armes.
(*Chanson de Roland*, XIᵉ *siècle*.)

13. Les loups ne mangent point le bestial. (DESPÉRIERS.)

14. Le gros bestail se distingue en bouvine et chevaline, et le menu en bestes à laine et à poil. (O. DE SERRES.)

15. Quel débris parle ici de votre résistance.

RACINE, *Iphigénie.*

CHAPITRE III

L'ARTICLE

QUESTIONNAIRE

Quelle est l'étymologie du mot *article ?*
De quoi résulte l'article ?
D'où vient l'article français ?
Quelles étaient dans l'ancien français les formes de l'article ?

Quelles ont été les formes produites par la combinaison de l'article masculin avec les prépositions *à* et *de ?*

188e EXERCICE.

(Grammaire, § 44.)

Dans les phrases suivantes remarquer les formes de l'article.

1. Tais, Olivier, li quens Rollans respunt (tais-toi, Olivier, répond le comte Roland). (*Chanson de Roland*, XIe siècle.)

2. Or, veit-il ben d'Espaigne le regnet (le royaume).
(*Chanson de Roland.*)

3. Voldrent la veintre li Deo inimi (les ennemis de Dieu voulurent la vaincre). (*Cantilène de sainte Eulalie*, Xe siècle.)

4. Elle non eskoltet les mals conseillers (elle n'écoute pas les mauvais conseillers). (*Cantilène de sainte Eulalie.*)

5. Et dist al rei (et il dit au roi). (*Chanson de Roland.*)

6. Il parla as barons de France. (VILLEHARDOIN.)

7. Tant comme on pooit voir aus iels (yeux), ne paroient (paraissaient) fors voiles de nes et de vaissiaus.

(VILLEHARDOIN.)

8. Et del mostier tous les huis desferma [ouvrit]. (XIIᵉ *siècle.*)

9. Dou duel [deuil] qui y fu fais ne convient il mie parler, car trop fu merveillement grant. (VILLEHARDOIN.)

10. Et longuement avez es bois esté perdue.

(*Berte*, XIIIᵉ *siècle.*)

11. Le duc de Bourgogne fit une chevauchée es marches de Picardie. (FROISSARD, XVᵉ *siècle.*)

CHAPITRE IV

L'ADJECTIF

QUESTIONNAIRE

Comment les Latins appelaient-ils l'adjectif? § 45.

Comment se formait primitivement le féminin des adjectifs français ? § 46.

Citez dans le français actuel des traces de l'ancien usage.

Que savez-vous touchant les mots *mou, beau, nouveau, jumeau?* § 47.

D'où provient le *t* du féminin des adjectifs *favori* et *coi* ?

D'où viennent *hébreu* et *hébraïque?*

Pourquoi les adjectifs en *et* forment-ils leur féminin de deux manières différentes ? § 49.

Quand la terminaison latine *ca* devient-elle en français *che?* § 52.

Quand devient-elle *que ?*

Pourquoi les adjectifs terminés par un *r* prennent ils un *f* au féminin ? § 53.

Pourquoi dans les adjectifs terminés par un *g.* le *g* est-il suivi au féminin d'un *u ?* § 45.

Comment explique-t-on la formation du féminin des adjectifs *malin* et *bénin ?* § 55.

D'où viennent les formes *tierce* et *fraîche ?* § 56.

Que remarque-t-on dans l'ancienne langue au sujet des consonnes *s, x, z ?* § 57.

La forme *vieux* a-t-elle toujours existé ?

D'où viennent les mots *positif, comparatif* et *superlatif?* § 59.

Combien la langue française possède-t-elle en réalité de comparatifs d'adjectifs?

Citez des adjectifs en *eur* qui ne peuvent être précédés de *plus*.

Doit-on mettre un trait d'union entre *très* et l'adjectif au superlatif ?

D'où vient le suffixe français *issime?*

Ce suffixe était-il plus usité autrefois qu'aujourd'hui ?

189ᵉ EXERCICE.

A quelles remarques de grammaire historique peuvent donner lieu les adjectifs employés dans les phrases suivantes?

1. Il n'y a pas grand friandise à manger un peu de bouilli.

(MALHERBE.)

2. Est-il possible, Sire. que vous en ayez si grand envie que vous dites ? — Oui. j'en ai si grand envie. (MALHERBE.)

3. J'obtiens lettres royaux et je m'inscris en faux. (RACINE.)

4. S'il pardonne, il est mol ; s'il se venge, barbare.

(ROTROU.)

5. Qui trieroit de l'armée ceux qui marchent par le seul zèle d'une affection religieuse, il n'en sauroit bâtir une compagnie de gens d'armes complette. (MONTAIGNE.)

6. A quoi sert d'employer l'artifice et la force
Pour abattre un vieil tronc qui n'a plus que l'écorce.
Et que les vers rongent de toutes parts. (RACAN.)

7. Nul s'en corocet gienz cil vaintismes hom (ce très saint homme ne s'en courrouce en rien). (*Saint Alexis*, XIe siècle.)

8. Il avoit un grandisme nés plat.

(*Aucassin et Nicolette*, XIIIe siècle.)

9. Un grandissime bruit. (MALHERBE.)

10. Il ne faut point s'imaginer que je n'aie été en grandissime doute de ce que je dois répondre. (POUSSIN.)

ADJECTIFS DÉTERMINATIFS

QUESTIONNAIRE

Pourquoi le mot *nom de nombre* est-il donné parfois aux adjectifs numeraux ? § 61.

Que signifient *cardinaux* et *ordinaux* ?

D'où viennent les noms de nombre cardinaux français ?

Que savez-vous sur les mots *septante, octante* et *nonante* ?

D'où viennent les mots *mil* et *mille* ? § 62.

Comment dans l'ancien français écrivait-on 1000 ?

A quelle remarque donne lieu la prononciation de *onze* et de *onzième* ?

D'où vient la terminaison *ième* ? § 63.

D'où viennent *premier* et *second* ?

Citez quelques nombres ordinaux que l'ancien français avait gardé du latin.

Comment l'ancien français disait-il au lieu de *premier* ?

D'où viennent les mots *demi, tiers* et *quart* ?

Que sont les mots *décime* et *centime* ?

D'où viennent *double, triple, quadruple* ?

D'où viennent les adjectifs possessifs français ? § 64.

L'adjectif *leur* était-il variable dans
l'ancien français ?

L'ancien français employait-il *mon*
avec un substantif féminin ?

Doit-on écrire *ma mie* pour *mon
amie?*

Molière a-t-il pu écrire : « Allez
m'amour... »

Quelles sont l'origine et l'histoire
de l'adjectif démonstratif *ce* ? § 65.

Que savez-vous du mot *quantième?*
§ 66.

D'où vient l'adjectif indéfini *un ?*
§ 67.

D'où vient *aucun ?*

Quelle est l'étymologie du mot *même?*

D'où vient *autre ?*

Que savez-vous sur le mot *autrui ?*

D'où viennent *certain, tel, maint,
plusieurs ?*

D'où viennent *quelque* et *quelconque?*

D'où viennent *chaque* et *chacun ?*

190ᵉ EXERCICE.

(Grammaire, §§ 64-65.)

*A quelles remarques de grammaire historique peuvent donner
lieu les phrases suivantes?*

1.   As-tu point veu voler en la prime saison
       L'avette qui de fleurs enrichit sa maison? (RONSARD.)

2. Le premier [qui remporta des dépouilles opimes] fut
Romulus; le tiers fut Marcellus, qui occit de sa propre main
Britomartus, roi des Gaulois. (AMYOT.)

3. Et de ces chaînes [des quatre chaînes qui retenoient
Pantagruel dans son berceau] en avez une à la Rochelle,
l'autre est à Lyon, l'autre à Angers et la quarte fut emportée
des diables. (RABELAIS.)

4. Le mois de janvier sous Romulus étoit l'onzième. (AMYOT.)

5. Ils se recommandent à vous comme vostres chevaliers.
(*Perceforest,* xvᵉ *siècle.*)

6. Le peuple lui donnant de bon cœur la dîme de leur fruits
et le quint de leur butins..... (D'AUBIGNÉ.)

7.   ..... Comme Pan [inventa] le chalumeau
       Qu'il pertuisa du roseau
       Formé du corps de s'amie. (RONSARD.)

8.   La chanson fut bien ordonnée
       Qui dit : M'amour vous fut donnée. (MAROT.)

9. Si salvarai eo [je] cist mon fadre Karlo. (*Serment de Strasbourg,* IXᵉ *siècle.*)

10. Mais Dieu ne lui vouloit consentir ceste grâce que de recevoir ce sage conseil. (COMMINES, XVᵉ *siècle.*)

11. Lors fut icelle voix plus hautement ouïe. (RABELAIS.)

12. Cela lui fit reprendre un peu de courage et lui donna hardiesse de passer de celle ile en la côte de Carthage.

(AMYOT, *Marius.*)

191ᵉ EXERCICE.

(Grammaire, §§ 66, 67.)

A quelles remarques de grammaire historique peuvent donner lieu les phrases suivantes?

1. En la cour d'un roi de France, nommé Charles, je ne dirai point le quantième, pour l'honneur de celle dont je veux parler. (MARGUERITE.)

2. A lui medisme ont l'almosne donede.

(*Vie de* Sᵗ *Alexis,* XIᵉ *siècle.*)

3. Autre bataille lor livrez de meïsmes.

(*Chanson de Roland,* XIᵉ *siècle.*)

4. David salt a l'espee Golie, nient ne targad, de s'espée meime le chief li colpad.

(*Traduction des quatre livres des Rois,* XIIᵉ *siècle.*)

5. Calabriens et Suisses avoient telle rage de faim aux dents, qu'ils prenoient fromaiges sans peler et mordoient a mesme. (JEAN DE TROYES, XVᵉ *siècle.*)

6. Catulus se mit lui-mesmes entre les fuyards.

(MONTAIGNE.)

7. L'un fut Basan et li altres Basile. (*Chanson de Roland,* XIᵉ *siècle.*)

8. La violence et la convoitise d'usurper à force l'autrui étoient lors louées entre les barbares. (AMYOT.)

9. Non seulement chasque pays, mais chasque cité a...

(MONTAIGNE.)

10. Obligez nous bailler par chascun an deux millions d'or.

(RABELAIS.)

11. Un éléphant ayant à chacune cuisse un cymbale pendu.

(MONTAIGNE.)

CHAPITRE V

LE PRONOM

QUESTIONNAIRE

D'où vient le mot *pronom*? § 68.

Par quelles formes successives le pronom *ego* a-t-il passé pour devenir *je*? § 69.

D'où viennent les pronoms *moi, toi, soi, nous, vous*?

Quelle est l'étymologie de *il, elle* et *la*?

D'où viennent *ils, eux, les*?

D'où fait-on dériver *lui, leur, y* et *en*?

D'où viennent *mien, tien, sien*? § 70.

A quoi attribue-t-on la différence d'orthographe qui existe entre les adjectifs *notre, votre* et les pronoms *nôtre, vôtre*?

D'où vient *ce*, pronom neutre? § 71.

Quelle est l'étymologie de *celui*?

D'où viennent les mots *conjonctif, relatif, antécédent*? § 72.

Quelle est l'étymologie de *qui, lequel, que, quoi, où, dont*?

Que savez-vous de l'histoire du mot *dont*?

D'où vient *personne*? § 74.

Par quelles formes successives le mot *on* a-t-il passé?

Quelle est l'histoire du mot *rien*?

192ᵉ EXERCICE.

(Grammaire, §§ 69, 70.)

A quelles remarques de grammaire historique peuvent donner lieu les phrases suivantes.

1. Si salvarai eo cist meon fradre Karlo. (*Serment de Strasbourg,* IXᵉ *siècle.*)

2. E io ne dobreie [je ne serais pas dolent] de tanta milia hominum, si perdut erent. (*Fragment de Valenc.,* Xᵉ *siècle.*)

3. Io jetai vos choses de la nef pur puür peur de mort.
(*Lois de Guillaume*, xie siècle.)

4. Assez est mielz qu'il i perdent les chiefs [têtes].
(*Chanson de Roland*, xie siècle.)

5. Ell'ent adunet [*inde adonat*, en abandonne] lo suon ele-
ment. (*Cantilène de sainte Eulalie*, ixe siècle.)

6. Belle chose leur sembloit que les leur régnassent à
Rome. (BERCHEURE, xive siècle.)

7. Apportons-y seulement du nostre l'obéissance et la sub-
jection. (MONTAIGNE.)

8. Ses intérêts sont-ils plus sacrés que les nostres. (RACINE.)

9. Mon cœur se met sans peine en la place du vostre.
(RACINE.)

193e EXERCICE.

(Grammaire, §§ 71-74.)

*Faire les remarques de grammaire historique auxquelles don-
nent lieu les pronoms employés dans les phrases suivantes :*

1. Co senefie paix et humilité. (*Chanson de Roland*, xie siècle.)

2. Mais qui est cil ne celle en cestui monde,
En qui douleur par faux rapport n'abonde. (MAROT.)

3. Au devant d'iceluy marchoient quatre compagnies d'arquebusiers espagnols. (BRANTÔME.)

4. Ceux qui étoient sur l'autre rive ayant lu l'écriture de
l'écorce et par icelle entendu le danger pressant auquel étoit
l'enfant... (AMYOT.)

5. Je laisse à part ce que particulièrement la nécessité en
apprend soudain à ceux qui en ont besoin : et les alphabets
des doigts, et grammaires en gestes : et les sciences qui ne
s'expriment que par iceux. (MONTAIGNE.)

6. Et n'as-tu pas ton franc arbitre
Pour sortir d'ond tu es entré. (MAROT.)

7. Une femme qui venoit du pelerinage s'assit en my le marché ; on lui demanda dont elle venoit. (FROISSARD, XVe siècle.)

8. Ce sait hom bien que je suis tis parastres [ton beau-père].
(*Chanson de Roland*, XIe siècle.)

9. Il est des peuples où on tourne le dos à celui qu'on salue, et ne regarde l'on jamais celui qu'on veut honorer.
(MONTAIGNE.)

10 Las! Pourquoi l'ai de mes eus [yeux] regardée,
La douce rien qui fausse amie a nom?
(COUCI, XIIe siècle.)

11.   Et por agencier le plus bel,
Me sui porpensé d'une rien,
Se vos loez que ce soit bien. (*Renard*, XIIIe siècle.)

Revision

194e EXERCICE.

(Grammaire, §§ 1-74.)

A quelles remarques de grammaire historique peuvent donner lieu les phrases suivantes ?

1. Il atendirent jusqu'au quart jour et il revindrent au palais. (VILLEHARDOIN, XIIIe siècle.)

2. Vin tant divin, loin de toi est forclose toute mensonge et toute tromperie. (RABELAIS.)

3. Puis se mettoit à son étude principal par trois heures ou davantage. (RABELAIS.)

4. La contre-poison doit être plus forte que la poison afin qu'elle domine. (PARÉ.)

5. Celuy n'est pas heureux qu'on monstre par la rue,
Que le peuple cognoist, que le peuple salue. (RONSARD.)

6. Il vit des fourmis partir de leur fourmilière, portants le corps d'un fourmi mort. (MONTAIGNE.)

7. Je fus aise de voir tomber nos idoles d'un lieu où je ne les avais jamais regardés qu'avec abomination. (MALHERBE.)

8. La mensonge n'est jamais bien épaisse. (MALHERBE.)

9. [La Grèce] Traversa les mers de Scythie
En la navire qui parloit. (MALHERBE.)

10. Mais je veux qu'Attila pressé d'un autre amour
Endure un tel insulte au milieu de sa cour.
(CORNEILLE.)

11. Jamais idole, quel qu'il fut,
N'avait eu cuisine plus grasse. (LA FONTAINE.)

12. Evrard seul, en un coin prudemment retiré,
Se croyoit à couvert de l'insulte sacré. (BOILEAU.)

13. Tout ce qu'on put obtenir du prince fut qu'il consentit de traiter d'égal avec l'archiduc, à condition qu'en lieu tiers ce prince ferait les honneurs des Pays-Bas. (BOSSUET.)

14. Il a des heures de reste pour ses visites : vieil meuble de ruelles où il parle procès et dit des nouvelles.
(LA BRUYÈRE.)

15. Je pourrois vous le faire voir dans les masures d'un vieil château ruiné. (FLÉCHIER.)

CHAPITRE VI

LE VERBE

QUESTIONNAIRE

D'où vient le mot *verbe* ? § 75.

D'où viennent les mots *actif* et *transitif* ? § 76.

Les verbes réfléchis se sont-ils conjugues avec l'auxiliaire *avoir* ? § 99.

Comment explique-t-on le *t* de *pense-t-il* ? § 104.

La dénomination de verbes *actifs* et de verbes *neutres* est-elle juste ? § 106.

Comment pourrait-on classer les verbes d'une manière rigoureuse ?

De quoi les différents modes du présent sont-ils formes ? § 107.

Comment le conditionnel a-t-il été formé ?

De quoi l'impératif est-il dérivé ?

Par quelles formes successives la terminaison de l'imparfait de l'indicatif a-t-elle passé ? § 108.

8

Quand a-t-on écrit *ais* au lieu de *ois* ?
D'où vient le parfait défini français ?
§ 109.

De quoi l'imparfait du subjonctif est-il formé ?

D'où viennent les terminaisons *asse, isse* et *usse* ?

Comment le futur a-t-il été formé ?
§ 110.

Savez-vous comment le futur est marqué en allemand, en anglais et en grec moderne ?

195ᵉ EXERCICE.

(Grammaire, § 100.)

Quelles remarques peut-on faire à propos des phrases sui-
vantes ? Tirer une conclusion générale ?

1. Il est sorti, mais il va rentrer. — Il a sorti, mais il vient de rentrer. (ACADÉMIE.)

2. Comme le remarque M. Ménage, on doit dire : Monsieur a sorti ce matin, et non pas est sorti, pour faire entendre qu'il est sorti et revenu. (VAUGELAS.)

3. Je n'ai point sorti : Mᵐᵉ de Lavardin et Mᵐᵉ de Moussy ont forcé ma porte. (SÉVIGNÉ.)

4. Il a monté quatre fois à sa chambre pendant la journée. — Il est monté dans sa chambre, et il y est resté. (ACADÉMIE.)

5. Il a descendu à terre aussitôt que le vaisseau fut abordé. — Les passagers sont descendus à terre depuis longtemps.

(LITTRÉ.)

6. La justice a descendu chez lui. (ACADÉMIE.)

7. Il est parti de Paris. — Le fusil a parti tout à coup.

(ACADÉMIE.)

8. Je m'approche d'un chasseur, je lui demande quand le lièvre a parti. Il me répond : Il y a longtemps qu'il est parti.

(LITTRÉ.)

9. Il a voulu courir et il est tombé. — Les poètes disent que Vulcain a tombé du ciel pendant un jour entier.

(ACADÉMIE.)

10. Où serais-je, grand Dieu, si ma crédulité
Eût tombé dans le piège à mes pas présenté ? (VOLTAIRE.)

11. Voilà ce que j'en ai appris par votre oncle qui dit avoir entré dans les chambres. (LA FONTAINE.)

12. Le soleil n'a pas entré dedans. (SÉVIGNÉ.)

DÉSINENCES

QUESTIONNAIRE

Quelle est l'histoire de l's qui termine souvent la première personne du singulier ? § 115.

Que savez-vous sur l's qui termine d'ordinaire la deuxième personne de l'impératif ?

Quelle était, dans l'ancienne langue, la terminaison de la troisième personne du singulier ?

Pourquoi y a-t-il un accent circonflexe à la troisième personne du singulier de l'imparfait du subjonctif ?

D'où viennent les désinences des trois personnes du pluriel ?

D'où provient l'accent circonflexe que l'on trouve aux deux premières personnes du pluriel du parfait défini ?

Citez une phrase latine dans laquelle le verbe *habeo* semble n'être plus qu'un auxiliaire. § 116.

196ᵉ EXERCICE.

(Grammaire, § 115.)

A quelles remarques de grammaire historique peuvent donner lieu les phrases suivantes?

1. En ce point que je appareilloie pour mouvoir...

(JOINVILLE.)

2. Je le voy et en fay mon profit. (MONTAIGNE.)

3. J'en doy compte, Madame, à l'Empire romain,
Qui croit voir son salut, ou sa perte, en ma main.

(RACINE.)

4.   Mais enfin je te croy,
Ou plutôt je fais vœu de ne croire que toy. (RACINE.)

5. Vien, reconnoi la voix qui frappe ton oreille. (RACINE.)

6. Li douze pair, que Charles aimet tant.

(Chanson de Roland.)

7. Alcibiade se jeta au-devant du chariot et dit au charretier qu'il passast ainsi s'il vouloit. (AMYOT.)

8. Plût aux dieux que ce fust le dernier de ses crimes.

(RACINE.)

9. Nous allasmes de là coucher à Dinan.

(MARGUERITE DE VALOIS.)

VERBES AUXILIAIRES ET VERBES RÉGULIERS

QUESTIONNAIRE

D'où vient le verbe *avoir* ? § 116.

De quels verbes latins proviennent les différentes formes du verbe *être* ?

Comment explique-t-on la forme *j'eusse eu* ?

Que représente l'*u* dans le futur *j'aurai* ?

Quelle était dans l'ancienne langue le futur du verbe *avoir* ?

Les anciennes formes *aye*, *que j'aye*, etc., avaient-elles une raison d'être ?

D'où vient la conjugaison en *er* ? § 147.

A quelle remarque donne lieu l'orthographe des mots terminés en *ège* ? § 120.

Quelle place occupe l'accent tonique dans les verbes en *eler* et *eter* ?

D'où vient la conjugaison en *ir* ? § 126.

D'où provient la syllabe *iss* qui s'intercale à certaines formes de la deuxième conjugaison ?

Quel était dans l'ancienne langue le participe passé de *bénir* ? § 127.

Par qui a été établi la distinction qui existe aujourd'hui entre *béni* et *bénit*, *florissant* et *fleurissant* ?

Comment explique-t-on les deux formes *je fleurissais* et *je florissais* ?

D'où vient la conjugaison en *oir* ?

D'où viennent *recevoir*, *percevoir*, *concevoir* ? § 128.

Comment explique-t-on la formation des parfaits *je reçus* et *je dus* ?

D'où vient la conjugaison en *re* ? § 129.

197ᵉ EXERCICE.

(Grammaire, § 116.)

Quelles remarques de grammaire historique peut-on faire à propos des verbes qui, dans les phrases suivantes, sont imprimés en italique.

1. Se porpensa que il feroit,

Et comment à boire *averoit*. (R. *du Renard*, XIIᵉ *siècle*.)

2. Long temps y *ha* que je vis en espoir,

Et que rigueur *ha* dessus moi pouvoir. (MAROT.)

3.   Si tu n'as point pitié de moy,

Ayes au moins pitié de toy. (DUBELLAY.)

4. Se vous mourez, *esterez* sainz martirs.

(*Ch. de Roland*, xie *siècle*.)

5. Quant chascuns *ert* [sera] à son meillor repaire. (*Id.*)

6. Charles *serat* ad Ais à sa chapele. (*Id.*)

7. La dame à qui je *sui*... (VIDAME DE CHARTRES, xiie *siècle*.)

8. Ensi demorerent huit jours pour atendre les nés [vaisseaux] qui encore *estoient* à venir. (VILLEHARDOIN.)

9. Quant nous avons communellement delettacion en aucune chose, c'est signe que nous *suymes* à telles choses enclins.

(ORESME, xive *siècle*.)

Verbes de la première conjugaison

VERBES IRRÉGULIERS

QUESTIONNAIRE

D'où viennent les trois radicaux du verbe *aller* ? § 133 *bis*.

Quelle était autrefois la forme régulière du futur du verbe *envoyer* ?

D'où provient la forme *j'encerrai* ?

Quelle est l'étymologie du verbe *envoyer* ?

198e EXERCICE.

(Grammaire, § 133 *bis*, II.)

A quelles remarques de grammaire historique peuvent donner lieu les verbes qui, dans les phrases suivantes, sont imprimés en italique?

1. Comme un hibou qui fuit la lumière et le jour,
Je me lève, et m'en *vay* dans le plus creux séjour
Que Royaumont *recelle* en ses forêts secrètes. (RÉGNIER.)

2. Pour accomplir mon vœu, je *vois* trois fois épandre
Trois gouttes de ce lait dessus la sèche tendre.

(JODELLE.)

3. Si vous disons que nous conseillons mon seigneur, qui cy est, qu'il s'en *voise* en France veoir le roy.

(FROISSARD, xve *siècle*.)

4. Qu'ils *voisent* maintenant, et *facent* un bouclier de leurs allégories. (CALVIN.)

5. [Coitier disait à Louis XI] : Je sçay bien que ung matin vous m'*envoyrez* comme vous faictes d'autres, mais vous n'y vivrez point huyt jours après. (COMMINES, XVᵉ *siècle.*)

6. Si la fortune continue, elle m'en *envoyera* ⁺rès content et très satisfait. (MONTAIGNE.)

Verbes de la deuxième conjugaiso

QUESTIONNAIRE

Comment explique-t-on les participes *acquis, conquis, offert* ?

D'où vient le participe *mort* ?

Quelle est l'origine commune des verbes *assaillir* et *tressaillir* ? § 134 *bis.*

Que savez-vous de l'histoire du verbe *tressaillir* ?

D'ou vient *bouillir* ?

D'où proviennent les irrégularités du verbe *courir* ?

Quelle est l'étymologie de *couvrir* ?

Quel est le verbe qui a été souvent confondu avec *recouvrir* ?

D'où vient *ouvrir* ?

D'où viennent *offrir* et *souffrir* ?

Quelle est l'histoire des différentes formes du verbe *cueillir* ?

D'où viennent *dormir, mentir, sentir, servir* ?

D'où vient le verbe *faillir* et quel en est le présent ?

Comment *faillir* fait-il au futur ?

Quand le verbe *fuir* prend-il un *y* grec ?

Qu'est devenu dans *fuir* le *y* du latin *fugere* ?

Quelle est l'étymologie de *repartir* et *répartir* ?

Expliquez par l'étymologie les deux sens du verbe *sortir.*

D'où viennent *mourir* et son participe *mort* ?

Citez des mots venus du latin et dans lesquels s'intercale un *d* euphonique.

D'où vient *vêtir* ? Ce verbe prend-il la syllabe *iss* ?

Que savez-vous de l'origine et de la conjugaison de *férir* ?

D'où vient le verbe *issir* ? Quel est le substantif formé de ce verbe ?

Qu'y a-t-il à remarquer au sujet du verbe *guérir* ?

D'où vient le verbe *gésir* ? Quel est le substantif formé de ce verbe ?

De quel verbe latin est venu le verbe *ouïr* ?

Quelles sont les formes principales du verbe *ouïr* qui se trouvent chez les auteurs ?

199ᵒ EXERCICE.

(Grammaire, §§ 126-127 *bis* et 134 *bis.*)

Quelles remarques de grammaire historique peut-on faire à propos des verbes qui dans les phrases suivantes sont imprimés en italique ?

1. Un jour qui n'est pas loin, elle [l'Église] verra tombée. La troupe qui *l'assaut* et la veut mettre à bas. (MALHERBE.)

2. Lorsque la peur aux talons met des ailes,
L'homme ne sait où s'enfuir, ne *courre*. (MAROT.)

3. N'y en a-t-il pas eu qui, pour être tombés en cœur de l'hiver dans une rivière, ont *recouvert* leur santé, que toutes les drogues des apothicaires ne leur avoient su rendre.

(MALHERBE.)

4.   Car en lor gieus et en lor fables,
Gisent profit moult delitables,
Sous qui lor pensées *covrirent*,
Quand le voir [vrai] des fables *ovrirent*.

(*Rom. de la Rose,* XIIIe *siècle.*)

5. Pour la culture de la terre, si je m'en voulois mesler, je *cueillirois* plus d'orge et de froment. (LA BOÉTIE.)

6. Ici *fault* la règle. (MONTAIGNE.)

7. Nous *partons* le fruict de nostre chasse avecques nos chiens. (MONTAIGNE.)

8. Il *partiroit* un œuf en deux, une maille en deux.

(MONTAIGNE.)

9. Cela fait, Theseus *se partit* pour aller combattre le taureau de Marathon. (AMYOT.)

10. Je vous prie supplier le roy que la chouse puisse *sortir* son effect, maintenant que l'occasion se y offre. (XVIe *siècle.*)

200e EXERCICE.

Suite du précédent.

1. e leurs molles toisons les brebis *se vétissent.*

(DELILLE.)

2. La sentence pressée aux pieds nombreux de la poésie me *fiert* d'une plus vive secousse. (MONTAIGNE.)

3. Et pour ce que je vous vois plus *feru* (épris) que la chose ne vaut, vous ai pieçà voulu avertir. (LOUIS XI.)

4. Non que j'eusse opinion qu'il pût *issir* de moi chose qui méritât d'être mise devant vos yeux. (AMYOT.)

5. Chacun *quiert* son semblable. (H. ESTIENNE.)

6.
Ne sçai où *gist* Heleine
En qui beauté *gisoit*,
Mais ici *gist* Heleine
Où bonté reluisoit. (MAROT.)

7. Les Albaniens *gisent* devers le soleil levant et la mer Caspienne. (AMYOT.)

8. Qui a aureilles pour *ouir*, qu'il *oye*. (CALVIN.)

9. Qui bien *oyt* bien parle, et qui mal *oyt* mal parle.
(CHARRON.)

10. Et le peuple, qui tremble aux frayeurs de la guerre,
Si ce n'est pour danser, n'*orra* plus de tambour.
(MALHERBE.)

11. *Oyez*-vous la friponne? Elle parle pour soi.
(TH. CORNEILLE.)

12. Elle vous croyait voir de retour à toute heure;
Et nous n'*oyions* jamais passer devant chez nous
Cheval, âne ou mulet, qu'elle ne prît pour vous.
(MOLIÈRE.)

Verbes de la troisième conjugaison

QUESTIONNAIRE

D'où vient le verbe *seoir* ?

A quelles remarques d'histoire peut donner lieu le verbe *avoir* ?

D'où viennent les verbes *choir, mouvoir, pleuvoir* ?

Citez quelques formes anciennes du verbe *choir*.

D'où vient le verbe *falloir* ?

D'où viennent *puissant* et *pouvant* ?

Dites comment ont été formés l'infinitif, le subjonctif présent et le futur de *pouvoir*.

D'où viennent l'infinitif, le subjonctif présent et le futur du verbe *savoir* ?

D'où vient *valoir* ? Que savez-vous sur le participe présent de ce verbe?

D'où vient *voir* ? Comment le futur de ce verbe a-t-il été formé?

D'où vient *vouloir* ? Ce verbe n'a-t-il pas eu un autre participe présent que *voulant* ?

Que savez-vous du verbe *apparoir* ?

201ᵉ EXERCICE.

Grammaire, § 135 *bis*.

Quelles remarques de grammaire historique peut-on faire à propos des verbes qui, dans les phrases suivantes, sont imprimés en italique?

1. Il voulut que les serfs, ès festes de Saturne, se *seissent* à table pour manger avec leurs propres maitres. (AMYOT.)

2. Caton y arriva que tous les autres étoient déjà à table, et demanda où il se *serroit*. (AMYOT.)

3. Il avoit la langue un peu grasse, ce qui ne lui *seoit* pas mal. (AMYOT.)

4. Les murailles *cheurent* d'elles-mêmes par faveur divine. (MONTAIGNE.)

5. Si un aveugle mène l'autre, tous deux *cheent* en la fosse. (CALVIN.)

6. Le premier homme est *cheut*, pource que Dieu avoit jugé cela être expédient. (CALVIN.)

7. Phaeton, mal-apprins en l'art, et ne *sçavant* ensuivre la ligne ecliptique, varia de son chemin. (RABELAIS.)

8. Adventuriers *veissiez*, en leurs ordres parquez,
Tous prestz en ung moment de donner et chocquer.
(MAROT.)

9. Veut-elle toujours ce que nous voudrions qu'elle *voulsit*. (MONTAIGNE.)

10.   Mon cœur a envoyé querir
Tous ses *bienveillans* et amis :
Il veut son grand conseil tenir.
(CHARLES D'ORLÉANS, XVᵉ siècle.)

11. Au reste, comment Dieu fléchit et tourne çà et là tous événements par la bride de sa providence, il nous *apperra* par un exemple notable. (CALVIN.)

Verbes de la quatrième conjugaison

QUESTIONNAIRE

Que savez-vous sur le *t* euphonique des verbes en *aitre* et *oitre*?

Quelle est l'étymologie de *craindre*?

Que savez-vous sur le subjonctif du verbe *dire*?

A quelles remarques donne lieu la conjugaison d'*écrire*?

D'où viennent les verbes *lire, nuire, rire* et *suffire*?

Comment les formes *boire, buvant, j'ai bu* ont-elles été formées?

D'où viennent les verbes *clore, croire, frire*?

A quelles remarques donnent lieu les verbes *conclure* et *exclure*?

Comment *coudre* a-t-il été formé de *consuere*?

Que savez-vous sur le subjonctif du verbe *faire*?

D'où viennent les verbes *moudre* et *mouler*?

D'où vient le verbe *plaire* et comment a-t-il fait anciennement à l'infinitif?

D'où viennent *prendre* et *rendre*?

Expliquez les formes *nous résolvons* et *vous résolvez*.

D'où viennent *résolu* et *résous,* absous *et* absolu?

Quelle est l'étymologie des verbes *suivre* et *sourdre*?

D'où vient le verbe *traire* et ses composés?

N'y a-t-il pas des formes du verbe *vivre* qui ont disparu?

202ᵉ EXERCICE.

(Grammaire, § 136 *bis.*)

Quelles remarques de grammaire historique peut-on faire à propos des verbes qui, dans les phrases suivantes, sont imprimés en italique?

1. Ils n'ont pas besoin que je leur *die* rien davantage.

(DESCARTES.)

2. La terre les eaux va *boivant*. (RONSARD.)

3. A la mode dequoi nous sommes instruits, il n'est pas merveille, si ni les écoliers, ni les maîtres n'en deviennent pas plus habiles, quiqu'ils s'y *facent* plus doctes.

(MONTAIGNE.)

4. Qu'à son signor [elle] puisse *plaisir*,
Et Blanchefleur de mort garir. (*Fl. et Bl.*, XIIIᵉ *siècle.*)

5. Toutes ces choses *plaisirent* grandement au duc de Bourgogne. (FROISSARD, XVᵉ *siècle.*)

6. Incontinent le feu se *print* à la paille. (RABELAIS.)

7. Il *vesquit* jusques à la mort, en dépit des envieux.

(RABELAIS.)

8. Mais il n'a plû aux dieux me permettre de suivre
Ma jeune liberté, n'y faire que depuis
Je *vesquisse* aussi franc de travaux et d'ennuis...

(DUBELLAY.)

Revision

203ᵉ EXERCICE.

(Le Verbe. — Revision générale.)

A quelles remarques de grammaire historique peuvent donner lieu les verbes employés dans les phrases suivantes?

1. Et issirent contre la roïne et son ains-nés fils communement tous ceux de Londres. (FROISSARD.)

2. Cette année, les aveugles ne verront que bien peu, les sourds oyront assez mal, les muets ne parleront guères.

RABELAIS.)

3. Pareillement si on voyoit une Française portant une robe bigarre de bandes larges, on penseroit qu'elle vousist jouer une farce, ou que ce fust par gageure.

(H. ESTIENNE, *Apol. pour Hérodote.*)

4.   ... Vos jeunes beautés floriront comme l'herbe
Que l'on a trop foulée et qui ne fleurit plus.

(MALHERBE.)

5. Je lairrai au sieur de Ségur à vous discourir le surplus.

(HENRI IV.)

6.   Nous qui sommes si braves,
Nous lairrons des enfants qui seront des esclaves.

(D'AUBIGNÉ.)

7. Quelques-uns faisoient déjà courre le bruit que j'en étois venu à bout. (DESCARTES.)

8. Si j'ois maintenant quelque bruit, si j'entends le soleil.

DESCARTES.)

9.   Comme simple Romain souffrez que je vous die
Qu'être allié de Rome et s'en faire un appui,
C'est l'unique moyen de régner aujourd'hui.

(CORNEILLE, *Nicomède.*)

10. La Providence a voulu que la reine d'Angleterre sur-
véquit à ses grandeurs, afin qu'elle pût survivre aux attache-
ments de la terre. (BOSSUET.)

11. Hé! je vous conjure de toute la dévotion de mon cœur
que nous oyions quelque chose qu'on ait fait pour nous.

(MOLIÈRE.)

CHAPITRE VII

L'ADVERBE

QUESTIONNAIRE

D'où viennent les adverbes *ici, çà, là, y, en, où, avant, devant, derrière, ailleurs, loin?* § 140.

Comment a-t-on formé les adverbes *dedans, dehors, après, depuis, partout, alentour, naguère?*

De quels mots latins sont venus les adverbes *hier, demain, souvent, tôt, tard, encore, jadis, lors, puis, quand?* § 141.

D'où viennent *désormais, dorénavant, alors, déjà?*

Expliquez la formation du mot *aujourd'hui.*

D'où vient le mot *fois* qui entre dans *autrefois?*

Longtemps a-t-il toujours été adverbe?

D'où viennent *bien, mieux, mal, ainsi, ensemble?* § 142.

Que savez-vous sur l'adverbe *plutôt?*

D'où viennent *exprès, gratis, à l'envi?*

Quelle est l'histoire de l'adverbe *quasi?*

D'où viennent *comme* et *comment?* Que savez-vous de *comme?*

Expliquez la formation des ad-

verbes de manière en *ment.* § 143.

N'y avait-il pas autrefois, dans certains adverbes en *ment,* une trace de la forme féminine aujourd'hui disparue?

Le nombre des adverbes en *ment* n'a-t-il pas diminué?

D'où viennent les adverbes de manière formés d'adjectifs employés au neutre? § 145.

A quelle remarque donne lieu le mot *vite?*

D'où viennent les adverbes *assez, peu, plus, moins, tant, autant, très, si, tellement?* § 147.

Que savez-vous sur le mot *trop?*

Que signifiait l'adverbe *moult?*

D'où viennent *beaucoup, davantage, presque?*

D'où viennent *oui* et *nenni?* § 149.

Quelle est l'étymologie de *si, certes, volontiers, vraiment?*

Que savez-vous sur l'adverbe *voire?*

D'où viennent *non, ne* et *nullement?*

A quoi équivalent *peut-être* et *à peu près?*

Comment explique-t-on dans les adverbes la fréquence de l's finale?

204ᵉ EXERCICE.

(Grammaire, §§ 140-141.)

A quelles remarques de grammaire historique peuvent donner lieu les mots qui, dans les phrases suivantes, sont en italique ?

1.   N'a encor *guères* qu'il cuida
                Tel engingnier qui l'engingna.
                        (*Roman du Renard*, xiiiᵉ siècle.)

. Si commencerons *des ore mais* nostre livre en la manière qui ensuit. (Beaumanoir, xiiiᵉ siècle.)

3. Notre mécompte ne pourroit *d'ores en avant* excéder vingt-quatre heures. (Montaigne.)

4. Et *dez lors en avant* traita humainement lui et les siens. (Montaigne.)

5. Le roi, l'ayant ouï parler, ne lui répondit rien *à l'heure :* combien qu'il eut en grande admiration son bon sens et sa hardiesse. (Amyot.)

6. Le ferrais [tapissier] s'avisa que le soudanc venoit *touz jours* jouer aux eschez après relevée. (Joinville, xiiiᵉ siècle.)

7. Le jour d'hier meurt en celui du jour *d'hui*, et le jour *d'hui* mourra en celui de demain. (Montaigne.)

8. Sa mère tout le temps *au paravant* lui avoit celé qui étoit son vrai père. (Amyot.)

9. Comment pourrions-nous estre si *lonc temps* departi [séparés]? (*Berte*, xiiᵉ siècle.)

10. Et nul ne puet [peut] demourer par *long temps* avecques home triste. (Oresme.)

11. Nous voyons qu'il n'y a rien eu *de long temps* plus commun que cette outrecuidance. (Calvin.)

205ᵉ EXERCICE.

Comme le précédent.

1. Et *lors* sont faits debteurs qui paravant étoient prêteurs.
(RABELAIS.)

2. Je me suis *dès tousjours* entretenu des imaginations de la mort. (MONTAIGNE.)

3. Mais en la meslée, l'un descendoit à terre; et combattoient *ores* à pied, *ores* à cheval, l'un après l'autre.
(MONTAIGNE.)

4. Lysandre à *l'heure* l'embrasse et lui dit. (LA BOÉTIE.)

5. L'avarice, l'ambition ont à tout le moins *aucunefois* jouissance de ce qu'elles désirent. (AMYOT.)

6. L'alarme *tandis* estoit grande dans la dicte ville. (MONTLUC.)

7. Cependant les Espagnols faisoient semblant de me vouloir charger; mais ils n'osèrent m'enfoncer. *Tandis* ces six orphelins faisoient merveille de tirer. (MONTLUC.)

8. Si je t'aimai jadis, *ores* je m'en repens. (RÉGNIER.)

9.   Et *tandis* il m'envoie
Faire office envers vous de douleur et de joie.
(CORNEILLE.)

10. Je cache les deux tiers aussitôt qu'arrivés,
Dans le fond des vaisseaux qui *lors* furent trouvés.
(CORNEILLE.)

11.   Je l'ai *jà* dit d'autre façon. (LA FONTAINE.)

206ᵉ EXERCICE.

(Grammaire, §§ 142, 145.)

A quelles remarques de grammaire historique peuvent donner lieu les adverbes employés dans les phrases suivantes?

1. Pitheus tâchoit à lui persuader qu'il fît plus tost ce voyage par mer. (AMYOT.)

2. Les choses n'arrivent quasi jamais comme on se les imagine. (Sévigné.)

3. La plus grosse bête qui soit, Monsieur, comme est-ce qu'on l'appelle? (Marot.)

4. Comme est-ce que chez moi s'est introduit cet homme?
(Molière.)

5. Il ne faut pas se précipiter si éperduement après nos affections et intérêts. (Montaigne.)

6. Ils la gardèrent aussi loyaument et aussi fidèlement comme si c'eût été leur propre pays. (Amyot.)

7. L'homme juge droitement, lorsque, sentant ses jugements variables de leur nature, il leur donne pour règle les vérités éternelles. (Bossuet.)

8. Ilz estoient si forment obligés envers le roi de France que... (Froissard, xvᵉ *siècle*.)

9. Touts les peuples s'alleichent vistement à la servitude, pour la moindre plume qu'on leur passe, comme on dict, devant la bouche. (La Boétie.)

10. Çà, payez-nous vitement. (Molière.)

11. Otons vitement cette bonne femme de l'étable où elle est, et la mettons dans un de ces petits lits. (Bossuet.)

12. Ils recherchent la science désordonnément. (Bossuet.)

207ᵉ EXERCICE.
(Grammaire, § 147.)

A quelles remarques de grammaire historique peuvent donner lieu les adverbes employés dans les phrases suivantes?

1. Ha, pour Dieu, sire, lisiés ce livre; car ce sont trop bones paroles. (Joinville, xiiiᵉ *siècle*.)

2. Un trop beau chemin et plain à chevaucher.
(Froissard, xivᵉ *siècle*.)

3. Trop plus que nulle autre chose j'admire l'ouvrier qui vous a compassé et ordonné ceci. (LA BOÉTIE.)

4. Si fut Jonas propheta mult correcious (courroucé). (*Fragment de Valenc.*, x^e *siècle.*)

5. Il avoit affaire à moult de lieux. (COMMINES, xve *siècle.*)

6. Tout cela marchoit en moult belle ordonnance.

(COMMINES.)

7. Et si [j'] avoie des esbattements *biau cop ;* car, en tout le chemin, on ne faisoit que chanter et veoir dames et damoiselles. (*Cité par Littré*, xive *siècle.*)

8. Il vaut mieulx pleurer moins et boire *d'advantaige.*

(RABELAIS.)

9. Cette réponce l'encouragea encore *d'avantage.* (AMYOT.)

10. Force gens croient être plaisants qui ne sont que ridicules. (BALZAC.)

11. Voilà monsieur le marquis qui en dit force mal.

(MOLIÈRE.)

208e EXERCICE.

(Grammaire, § 149.)

A quelles remarques de grammaire historique peuvent donner lieu les adverbes employés dans les phrases suivantes?

1. Et cil respont : oïl, sire, assez bien.

(*Chanson de Roland*, xie *siècle.*)

2. Il me demanda, si je voulois estre honorez en ce siècle et avoir paradis à la mort, et je li diz : oyl.

(JOINVILLE, xiiie *siècle.*)

3. Par ma foi, respondit le duc de Lancastre, ouil.

(FROISSARD, xve *siècle.*)

4.   Et tant qu'ouy et nenny se dira,
     Par l'univers le monde me lira. (MAROT.)

5. Aubigné ne pleura point pour la prison, mais oui bien quand on lui ôta une petite épée bien argentée et une ceinture à fers d'argent. (D'AUBIGNÉ.)

6. Nenil par moi. (*Mystère d'Adam*, XIIe *siècle.*)

7. Se doivent-il ci arrester? Nennil. (*La Rose*, XIIIe *siècle.*)

8. Il cria qu'il mourait de faim. — Voire mais, dit-elle, vous en êtes cause. (AMYOT.)

9. Voire quelquefois la fuite de la mort fait que nous y courons. (MONTAIGNE.)

10. Que l'on dresse un lit à ce gentilhomme ; voire, qui en aurait, dit l'hôtesse ; il ne m'en restait qu'un que je viens de donner à un marchand du Bas-Maine. (SCARRON.)

11. Résolue de demeurer veuve, voire de mourir plutôt que de tenter un second hasard..... (LA FONTAINE.)

12. Il faut excuser Ulysse, auquel *possible* lors il étoit besoin d'user de ce langage. (LA BOÉTIE.)

13. Il me mena voir la reine sa sœur, où je demeurai jusques bien tard. (MARGUERITE.)

14. Si matin qu'il n'étoit pas encores jour. (AMYOT.)

CHAPITRE VIII

DE LA PRÉPOSITION

QUESTIONNAIRE

D'où vient le mot *préposition ?* § 150.

Indiquez quelques prépositions formées directement de prépositions latines. § 152.

Citez des prepositions composées de prépositions déjà formees.

D'où viennent *après, selon, chez ?*

D'où viennent *malgré, sauf, parmi ?*

Expliquez la formation de *voici* et de *voilà.*

Citez des prépositions formées de participes presents.

Quelles sont les prépositions formées de participes passés ?

D'où vient le mot *hors ?*

Que signifie *vis-à-vis* et d'où vient ce mot ? § 153.

9

209ᵉ EXERCICE.

(Grammaire, § 152.)

A quelles remarques de grammaire historique peuvent donner lieu les prépositions ou mots en italique qui sont dans les phrases suivantes ?

1. Ultre cest jour ne serons plus vivant.

(*Chanson de Roland*, xiᵉ siècle.)

2. Il se montra religieux oultre tout exemple des hommes de sa sorte. (MONTAIGNE.)

3. C'étoient des gens qui vivoient soubs autre forme de gouvernement. (AMYOT.)

4. Vos voliez venir à nos [nous] e à ceaus [ceux] qui sont à ches nos. (*Machabées*, xiiᵉ *siècle*.)

5.   Et ele n'i met riens ne oste
Que ce c'on trueve en chiés son oste.

(RUTEBEUF, xiiiᵉ *siècle*.)

6. Quant nous feumes alé jusques en mi le flume, si trouvasmes terre, là où nos chevaus pristrent pié.

(JOINVILLE, xiiiᵉ *siècle*.)

7. Il vint une grande assemblée de recteurs [curés], pour assister à la cérémonie de notre chapelle; M. du Plessis était *parmi*. (SÉVIGNÉ.)

8. Nous vous en rapportons le cuer, et *ve le ci*.

(*Berte*, xiiiᵉ *siècle*.)

9. *Voyez ci* de nos ennemis qui accourent; mais je vous les tuerai ici comme bêtes. (RABELAIS.)

10. Je m'écure tout le poumon, et *voy me là* prêt à boire. (RABELAIS.)

11. Semblablement y envoya le comte Palatin et les Suisses pour *moyenner* et pacifier. (COMMINES, xvᵉ *siècle*.)

12. Dont tout le pays communement eut grand joie, hors

mis aucuns qui estoient de la faveur dudit messire Hue le
depensier. (FROISSARD.)

13.   Il le faut avouer avecque vérité,
        Il me passoit en tout fors en fidélité. (RACAN.)

14. Tant s'entresamblent de *vis* et de menton.
                   (*Amis et Amiles*, XIIe *siècle*.)

CHAPITRE IX

DE LA CONJONCTION

QUESTIONNAIRE

D'où vient le mot *conjonction ?* § 154.
Citez quelques conjonctions simples venues de conjonctions latines.
Quelle est l'étymologie de *mais, or, aussi ?* § 155.
De quoi sont formées les conjonctions *lorsque, partant, pourtant, néanmoins, cependant ?*
Quelle est l'étymologie de *toutefois ?*

Quel était jadis le sens de *car* et de *mais ?*
Quelle était la forme primitive de *ni ?*
Sinon n'a-t-il pas été séparable ?
Connaissez-vous des conjonctions séparables ?
D'où vient *que si ?*
A quelle remarque donne lieu *afin que ?*

210e EXERCICE.

(Grammaire, § 155.)

A quelles remarques de grammaire historique peuvent donner lieu les conjonctions employées dans les phrases suivantes? Remarquer celles qui ne sont plus usitées aujourd'hui et en donner le sens.

1. Ne soiez vers les pauvres ne sure [aigre] ne amere.
                   (*Berte*, XIIIe *siècle*.)

2. Tu ne feras point image taillée, ne semblance aucune
des choses qui sont en haut au ciel, ne çà bas en la terre, ni
es eaux dessus la terre; tu ne les adoreras ni honoreras.
                      (CALVIN.)

3. Ne jà, por pooir que nous aions, ne sera recouvrée [la
terre sainte] se par ceste gent non. (VILLEHARDUIN, XIIIe *siècle*.)

4. Ne plus ne moins que les arbres quelques années portent beaucoup de fruit, et quelques autres n'en portent point.....

(Rabelais.)

5. Or étoit lors gouverneur de l'Afrique un préteur romain nommé Sextilius, auquel Marius n'avoit jamais fait ne mal ne bien. (Amyot.)

6.   Détale vite et cours;
Que si ce loup t'atteint, casse-lui la mâchoire.

(La Fontaine.)

7. Je n'ai jamais fait repas, premier que d'avoir travaillé jusques à suer. (La Boétie.)

8. Tout soudain qu'il en eut avalé une cuillerée, lui vint tel échauffement de gorge avecques ulcération de la luette, que la langue lui pela. (Rabelais.)

9. Les officiers furent d'avis qu'il ne falloit point différer, ains le faire promptement mourir. (Amyot, *Marius.*)

10. Sylla étant au siège devant Athènes, et n'ayant pas loisir d'y tenir le camp longuement, pour autant que d'autres affaires le pressoient..... (Amyot.)

11. Les autres disent que ce ne fut pas à Glaucias qu'il s'adressa, ains à l'autel des dieux domestiques. (Amyot.)

12. Soudain que les jeunes gens s'étoient frottés à la robe de Ronsard, ils se faisoient accroire d'être devenus poètes. (Pasquier.)

13. Vous en êtes la cause encor qu'innocemment.

(Corneille.)

CHAPITRE X

DE L'INTERJECTION

QUESTIONNAIRE

D'où vient le mot *interjection* ? | Certaines interjections ne sont-elles
Quelle est l'étymologie de *hélas* ? | pas des propositions elliptiques ?
D'où vient l'interjection *dame* ? | A quoi sert l'interjection *ô* ?

Révision générale [1]

211ᵉ EXERCICE.

A quelles remarques de grammaire peuvent donner lieu les phrases suivantes?

1. Le premier [qui remporta des dépouilles opimes] fut Romulus : le tiers fut Marcellus, qui occit de sa propre main Britomartus, roi des Gaulois. (AMYOT.)

2. Ce Scirron ne fut onc ne brigand ne méchant.

(AMYOT, *Thésée.*)

3. Ceux qui parlent peu étoient jadis en grande estime emprès les empereurs. (AMYOT.)

4. L'avarice, l'ambition ont à tout le moins aucunefois jouissance de ce qu'elles désirent. (AMYOT.)

5. J'ai cette jambe un petit enflée d'une humeur qui m'est descendue dessus. (BONAVENTURE DES PÉRIERS.)

6. Quelques-uns faisoient déjà courre le bruit que j'en étois venu à bout. (DESCARTES.)

7. Ils n'ont pas besoin que je leur die rien davantage.

(DESCARTES.)

8. On a vu des Césars, et mêmes des plus braves,
Qui sortaient d'artisans, de bandoliers, d'esclaves.

(CORNEILLE.)

9. Elvire, où sommes-nous? Et qu'est-ce que je voi?
Rodrigue en ma maison! Rodrigue devant moi!

(CORNEILLE, *Cid.*)

10. Ce fut un promontoire où la fourmis arrive.

(LA FONTAINE.)

---

1. Quelques-unes des phrases suivantes sont citées dans la grammaire ; d'autres, en petit nombre, se trouvent déjà dans les exercices précédents.

11. Mais, dans mon désespoir, je cherche à les accroître.
Madame, par pitié, faites-les-moi connoître.

(RACINE, Mithridate.)

12. Fais donner le signal, cours, ordonne et revien
Me délivrer bientôt d'un fàcheux entretien.

(RACINE, Phèdre.)

13. Dieu promit que toutes les nations seraient bénites, c'est-à-dire rappelées à sa connaissance. (BOSSUET.)

14. Cette récompense seule remplira toute la capacité, et mêmes toute l'immensité de notre cœur. (BOURDALOUE.)

15. Votre Durance a quasi toujours le diable au corps.

(SÉVIGNÉ.)

212ᵉ EXERCICE.

A quelles remarques de grammaire historique peuvent donner lieu les phrases suivantes?

1. [Coitier disait à Louis XI :] Je sçay bien que ung matin vous m'*envoyrez* comme vous faictes d'autres, mais vous n'y vivrez point huyt jours après. (COMMINES, xvᵉ *siècle*.)

2. Aidez-moi, dit le moine, de par le diable. (RABELAIS.)

3. Il leur fàchoit de voir les corps épars emmi les champs, à la merci des bêtes. (MONTAIGNE.)

4. Notre mécompte ne pourrait d'ores en avant excéder vingt-quatre heures. (MONTAIGNE.)

5. Il cria qu'il mouroit de faim. — Voire mais, dit-elle, vous en êtes cause. (AMYOT.)

6. Coutumièrement les plus grands truands et fainéants d'une ville s'assemblent en la boutique d'un barbier. (AMYOT.)

7. Le vin pur, qui autrement est un certain remède contre la poison de la ciguë, si vous le mêlez avec le jus de la ciguë, rend la force de la poison irrémédiable. (AMYOT.)

8. Mes deux cordonniers travaillèrent toute la nuit environ ces bottes. (Bonaventure des Périers.)

9. Qui bien oyt bien parle, et qui mal oyt mal parle.

(Charron.)

10. Au devant d'iceluy marchoient quatre compagnies d'arquebusiers espagnols. (Brantôme.)

11. Vous oyez assez de mensonges d'ailleurs, sans que j'y ajoute les miennes. (Malherbe.)

12. Son sang criera vengeance et je ne l'orrai pas. (Corneille.)

13. Hésiode fleurissait trente ans avant Homère. — La philosophie florissait dans la Grèce. (Bossuet.)

14. Il n'y a aucune place dans la Judée qui n'ait été contrainte de recevoir garnison romaine, et quasi toutes après un long siège. (Bossuet.)

15. J'en doy compte, Madame, à l'Empire romain,
Qui croit voir son salut, ou sa perte, en ma main.

(Racine.)

16. Nous marchons quasi toute la nuit, et nous suons le jour. (Sévigné.)

17. C'est un enfant que son père n'aime point, et dont le père ne veut pas mêmes être aimé. (Malebranche.)

18. O puissant Dieu, toi qui tiens l'empire des ondes, daignes écouter un malheureux! (Fénelon.)

19. Il avait une cicatrice que couvrait une petite emplâtre en losange. (Hamilton.)

20. Au bout de l'aune faut le drap. (*Proverbe.*)

213ᵉ EXERCICE.

A quelles remarques de grammaire historique peuvent donner lieu les phrases suivantes?

1. Encores que mon feu père Grandgousier y eût adonné tout son étude. (Rabelais.)

2. Telle troupe d'héros, l'élite de la Grèce,
Accompagnoient Jason d'un cœur plein d'allégresse.

(RONSARD.)

3. Nous partons le fruit de nostre chasse avecques nos chiens. (MONTAIGNE.)

4. De là en hors lui et moi vêquîmes ensemble en cette caverne trois ans entiers de mêmes viandes. (MONTAIGNE.)

5. Il est des peuples où on tourne le dos à celui qu'on salue, et ne regarde l'on jamais celui qu'on veut honorer.

(MONTAIGNE.)

6. Il y a prou de ces arbres que j'ai plantés, moi-même.

(LA BOÉTIE.)

7.   Agamemnon, fils d'Atreus, ton père
Ne t'engendra pour fortune prospère
Toujours avoir en cette vie, ainçois
Faut qu'un jour triste, et un jour gai tu sois,
Car tu es né de nature mortelle.
Et si tu dis : « Ma volonté n'est telle : »
Si sera il ainsi, ne pis, ne mieux,
Pource que tel est le plaisir des dieux.

(AMYOT.)

8. La violence et la convoitise d'usurper à force l'autrui étoient lors louées entre les barbares. (AMYOT.)

9.   Voyant un président, le cœur ne me tressaut,
Et la peau d'un prévôt ne m'éveille en sursaut.

(RÉGNIER.)

10. Tirez la chevillette, et la bobinette cherra. (PERRAULT.)

11. Mais que si vous voyez ceint du bandeau mortel
Votre fils Télémaque approcher de l'autel,
Nous vous verrions troublé de cette affreuse image,
Changer bientôt en pleurs ce superbe langage.

(RACINE, *Iphigénie.*)

12. Trop seure que ses yeux ne se pouvoient cacher
Peut-estre elle fuyoit pour se faire chercher.

(RACINE, *Britannicus.*)

13. Perce de tes flèches ces deux cœurs insensibles.

(FÉNELON.)

14. Il y avait un grandissime nombre de villes.

(PERROT D'ABLANCOURT.)

15.   Il fut porté en terre
Par quatre-z-officiers.

(*Chanson de Malborough.*)

16. Tel fiert qui ne tue pas. (*Proverbe.*)

SECONDE PARTIE

SYNTAXE

OU ÉTUDE DES MOTS RÉUNIS EN PHRASES

PREMIÈRE SECTION

SYNTAXE GÉNÉRALE

De certaines particularités des propositions.

QUESTIONNAIRE

D'où viennent les mots *phrase* et *proposition*?

D'où vient le mot *apposition*? § 165.

Peut-on dire *descendre en bas, monter en haut*?

D'où vient le mot *pléonasme*? § 166.

Le pléonasme formé par la répétition de la conjonction *que* est-il permis?

D'où vient le mot *ellipse*? § 169.

L'ellipse n'était-elle pas plus fréquente autrefois qu'aujourd'hui?

Pourquoi la langue française range-t-elle les mots d'une manière uniforme?

D'où vient le mot *inversion*? § 170.

L'inversion n'était-elle pas plus fréquente autrefois qu'aujourd'hui?

Qu'entend-on par *anacoluthes*? § 170 *bis*.

Comment explique-t-on la plupart des *anacoluthes*?

Qu'est-ce qu'une *incise*?

D'où vient le mot *syllepse*? § 176.

Citez quelque syllepse prise dans un auteur du XVIᵉ siècle.

214ᵉ EXERCICE.

(Grammaire, § 166.)

Remarquer les pléonasmes qui se trouvent dans les phrases suivantes; dire quels sont les pléonasmes qui étaient les plus fréquents au XVIᵉ siècle.

1. De nos lois et usances, il y en a plusieurs barbares et monstrueuses. (MONTAIGNE.)

2. Une bonne institution, elle change le jugement et les mœurs. (MONTAIGNE.)

3. Mais il ordonna que, quand il viendrait puis après à en

mourir quelqu'un, que l'on substituât en son lieu celui qui
seroit trouvé le plus homme de bien de la ville.

(Amyot, *Lycurgue*.)

4. On lui servoit à table devant lui double portion, dont il
en gardoit l'une. (Amyot, *Lycurgue*.)

5. Mais c'étoit une chose ordinaire qu'à tous ceux qui
entroient dans la salle du convive, le plus vieux de la compagnie leur disoit, en leur montrant la porte : « Il ne sort
pas une parole de cette porte. » (Amyot, *Lycurgue*.)

6. Bref, il disoit..... « qu'une chose dont on n'avoit que
faire, encore qu'elle ne coutât qu'un liard, que c'étoit toujours
beaucoup et trop l'acheter. » (Amyot, **M.** *Caton*.)

7. Mais des combats de ville en matière de gouvernement,
il lui en restoit le plus grand et le plus difficile.

(Amyot, *Camille*.)

8. Et de cette façon d'imposer les noms pris de quelque
trait de moquerie, les Romains en ont plus usé que nuls
autres. (Amyot, *Coriolan*.)

9. Philopœmen voyant que ses citoyens étoient fort joyeux
de cette nouvelle, et que chacun s'apprêtoit pour s'y en
retourner à grande hâte, il les en détourna par les remontrances qu'il leur fit. (Amyot, *Philopœmen*.)

10. Je répondrai que tout homme qui, se mêlant d'un
métier, n'en fait pas le devoir, et toutefois prend l'argent
aussi bien que s'il s'en acquittait comme il appartient, il est
larron. (H. Estienne.)

11. A cette réponse, le roi outré l'appelle enragé, séditieux,
rebelle, fils de rebelle, lui jurant que, si, dans trois jours, il
ne changeoit de langage, qu'il le feroit étrangler. (D'Aubigné.)

12. Certes leur roi Theutobocus, qui était doué d'une si
excellente disposition qu'il avait accoutumé de sauter par
dessus quatre et six chevaux, à peine put-il monter sur un
pour s'enfuir. (Coeffeteau.)

13. La source de tout le mal est que ceux qui n'ont pas

craint de tenter, au siècle passé, la réformation par le
schisme, ne trouvant point de plus fort rempart contre toutes
leurs nouveautés que la sainte autorité de l'Église. ils ont été
obligés de la renverser. (BOSSUET.)

215ᵉ EXERCICE.

(Grammaire, § 169.)

*Indiquer les ellipses qui se trouvent dans les phrases sui-
vantes; dire celles qui ne seraient plus admises dans la langue
actuelle.*

1. Toutefois ses ennemis. n'ayant pas encore leur ire assou-
vie, firent ordonner par le peuple que son corps seroit banni
et porté loin des bornes du pays de l'Attique, et défendu aux
Athéniens d'allumer feu quelconque pour faire ses funérailles.

(AMYOT, *Phocion*.)

2. Les baleines ont la peau plus solide. les daims plus
belle, les ours plus épaisse, et les lièvres plus délicate.

(MALHERBE.)

3. Quelle inhumanité seroit-ce de vouloir qu'il n'y ait point
de différence entre la fin d'une tragédie et d'un bienfait!

(MALHERBE.)

4.   La raison veut, et la nature,
          Qu'après le mal vienne le bien. (MALHERBE.)

5. Ce fut alors aux Insubriens à pourvoir à leurs affaires,
et s'enfuir sans regarder derrière soi. (MALHERBE.)

6. L'événement d'une bonne cause est toujours plus sûr
entre les mains d'un juge que d'un arbitre. (MALHERBE.)

7. Il y en a plus qui demandent la bourse que la vie.

(MALHERBE.)

8. N'avez-vous jamais vu donner la question?
   — Non; et ne le verrai, que je crois, de ma vie.

(RACINE.)

9. Songez-vous que je tiens les portes du Palais,
Que je puis vous l'ouvrir ou fermer pour jamais.

(RACINE.)

216e EXERCICE.

(Grammaire, § 170.)

*Remarquer les inversions qui se trouvent dans les phrases sui-
vantes empruntées à des auteurs du XVIe siècle; dire de quel
genre sont ces inversions.*

1. Telles raisons et remontrances alléguoit Numa pour se
décharger de la royauté qu'on lui présentoit. (AMYOT, *Numa.*)

2. Cette même intention eurent aussi Platon, Diogène et
Zénon en écrivant leurs livres. (AMYOT, *Lycurgue.*)

3. Ce même honneur faisons-nous aux vieilles personnes,
quand nous les appelons « bon homme, bonne femme ».

(H. ESTIENNE.)

4. Du nom de Tournelle sont appelés aucuns fiefs par ci
par là, à cause desquels les vassaux propriétaires d'iceux sont
appelés seigneurs de la Tournelle. (NICOT.)

5. Un jour étant le roi Agis retourné de la guerre où il
avoit défait les Athéniens, et voulant souper en son privé
avec sa femme, il envoya demander sa portion.

(AMYOT, *Lycurgue.*)

6. Charles, duc de Bourgogne, voulant faire la guerre aux
Liégeois, fit crier ban et arrière-ban en son pays, tenant cil
qui faisoit le cri une épée à une main et une |torche à l'au-
tre. (NICOT.)

7. Ayant donc Amulius été ainsi occis... Rémus et Romulus ne voulurent point demeurer en la ville d'Albe.

(AMYOT, *Romulus.*)

8. Cette fille donc ayant été enterrée au lieu même, tout le
mont en fut depuis appelé Tarpéien, et lui dura ce nom jusqu'à ce que le roi Tarquin dédia toute la place à Jupiter.

(AMYOT, *Romulus.*)

9. Et pourtant a failli en cet endroit Denys l'historien, écrivant que Romulus entra dans Rome dans un chariot de triomphe. (Amyot, *Romulus.*)

10. Ceux de Lacédémone se plaignirent que les Athéniens renfermoient leur ville de murailles, et les en accusoit envers le conseil de Sparte un orateur nommé Poliarchus.

(Amyot, *Thémistocle.*)

11. Or, environ ce temps-là avoit déjà Mithridate été contraint d'abandonner la ville de Pergame. (Amyot, *Lucullus.*)

12. Et fut appelé Pierre, duc de Bretagne, Mauclerc par les siens, comme bête et ignorant, pour le grand préjudice qu'il fit à ses successeurs. (Pasquier.)

217ᵉ EXERCICE.

(Grammaire, § 176.)

Indiquer les syllepses qui se trouvent dans les phrases suivantes :

1. Si ne fut pas plus tôt descendu en terre que tout le peuple lui courut de tous côtés au-devant, avec affectation si grande qu'ils ne regardoient pas seulement les autres capitaines, ains s'amassoient tous à l'entour de lui.

(Amyot, *Alcibiade.*)

2. Ce que lui voyant... s'en courut vers les murailles de la ville, ayant commandé au demeurant de sa troupe qu'on le suivît à la plus grande diligence qui leur seroit possible.

(Amyot, *Alcibiade.*)

3. ... Le sénat... se mit aussi en devoir de sa part de réconforter et apaiser la commune, en la priant de demeurer et leur montrant du doigt les sépultures de leurs ancêtres.

(Amyot, *Camille.*)

4. Après donc que Philopœmen eut conduit la jeunesse d'Achaïe à ce point de s'armer et accoutrer ainsi bravement, il se mit à la dresser et exerciter aux armes continuellement;

en quoi non seulement ils lui étoient obéissants, ains se per-
forçoient davantage à l'envi l'un de l'autre, de faire mieux
que leurs compagnons. (AMYOT, *Philopœmen*.)

5. Le lendemain au matin le populaire se rassembla en
grande fureur, et allèrent en l'hôtel de la ville où ils entrèrent
par force. (NICOT.)

6. Les trois mille écus de dot de ma femme furent prêtés
à la communauté de Brignole. Au bout de l'an, ils furent
sommés de rendre ladite somme. (MALHERBE.)

7. La procession alla du long du quai des Augustins au
bout du pont Saint-Michel, où Madame Chrétienne et Madame Henriette étoient chez un tapissier à les voir passer.
(MALHERBE.)

8. On voulait, en exilant le parlement (de Bretagne), les
faire consentir que pour se racheter on bâtit une citadelle à
Rennes. (SÉVIGNÉ.)

9. Quel bonheur d'avoir sa famille auprès de soi, et d'être
en état de les combler de biens! (SÉVIGNÉ.)

10. Si la poste savait de quoi nos paquets sont remplis, ils
les laisseraient à moitié chemin. (SÉVIGNÉ.)

11. Guitaut m'a montré votre lettre : vous écrivez déli-
cieusement; on se plaît à les lire comme à se promener dans
un beau jardin. (SÉVIGNÉ.)

12. C'est une plaisante chose que nous n'ayons pas encore
parlé de la mort du roi d'Angleterre! Il n'était point vieux,
c'est un roi; cela fait penser qu'elle n'épargne personne.
(SÉVIGNÉ.)

Revision

218ᵉ EXERCICE.

*Indiquer les figures de grammaire qui se trouvent dans les
phrases suivantes.*

1. Si ne conféroient pas les deux rois ensemble, tout aussi tôt que les affaires survenoient, mais en délibéroit chacun deux premièrement à part avec ses cent sénateurs.

(AMYOT, *Romulus.*)

2. Cet argent fut apporté en public, et par ce moyen eurent les hommes de défense, qui s'embarquèrent sur les vaisseaux, de quoi faire les provisions nécessaires. (AMYOT, *Thémistocle.*)

3. On ajouta cent nouveaux patriciens Sabins aux premiers Romains, et furent à-donc faites les légions de six mille hommes de pied et de six cents de cheval. (AMYOT, *Romulus.*)

4. Ils furent les premiers qui lui allèrent par honneur au-devant. (AMYOT, *Thésée.*)

5. Ce n'est donc que pour notre devoir afin qu'on puisse dire, et vous quelque jour, que c'est nous qui avons défendu la liberté de cette cité. (MONTLUC.)

6. Les étuves, en ce temps-là, n'avoient garde d'être fréquentes comme elles sont, et ne les faisoit-on pas si magnifiques. (MALHERBE.)

7. Pourquoi se plaindroit un homme d'être compris en une loi qui comprendroit tout le monde. (MALHERBE.)

8. Trois sceptres à son trône attachés par mon bras
Parleront au lieu d'elle et ne se tairont pas.

(CORNEILLE.)

9.   ...Allons briser ce foudre ridicule,
Dont arme un bois pourri ce peuple trop crédule.

(CORNEILLE.)

10. Indomptable taureau, dragon impétueux,
Sa croupe se recourbe en replis tortueux.

11. Un jour, il m'en souvient, le sénat équitable
Vous pressait de souscrire à la mort d'un coupable;
Vous résistiez, Seigneur, à leur sévérité. (RACINE.)

12. Les témoins sont fort chers, et n'en a pas qui veut.

(RACINE.)

10

13. Enfin au dieu nouveau qu'elle avait introduit
Par les mains d'Athalie un temple fut construit.

(RACINE.)

14. Autrefois la France, autant qu'elle était heureuse et redoutable dans la guerre, autant passait-elle pour être infortunée dans les accommodements. (RACINE.)

15. Pourquoi me forcez-vous vous-même à vous trahir?

(RACINE.)

16. Vous ne me parlez point de Monseigneur, et si vous avez été assez bien traités pour ne donner au Roi que le don ordinaire. (SÉVIGNÉ.)

17. Mme de la Fayette m'écrit que je serai malade ici, que je mourrai, que mon esprit baissera, qu'enfin, point de raisonnement, il faut venir, elle ne lira seulement point mes méchantes raisons. (SÉVIGNÉ.)

219ᵉ EXERCICE

Indiquer les figures de grammaire qui se trouvent dans les phrases suivantes.

1. Ce n'étoit point une bête dont on pût faire peu de compte, ains étoit courageuse et bien malaisée à tuer. (AMYOT, *Thésée.*)

2. De quoi étant tout le monde grandement épouvanté et découragé, on dit qu'il tomba du ciel un bouclier de cuivre, lequel vint entre les mains de Numa. (AMYOT, *Numa.*)

3. La maison des Marciens, à Rome, étoit du nombre des patriciennes, et en sont sortis plusieurs grands personnages.

(AMYOT, *Coriolan.*)

4. Et étant tout le Sénat présent à ce sacrifice, ... il s'éleva soudainement en l'air un fort gros orage. (AMYOT, *Numa.*)

5. Combien prend un homme plus de plaisir quand on lui donne ce qu'il n'a point, que ce qu'il a en abondance.

(MALHERBE.)

6. Une jeune fille d'Uzès s'empoisonna hier elle-même.

(RACINE.)

7. En Égypte, chacun y est fort habile médecin. (RACINE.)

8. Il n'y en eut qu'un seul qui ayant osé désobéir et passer devant lui, il le porta par terre de deux coups de sa pertuisane. (RACINE.)

9. Avez-vous pu penser qu'au sang d'Agamemnon
Achille préférât une fille sans nom
Qui de tout son destin ce qu'elle a pu comprendre
C'est qu'elle sort d'un sang qu'il brûle de répandre.

(RACINE. *Iphigénie.*)

10. Le Cyclope fit sortir tout son troupeau le matin; les brebis étaient chargées de lait, criaient; et lui les maniait tous sur le dos. (RACINE.)

11. Vous êtes étonnée que tout ce qui vous entoure ne comprenne point que vous souhaitez quelquefois d'être séparée de leur bonne compagnie. (SÉVIGNÉ.)

12. Vineuil est bien vieilli, bien toussant, bien crachant, et dévot, mais toujours de l'esprit. (SÉVIGNÉ.)

13. De ceux qu'on aime, les moindres circonstances en sont chères et touchent le cœur. (SÉVIGNÉ.)

14. Dans ces prés et ces jolis bocages, c'est une joie d'y voir danser les restes des bergers et des bergères de Lignon.

(SÉVIGNÉ.)

15. Des hôtes des bois, les fauvettes sont les plus nombreuses comme les plus aimables : vives, agiles, légères et sans cesse remuées, tous leurs mouvements ont l'air du sentiment, et tous leurs accents le ton de la joie. (BUFFON.)

16. Lassé de tant d'incertitudes, fatigué des mouvements de mon âme, mes genoux fléchirent et je me trouvai dans une situation de repos. (BUFFON.)

17. Timide par nature, familière par nécessité, la peur ou le besoin font tous ses mouvements [de la souris]. (BUFFON.)

DEUXIÈME SECTION

SYNTAXE PARTICULIÈRE

OU REMARQUES SUR LES DIVERSES ESPÈCES DE MOTS
CONSIDÉRÉES
DANS LEURS RAPPORTS AVEC LES AUTRES MOTS
ET DANS LA CONSTRUCTION DES PHRASES

CHAPITRE PREMIER

SYNTAXE DU SUBSTANTIF

QUESTIONNAIRE

Que savez-vous sur l'emploi des substantifs masculins servant de qualificatifs à des substantifs féminins ? § 180.

Comment explique-t-on la diversité de genres des mots *amour*, *délice* et *orgue* ? § 181.

Qui a fixé la règle relative à la locution *quelque chose* employée d'une manière indéfinie ?

Que savez-vous sur le sens de *foudre* dans le sens de *tonnerre* ?

Quelle est l'histoire du mot *gent* ?

De quel genre devrait être le mot *hymne* ?

Quelle est l'étymologie du mot *œuvre* ?

Que savez-vous du mot *merci* ?

Le singulier peut-il être employé dans le sens du pluriel ? § 182.

Comment explique-t-on les formes *aïeux, cieux, yeux*, etc ?

La règle actuelle relative au plu-riel des noms propres a-t-elle toujours existé ? § 183.

Quels sont, parmi les noms abstraits, ceux qui peuvent se mettre au pluriel ? § 183 *bis*.

L'emploi du pluriel des noms abstraits n'était-il pas plus fréquent au XVIIe siècle ?

Comment doit-on écrire au pluriel *reine-claude* et *messire-jean* ? § 187.

Quel était, au XVIIe siècle, le pluriel de *chef-d'œuvre* ? § 188.

Que signifie le mot *Hôtel-Dieu* ?

Comment les mots *vice-roi* et *Gallo-Romain* sont-ils formés ?

Que faut-il penser de la règle relative aux noms composes avec le mot *garde* ? § 188 *bis*.

Que signifie le mot *sauf-conduit* ?

Certains substantifs ne se sont-ils pas employés au XVIIe siècle avec des compléments qu'ils n'admettent plus aujourd'hui ?

220ᵉ EXERCICE.

(Grammaire, §§ 180, 181.)

A quelles remarques de grammaire historique peuvent donner lieu les substantifs qui dans les phrases suivantes sont imprimés en italique ?

1. Je puis... Lui disputer les cœurs du peuple et de l'armée,
    Et pour *juge* entre nous prendre la renommée.
                                                        (RACINE.)

2. Dois-je prendre pour *juge* une troupe insolente,
    D'un fier usurpateur *ministre* violente. (RACINE.)

3. Cette *amour* naturelle [des parents] les attendrit trop et relâche. (MONTAIGNE.)

4. Il faut s'aimer d'une *amour* mutuelle. (RONSARD.)

5. L'*orgue* est composée de tuyaux. (*Dictionnaire de Trévoux.*)

6. Si, après cela, il me reste encore quelques jours de cette *automne*, je les vous donnerai de très bon cœur. (MALHERBE.)

7. Quelqu'un, feuilletant l'autre jour mes tablettes, trouva un mémoire de *quelque chose* que je voulois être faite après ma mort. (MONTAIGNE.)

8. Tout chargé de lauriers craignez encor le *foudre*.
                                                        (CORNEILLE.)

9.   O combien lors aura de veuves
         La *gent* qui porte le turban. (MALHERBE.)

10. Les innocents sont à la *merci* des envieux. (FÉNELON.)

11. Voici le grand *merci* que j'aurai de mes peines.
                                                        (RÉGNIER.)

221ᵉ EXERCICE.

(Grammaire, §§ 183 et 183 *bis*.)

A quelles remarques peut donner lieu l'emploi des substantifs dans les phrases suivantes ?

1. Corneille est comparable aux Eschyles, aux Sophocles, aux Euripides, dont la fameuse Athènes ne s'honore pas moins que des Thémistocles, des Périclès, des Alcibiades, qui vivaient en même temps qu'eux. (RACINE.)

2. Il y a dans le métier des armes de fausses bontés, et des clémences fardées, qui ne méritent pas d'être estimées. (LA MOTHE-LE-VAYER.)

3. Ces sombres et noires mélancolies, où vous m'avez vu quelquefois, n'étoient que l'ombre de celles où je suis maintenant. (VOITURE.)

4. Non, ne descendez point dans ces humilités,
Et laissez-nous juger ce que vous méritez.
(MOLIÈRE.)

5. Je l'ai faite, Sire, cette comédie, avec tout le soin, comme je crois, et toutes les circonspections que pouvait demander la délicatesse de la matière. (MOLIÈRE.)

6. Modérez vos activités sur votre désir. (BOSSUET.)

7. J'avais affaire à un homme qui écoutait patiemment, qui parloit avec netteté et avec force, et qui enfin poussait les difficultés aux dernières précisions. (BOSSUET.)

8. Les gentils ignorants adoraient les planètes et les autres astres; leur attribuant des empires, des vertus et des influences divines, par lesquelles ils dominaient sur le monde, et en régloient les événements. (BOSSUET.)

9. Que faites-vous par vos crédulités et vos complaisances? Vous animez le médisant. (FLÉCHIER.)

10. Ne vous usez point en détails et en exactitudes superflues. (FÉNELON.)

11. Soyez fidèle à renoncer à votre vanité et aux sensibilités de votre amour-propre. (FÉNELON.)

222ᵉ EXERCICE.

(Grammaire. § 187.)

A quelles remarques de grammaire historique peuvent donner lieu les noms composés employés au pluriel dans les phrases suivantes?

1. L'Académie écrit des reines-Claude. Il n'y a qu'une reine-Claude; il faut écrire des reine-Claude. (GÉNIN.)

2. On simplifierait beaucoup l'orthographe de ce mot en écrivant des reines-claudes, comme on écrit des dames-jeannes, des saints-germains. (PAUTEX.)

3.   Tous ces chefs-d'œuvres antiques
     Ont à peine leurs reliques. (MALHERBE.)

4. Ils ont donné leurs blancs seings aux arbitres. (ACADÉMIE.)

5. Quelques-uns écrivent *Chevaux-Légers*. (*Id.*)

6. Ma foi, monsieur, ceux qui empruntent sont bien malheureux, et il faut essuyer d'étranges choses lorsqu'on est réduit à passer, comme vous, par les mains des fesse-mathieux.
(MOLIÈRE.)

Des ladres et des fesse-mathieux. (ACADÉMIE.)

7. Nous avons fait plusieurs pique-niques le mois dernier.
(ACADÉMIE.)

8. L'erreur qui a mis et maintient une apostrophe à grand dans grand'mère a produit la ridicule anomalie d'écrire des grand'mères sans *s* et des grands-pères avec *s*. (LITTRÉ.)

9. Faire la revue des havresacs. (ACADÉMIE.)

10. On dit que plusieurs sages-femmes, en pétrissant la tête des nouveaux-nés, lui donnent une forme plus convenable; et on le souffre. (J.-J. ROUSSEAU.)

223ᵉ EXERCICE.

(Grammaire, § 191.)

A quelles remarques peut donner lieu, dans les phrases sui-
vantes, l'emploi des compléments des substantifs?

1. La valeur est une adresse de repousser les dangers.

(MALHERBE.)

2. Nous avons tous une inclination naturelle d'aimer nos
bienfaits. (MALHERBE.)

3. Je sais bien la réponse de la question que vous me faites.

(MALHERBE.)

4. La chute d'un méchant dans le malheur a de quoi nous
plaire par l'aversion que nous prenons pour lui. (CORNEILLE.)

5. Nous y venons souvent, à la chute du soleil dans la Mé-
diterranée. (LAMARTINE.)

6. C'est la suite visible d'un continuel châtiment sur les
Juifs, qui n'ont pas reçu le Christ promis à leur père. (BOSSUET.)

7.   Ainsi donc un mortel après tant de miracles
Pourrait anéantir la foi de tes oracles. (RACINE.)

8. Mon entrée en ces lieux ne te surprendra plus. (RACINE.)

224ᵉ EXERCICE

Question de grammaire.

Quels sont dans la syntaxe du substantif, en français, les faits
particuliers dont la connaissance du latin peut fournir l'expli-
cation?

CHAPITRE II

SYNTAXE DE L'ARTICLE

QUESTIONNAIRE

Que remarque-t-on au sujet de l'emploi de l'article dans les apostrophes ? § 194.

Que savez-vous sur l'emploi de l'article devant les noms de contrées ?

Quelles sont les prépositions après lesquelles on emploie toujours ou on omet toujours l'article?

Citez des locutions dans lesquelles l'article est omis.

Les règles sur l'emploi ou l'omission de l'article ont-elles toujours été aussi arrêtées qu'aujourd'hui?

L'article s'est-il employé avec des mots indéterminés?

L'article a-t-il été toujours répété devant plusieurs substantifs se suivant? § 195.

Dans quel cas l'article, accompa-gné d'un adjectif, peut-il s'employer avec l'ellipse d'un substantif?

Que savez-vous sur l'emploi de l'article avec les noms pris dans un sens partitif? § 197.

La règle relative à l'emploi de la locution adverbiale *le plus* a-t-elle toujours existé? § 199.

Quand plusieurs adjectifs au superlatif se suivent, doit-on répéter l'article?

Un article féminin peut-il s'employer, par ellipse, devant un substantif masculin? § 200 *bis*.

225ᵉ EXERCICE.

(Grammaire, § 194.)

A quelles remarques de grammaire historique peuvent donner lieu les phrases suivantes?

1. Ceux qui premiers virent ce testament s'en moquèrent.

(MONTAIGNE.)

2. Bien est-il vrai que celui qui premier éleva la communauté des Achéens en quelque puissance et en quelque dignité, ce fut Aratus. (AMYOT.)

3. Philopœmen ne prenoit pas plaisir à ouïr toutes sortes de propos, ni à lire tous livres de philosophie, ains seulement ceux qui lui pouvoient profiter à devenir de plus en plus vertueux. (AMYOT.)

4. Vérité est que nos pères en usoient avec une plus grande sobriété que nous (du mot majesté. (PASQUIER.)

5. La troisième ordonnance fut qu'il défendit de souvent faire la guerre contre mêmes ennemis. (AMYOT.)

6. Ces peuples tâchoient à toute force de se délivrer de servitude. (COEFFETEAU.)

7. Or, est-ce chose qui advient communément à tous bons et justes hommes, qu'ils sont plus loués et plus estimés après leur mort que devant. (AMYOT.)

8. Les bêtes mêmes qui n'ont point de raison ont sentiment du bien qu'on leur fait. (MALHERBE.)

9. Si vous avez patience de m'écouter, vous changerez d'opinion. (MALHERBE.)

10.   Dans Seine et Marne luira
       Même sablon que dans Pactole. (MALHERBE.)

11. Avez-vous jamais vu ces chiens qui, recevant à gueule ouverte ce qu'on leur jette, n'ont pas loisir d'avoir avalé le premier morceau, pour ouvrir la gorge à recevoir l'autre.

(MALHERBE.)

12. Non, Madame, et dût-il m'en coûter trône et vie,
     Vous ne me verrez pas épouser Domitien. (CORNEILLE.)

13. Pyrrhus avait un pouce au pied droit, dont l'attouchement guérissait les malades de rate. (RACINE.)

14. Fut ordonné que des huit seigneurs de la guerre, les quatre demeureroient toujours avec moi ou bien avec le seigneur Cornelio. (MONTLUC.)

15. Jules César fut ingrat d'avoir laissé la guerre de Gaule et d'Allemagne pour venir assiéger Rome, et donner le rendez-vous à ses troupes dans le cirque de Flaminius. (MALHERBE.)

   . Là se perdent ces noms de maitres de la terre,
     D'arbitres de la paix, de foudres de la guerre.

(MALHERBE.)

17. Je reviens de Saint-Germain avec la d'Arpajon et la d'Uxelles. (SÉVIGNÉ.)

226ᵉ EXERCICE.
(Grammaire, § 195.)

A quelles remarques de grammaire historique peuvent donner lieu les phrases suivantes?

1. Ce mot (devaller) est ordinaire et commun au Provençal, Languedoc et nations adjacentes, mais au français ne l'est pas tant. (NICOT.)

2. L'énergie du mot (accorder) importe le consentement de celui qui octroye à la supplication, demande et désir de celui qui requiert. (Nicot.)

3. On loua aussi, entre ses ordonnances, la réformation et limitation qu'il donna à la loi qui permettoit aux pères de pouvoir vendre leurs enfants. (Amyot, *Numa.*)

4. Non seulement à Rome le peuple se trouva amolli et adouci par l'exemple de la justice, clémence et bonté du roi, mais aussi dans les villes à l'environ commença une merveilleuse mutation de mœurs. (*Id.*)

5. La justice, probité, prudence, valeur et tempérance sont toutes qualités qui se peuvent trouver en une seule âme.

(Malherbe.)

6. Le père Feuillée est le seul de tous les naturalistes et voyageurs qui ait donné une description détaillée du condor.

(Buffon.)

7. Il serait bon qu'on obéît aux lois et coutumes parce qu'elles sont lois, et que le peuple comprît que c'est là ce qui les rend justes. (Pascal.)

8. Il ne faut pas que les prix et récompenses soient distribués arbitrairement. (J.-J. Rousseau.)

9. Il en était de même des ministres et grands-officiers.

(J.-J. Rousseau.)

10. Je me hâte d'arriver aux renseignements et documents que j'ai recueillis sur l'état de l'instruction populaire à Francfort. (Cousin.)

227ᵉ EXERCICE.

(Grammaire, § 197.)

Quelles remarques de grammaire peut-on faire à propos des phrases suivantes?

1. Quoi! tu prends pour du bon argent ce que je viens de dire. (Molière.)

2. Je ne prendrai pas de la peine pour rien. (Montesquieu.)

3. Albin, ne me tiens pas des discours superflus.

(Corneille.)

4. Comme la peau de l'âne est très dure et très élastique, on en fait du gros parchemin. (Buffon.)

5. Cela ne vaut pas le diable; mais cela réussira parce qu'il y a des danses et des petits enfants. (Voltaire.)

6. Heureux si, de son temps pour de bonnes raisons,
    La Macédoine eût eu des petites-maisons. (Boileau.)

7. Antoine, feignant de l'assister en cette occasion, alloit le traversant par des sourdes pratiques qu'il faisoit avec les tribuns. (Amyot.)

8. Fais éclater ta joie en des pompeux spectacles.

(Corneille.)

9. Ils apprendroient, nous disoient-ils, à avoir besoin de toutes les choses qui vous sont devenues nécessaires. Ils voudroient les avoir; ils abandonneroient la vertu pour les obtenir par des mauvaises industries: (Fénelon.)

10. On jugera plus sûrement dans la suite si ces suppositions sont des vérités ou des pures imaginations.

(Malebranche.)

11. Des grosses larmes lui tombent des yeux. (Sévigné.)

12. Cette mère est d'une exactitude sur les heures qui ne convient pas à de jeunes gens. (Sévigné.)

228ᵉ EXERCICE.

(Grammaire, § 199.)

A quelles remarques de grammaire historique peuvent donner lieu les phrases suivantes ?

1. Les chaloupes mettaient nos soldats à terre auprès du marabou, où la descente avait paru la plus aisée, et l'était en effet. (Pellisson.)

2. J'ai parlé ce matin à madame de Maintenon, et lui ai même donné une lettre que je lui avais écrite sur ce sujet, la mieux tournée que j'ai pu. (RACINE.)

3. Cela nous doit suffire pour avoir de la défiance des choses mêmes dont nous croyons être les plus assurés.

(NICOLE.)

4. Gouvernez-vous bien entre ci et là; c'est mon unique soin et la chose du monde dont je vous serai le plus sensiblement obligée. (SÉVIGNÉ.)

5. Vous me retrouverez tout entière, comme dans les temps où vous avez été la plus persuadée de mon amitié. (SÉVIGNÉ.)

6. Il est rare que nos cerfs portent plus de vingt-deux andouilliers, lors même que leur tête est la plus belle. (BUFFON.)

7. Je m'acquitte des mieux de la charge commise.

(CORNEILLE.)

8. Est-ce bien s'expliquer?

Des mieux et nettement.

(LA FONTAINE.)

9. Je revins plein d'ardeur, et parlai des mieux.

(DESTOUCHES.)

10. Dis si les plus cruels et plus durs sentiments
Ont rien d'impénétrable à des traits si charmants.

(MOLIÈRE.)

Revision

228ᵉ EXERCICE.

(Question de grammaire.)

La langue du xvıᵉ et du xvııᵉ siècle n'était-elle pas plus libre que la nôtre relativement à la syntaxe de l'article? Formuler quelques règles à ce sujet et citer des exemples.

CHAPITRE III

SYNTAXE DE L'ADJECTIF

QUESTIONNAIRE

Qu'y a-t-il à remarquer sur l'adjectif employé substantivement ? § 201 ter.

L'adjectif *extrême* admet-il des degrés de comparaison ? § 202.

Le superlatif relatif a-t-il toujours été distingué du comparatif ?

Que pensez-vous de l'emploi des adjectifs cardinaux pour les adjectifs ordinaux ? § 204.

Au XVIIe siècle l'article s'employait-il pour l'adjectif possessif ?

Citez des exemples où *qui* était employé où nous mettons *quel*, et d'autres où *quel* était employé où nous mettons *qui* ? § 207.

Quelle était, au XVIIe siècle, la place de *même* ? § 208.

La différence entre *même* adjectif et *même* adverbe a-t-elle toujours été établie ?

Que savez-vous sur l'adjectif *maint* ?

D'après l'étymologie comment l'accord de *quelconque* devrait-il se faire ?

A quelle remarque donne lieu l'accord de *tel que* ?

Tel que s'est-il employé pour *quel que* ?

D'où vient la locution *tel quel* ?

Quelles étaient, au XVIIe siècle, les règles relatives à l'emploi de l'adjectif indéfini *un* ?

Un n'a-t-il pas été employé comme pronom ?

D'où vient *aucun* et quel était l'emploi de ce mot dans l'ancien français ?

Quelle était, jusqu'au XVIIe siècle, la règle relative à l'accord de l'adjectif avec plusieurs substantifs se suivant ? § 209.

La locution collective *tant de* n'est-elle pas employée d'une façon particulière par Racine ? § 210.

Par qui a été fixée la règle relative à l'adjectif *demi* ? § 213.

D'où viennent les mots *demi, semi, midi* ?

Quelle est l'origine du mot *feu* ?

De quelle époque datent les règles de *nu* et de *feu* ?

Que signifiait l'adverbe *possible* dans l'ancien français ?

D'où vient l'emploi des adjectifs au *neutre* ? § 214 bis.

A quelle remarque donne lieu la locution *se faire fort* ?

La différence entre *prêt à* et *près de* a-t-elle toujours existé ? § 216.

229e EXERCICE.

(Grammaire, § 201 ter.)

Remarquer dans les phrases suivantes les adjectifs ou participes employés substantivement; distinguer ceux qui aujourd'hui ne pourraient plus s'employer ainsi.

1. Mais depuis on y employa des serfs innocents, et des libres mêmes qui se vendaient pour cet effet. (MONTAIGNE.)

2. Mais pourtant, qui que tu sois, dit-il, je te tiens désormais pour mon ami et pour mon bienveillant, car tu as conseillé au peuple ce qui m'est le plus expédient. (AMYOT.)

3. Et dans les villes mêmes, en temps de pleine paix, j'y ai vu autrefois pratiquer le semblable, au moins en celle de Paris. (PASQUIER.)

4. Vous m'avouerez que d'un ivre à un ivrogne il y a bien de la différence. (MALHERBE.)

5. En notre ville assiégée, les capables de porter les armes sont avec l'épée à la main derrière la porte. (MALHERBE.)

6. Qui seroit si mauvais censeur contre ses enfants, qu'il aimât mieux le sain que le malade, le grand et de belle taille, que le court et le petit? (MALHERBE.)

7.   Nos rois lassés du joug et vos persécutés,
         Avec tant de chaleur l'ont joint de tous côtés.

                                      (CORNEILLE.)

8. Dieu n'exauce point les prières des injustes. (RACINE.)

9. On reçoit tout simplement et avec tendresse ces sortes de présents; et comme le cardinal de Retz disait cet hiver, il est au-dessous du magnanime de les refuser. (SÉVIGNÉ.)

230ᵉ EXERCICE.

(Grammaire, § 202, *Rem.* IV.)

A quelles remarques de grammaire historique peuvent donner lieu les phrases suivantes?

1. Les supplices plus hideux à voir ne sont pas toujours les plus forts à souffrir. (MONTAIGNE.)

2. Car le vers plus coulant est le vers plus parfait.

                                      (DU BELLAY.)

3. Les gouverneurs qui avoient la superintendance sur les jeunes hommes, à certains intervalles de temps choisissoient ceux qui leur sembloient plus avisés, et les envoyoient aux champs. (AMYOT.)

4. La seconde nouvelleté que fit Lycurgue, et celle qui fut de plus hardie et plus difficile entreprise, fut de faire de nouveau départir les terres. (AMYOT.)

5. Il assembla une troupe de plus légers Gaulois et qui avoient accoûtumé de gravir les montagnes. (AMYOT.)

6. De sorte que ce fut, à ce que l'on dit, l'ordonnance qui plus fâcha les riches, entre toutes celles que lors établit Lycurgus, et pour laquelle ils crièrent et se courroucèrent plus contre lui. (AMYOT.)

7. Je ne prends pas tout ce que l'on m'apporte, parce qu'il y a force sottises; je choisis seulement ce que je crois être moins mauvais. (MALHERBE.)

8. Ses soldats étaient ceux de ses concitoyens que l'Égypte exerçait avec plus de soin. (BOSSUET.)

9. Je n'ai pas laissé d'enrichir ma pièce de tout ce qui m'a paru plus éclatant dans la sienne. (RACINE.)

10. L'Amour est celui de tous les dieux qui sait mieux le chemin du Parnasse. (RACINE.)

231ᵉ EXERCICE.

(Grammaire, § 205.)

A quelles remarques de grammaire historique peuvent donner lieu les phrases suivantes ?

1. Le roi, son frère et mère, et les princes ont bien pouvoir de commander à mon luth Cynthien. (RONSARD.)

2.   Elle sera au comble de sa joie. (RACINE.)

3. Il semble pourtant qu'il adresse sa parole à Électra.
                             (RACINE.)

4. C'est la règle des bienfaits qu'on ne les puisse reconnaître qu'en vidant la bourse. (MALHERBE.)

5. Les pauvres serviteurs sont là, qui n'osent pas seulement mouvoir les lèvres. S'ils soufflent, aussitôt le bâton est sur leurs épaules. (MALHERBE.)

6. Lysandre l'a conté depuis à un sien ami et hôte ancien.
(LA BOÉTIE.)

7. Mais n'appréhende pas qu'un autre ainsi m'obtienne ;
Vis pour ton cher tyran, tandis que je meurs tienne.
(CORNEILLE.)

8. Ainsi qu'on voit avenir à une lanterne : car plus sa vitre est claire, plus sa lumière intérieure s'aperçoit. (LANOUE.)

9. J'ai honte de ma vie et je hais son usage,
Depuis que je la dois aux effets de ta rage. (CORNEILLE.)

10. La première embuscade commença au commandement de leur capitaine à prendre la fuite. (AMYOT.)

232ᵉ EXERCICE.

(Grammaire. §§ 208, 1-8.)

À quelles remarques de grammaire historique peuvent donner lieu les phrases suivantes?

1. Moi qui suis, s'il faut le dire ainsi, la même franchise et liberté. (D'URFÉ.)

2. Oui, vous avez raison, belle et sage Clarice ;
Ce que vous m'ordonnez est la même justice. (CORNEILLE.)

3. Eux-même ils détruiront cet effroyable ouvrage,
Instrument de leur honte et de leur esclavage.
(VOLTAIRE.)

4. Et l'âme se fond en prière
Et s'entretient avec les cieux,
Et les larmes de la paupière
Sèchent d'elles-même à nos yeux. (LAMARTINE.)

5. O vils marchands d'eux-même! immonde abaissement.
(V. HUGO.)

11

6.   Je connois colorés et blêmes,
Je connois mort qui tout consomme ;
Je connois tout, fort que moi-mesmes. (VILLON.)

7. Prenez-vous en à vous-mêmes aussi,
Qui bien vouliez qu'ils fissent tous ainsi. (MAROT.)

8. On trouve mainte épine où l'on cherchait des roses.

(REGNARD.)

9. Avec quelques vertus j'eus maint et maint défaut.

(CHAULIEU.)

10. La perte des assiégés monta à quelques trois cents hommes. (RACINE.)

233ᵉ EXERCICE.

(Grammaire, §§ 208, 9-10.)

A quelles remarques de grammaire historique peuvent donner lieu les phrases suivantes?

1. La bonne viande, telle qu'elle soit, ne peut faire profit au corps, si elle n'est prise en due quantité. (PARÉ.)

2. Je crois que Brute même, à tel point qu'on le prise,
Voulut plus d'une fois rompre son entreprise.

(CORNEILLE.)

3. Voilà, mon père, un point de foi bien étrange, qu'une doctrine est hérétique telle qu'elle puisse être. (PASCAL.)

4. J'ai apporté ici une grande quantité de livres choisis ; je les ai rangés tantôt; on ne met pas la main sur un, tel qu'il soit, qu'on n'ait envie de le lire tout entier. (SÉVIGNÉ.)

5. Un auteur, tel qu'il soit, se regarde sans hésiter comme le juge de tout autre auteur. (VAUVENARGUES.)

6. Un jour Vénus son Adonis suivoit
Parmi jardins, pleins d'épines et branches,
Les pieds tous nus, et les deux bras sans manches.

(MAROT.)

7. C'est lui qui a inventé la machine à transporter de gros arbres tous entiers sans les endommager. (Fontenelle.)

8. ... Les dieux qui, tous rois que nous sommes,
Punissent nos forfaits ainsi que ceux des hommes.

(Corneille.)

9. Jusqu'ici je me suis livré à des chagrins et à des tristesses toutes humaines. (Massillon.)

10. Ils respectent et craignent ces lois toutes inconnues qu'elles leur sont. (Malebranche.)

11. Pour moi, j'étais toute ébaubie. (Sévigné.)

234ᵉ EXERCICE.

(Grammaire, §§ 208, 11 et 11 *bis*.)

A quelles remarques de grammaire historique peuvent donner lieu les phrases suivantes ?

1. Alcibiade se faisoit ordinairement servir en sa maison des ustensiles d'or et d'argent qui appartenoient à la chose publique, et que l'on avoit accoutumé de porter par une magnificence ès processions publiques. (Amyot, *Alcibiade.*)

2. Le peuple en fut si aise qu'il se prit à crier et à battre des mains, par une manière de remercîment.

(Amyot, *Alcibiade.*)

3. Et Tullus Hostilius, qui régnoit après Numa, se moquant avec un mépris de la plupart de ses bonnes et saines institutions,...... tourna ses sujets à la guerre. (Amyot, *Numa.*)

4. Il y a semblablement diversité grande entre les historiens, touchant le temps auquel régna le roi Numa Pompilius.

(Amyot, *Numa.*)

5. Numitor ne l'osa faire punir de son autorité privée, parce qu'il redoutoit son frère, qui étoit homme terrible.

(Amyot, *Romulus.*)

6. Il pensa bien que la découverte lui en devoit avoir été

faite par l'homme qui ne savoit pas bien toute la trame de
l'entreprise. (Amyot, *Pélopidas*.)

7. On me dit que de sa personne ledit sieur de Strozzi
fit acte d'un preux et vaillant capitaine. (Montluc.)

8. Passer, est aller d'un lieu à autre sans faire arrêt. (Nicot.)

9. Il ravage, il désole et nos champs et nos villes,
Et contre sa fureur il n'est aucuns asiles. (Corneille.)

10. Quand tout percé de coups sur un monceau de morts,
Je lui fis si longtemps bouclier de mon corps.

(Corneille.)

11. Est-il possible que tu aies planté aucun de ces arbres
de ta main? (La Boétie.)

12. Et si l'un par bonheur à Galba vous propose,
Ce n'est pas qu'après tout, j'en sache aucune chose.

(Corneille.)

13. Il ne peut tomber en l'entendement de personne que
Nature ait mis aucun en servitude, nous ayant tous mis en
compagnie. (La Boétie.)

14. Il n'avoit encore achevé le dernier mot quand furent
entendus grands soupirs, grandes lamentations et effrois en
terre, non d'une personne seule, mais de plusieurs ensemble.

(Rabelais.)

15. C'est une petite ville qui n'est divisée en aucuns partis.
(La Bruyère.)

16. Je n'ai encore vu aucuns de ceux qui veulent, disent-ils,
me divertir. (Sévigné.)

235ᵉ EXERCICE.

(Grammaire, §§ 210-215.)

*A quelles remarques de grammaire historique peuvent donner
lieu les phrases suivantes?*

1. Tant de coups imprévus m'accablent à la fois,
Qu'ils m'ôtent la parole et m'étouffent la voix. (Racine.)

2. De demie lieue [il] ne dist ne o ne non. (xiie *siècle*.)

3. Devant la mienuit li temps un peu s'escure.

(*Berte*, xiiie *siècle*.)

4. [Le comte de Flandre] veut que tout homme de la ville de Gand... soient tous nuds en leurs linges robes, nuds chefs et nuds pieds. (FROISSARD.)

5. Madame de Guitaut était nues jambes et avait perdu une de ses mules. (SÉVIGNÉ.)

6. Elle monta seule et nus pieds sur l'échelle. (SÉVIGNÉ.)

7. Je ne songe seulement pas à en tirer une de ma cassette pour me recoiffer et je suis nue tête. (MARIVAUX.)

8. Eu égard mêmement à son contrat de mariage et testament de feue sa femme... (PASQUIER.)

9. Si vous ne connaissez pas Uranie, cette nymphe que j'ai tant louée, je vous avertis que c'est feue ma bonne amie, Mme des Loges. (BALZAC.)

10. Son heure doit venir; et c'est à vous possible
Qu'est réservé l'honneur de la rendre sensible.

(MOLIÈRE.)

11. La miséricorde de Dieu veut que sa justice soit satisfaite. J'en veux croire le semblable de la vôtre. (MALHERBE.)

12. Des choses fâcheuses, ce n'est que trop d'en savoir le gros, sans en demander le menu. (MALHERBE.)

13. Je me ferais forte que le roi seroit obéi. (MARGUERITE.)

236e EXERCICE.

(Grammaire, § 216.)

Dans les phrases suivantes remarquer les compléments des adjectifs; dire si ces constructions sont conformes ou non à l'usage actuel.

1. Je croyois ma vertu moins prête à succomber. (RACINE.)

2. Cela se passa dans le temps que l'orage dont j'ai parlé
était tout prêt d'éclater contre le monastère de Port-Royal.

(RACINE.)

3.   Il tenait un moineau, dit-on,
        Prêt d'étouffer la pauvre bête,
        Ou de la lâcher aussitôt
        Pour mettre Apollon en défaut. (LA FONTAINE.)

4. Sans le péché du premier homme, nous naissions tous
savants des arts et des sciences nécessaires pour notre con-
servation. (RACAN.)

5. Nous pouvons bien avoir assez crié contre Baies, mais
jamais assez contre les vices. Je vous prie, Lucilius, soyez-leur
irréconciliable. (MALHERBE.)

6. La fortune en tous lieux à l'homme est dangereuse.

(MALHERBE.)

7. Préparez seulement des gênes, des bourreaux ;
    Devenez inventifs en supplices nouveaux. (CORNEILLE.)

8. Immobile à leurs coups, en lui-même il rappelle
    Ce qu'eut de beau sa vie et ce qu'on dira d'elle.

(CORNEILLE.)

9.   Ces mêmes dignités
        Ont rendu Bérénice ingrate à vos bontés. (RACINE.)

10.   Faut-il être surprise
        Que tout prêt d'achever cette grande entreprise
        Bajazet s'inquiète. (RACINE.)

11. On était prêt d'aller se divertir à Fontainebleau, tout
a été rompu. (SÉVIGNÉ.)

237ᵉ EXERCICE.

Question de grammaire.

*Rechercher quelle a été l'influence du latin sur la syntaxe de
l'adjectif français.*

CHAPITRE IV

SYNTAXE DU PRONOM

1° *Des Pronoms personnels*

QUESTIONNAIRE

Quand le pronom personnel était-il omis dans l'ancienne langue? § 220.

Les pronoms personnels peuvent-ils être accompagnés d'un adjectif?

Peut-on employer comme sujets *moi, toi, lui, eux* ?

Quelles sont les origines latines des différentes formes des pronoms personnels ?

A *moi, à vous, à lui* peuvent-ils être employés comme compléments indirects ? § 224.

Le pronom personnel ne s'est-il pas placé avant un impératif dont il était complément ?

Quelle était autrefois la place d'un pronom personnel complément d'un infinitif dépendant d'un autre verbe ? § 226.

D'où vient l'usage d'employer *nous* et *vous* au singulier ? § 231.

Quand s'est répandu surtout l'usage du tutoiement.

De quand date l'usage de répéter le pronom après le verbe, même quand le sujet est exprimé ?

Comment explique-t-on le pléonasme qui consiste à employer un pronom pour rappeler un sujet ou un complément déjà exprimé dans une proposition ? § 234.

A quoi correspondent la plupart des verbes impersonnels français ? § 235.

Que savez-vous sur l'emploi au XVIᵉ et au XVIIᵉ siècle du pronom neutre *il* ?

Citez quelques phrases d'auteur du XVIIᵉ siècle, dans lesquelles les pronoms *en* et *y* sont appliqués à des pronoms ? § 238.

Quelle distinction le grammairien Régnier-Desmarais fait-il entre les pronoms *en* et *y* ?

Quelle est l'origine des pronoms *en* et *y* ?

Citez un emploi tout à fait étymologique du mot *en* ? § 240 *bis.*

Pourquoi le pronom réfléchi *soi* n'avait-il ni nominatif en latin, ni cas sujet dans l'ancienne langue française ? § 241.

Quel était, dans l'ancienne langue, l'emploi du pronom *soi* ? § 242.

Le pronom *soi* peut-il s'employer après un nom de choses au pluriel ?

Au XVIIᵉ siècle, les pronoms de la 3ᵉ personne pouvaient-ils remplacer un nom pris dans un sens indéterminé ? § 243.

Que savez-vous sur l'emploi du pronom neutre *le* avec le verbe *être* ? § 245.

Le pléonasme auquel donne lieu l'emploi de la locution *les uns... les autres* existait-il en latin ? § 245 *bis.*

Quand met-on un trait d'union avant ou après les pronoms ? § 245 *ter.*

238ᵉ EXERCICE.

(Grammaire, § 220.)

A quelles remarques de grammaire historique peuvent donner lieu les phrases suivantes?

1. Josèphe récite que pendant les guerres des Romains en

Judée, passant où l'on avoit crucifié quelques Juifs, trois jours y avoit, il reconnut trois de ses amis, et obtint de les ôter de là. (MONTAIGNE.)

2. Le vent leur fut contraire; et, se trouvant le lendemain à la vue de la terre dont ils avoient démarré, furent suivis par les gardes des ports. (MONTAIGNE.)

3. Bien est vrai qu'après la mort d'Antiope, Thésée épousa Phèdre. (AMYOT, *Thésée.*)

4. Il passa jusques en l'île de Salamine là où sitôt qu'il fut arrivé, l'haleine lui faillit, et mourut subitement.

(AMYOT, *Thémistocle.*)

5. Depuis y eut encore plusieurs rencontres en plusieurs jours. (AMYOT, *Romulus.*)

6. Par quoi je vous prie que vous preniez ensemble une résolution telle que les vaillants hommes comme vous doivent prendre. (MONTLUC.)

7. Ainsi séjournèrent au bois jusques au temps qu'ils eurent avertissement comme les deux armées étoient prêtes à joindre.

(NICOT.)

8. En ce dit temps eut grande émeute de guerre entre les rois de France et d'Espagne. (NICOT.)

9. Au tourment que je souffre il n'est rien de pareil,
Et ne saurois ouïr ni raison ni conseil. (MALHERBE.)

10. Une chose mal donnée ne sauroit être bien due; et ne venons plus à temps de nous plaindre quand nous voyons qu'on ne nous la rend point. (MALHERBE.)

11. Nous n'avons pas de noms assez pour en donner à toutes choses, mais en empruntons quand nous en avons besoin. (MALHERBE.)

12. Ce ne suis-je pas qui en suis cause, mais Jupiter et la déesse de nécessité. (CALVIN.)

13.   Je qui avois ferme entente et attente
D'être en sépulcre honorable étendu,
Suis tout debout à Montfaucon pendu. (MAROT.)

239ᵉ EXERCICE.
(Grammaire, §§ 224-226.)

*A quelles remarques de grammaire historique peuvent donner
lieu les phrases suivantes?*

1. Qu'il entre; à quel dessein vient-il parler à moi?
(CORNEILLE.)

2. Mais il est mon époux et tu parles à moi. (*Id.*)

3. Donnez-lui donc la main, ajouta-t-il en parlant à moi.
(CRÉBILLON fils.)

4. Attachez bien ce monstre ou le privez de vie.
(MALHERBE.)

5. Si vous voulez assurer votre dette, faites un héritier et
la lui donnez. (MALHERBE.)

6. Cesse, cesse, et m'épargne un importun discours.
(RACINE.)

7. Tâchez dans ce dessein de l'affermir vous-même;
Et lui promettez tout, hormis le diadème. (RACINE.)

8. Allez Lafleur, trouvez-le et lui portez
Trois cent louis que je crois bien comptés. (VOLTAIRE.)

9. Les plus grands causeurs s'assemblent et se viennent
asseoir en la boutique d'un barbier. (AMYOT.)

10. Il ne se trouva personne de ceux de la ville qui l'osât
aller exécuter. (AMYOT, *Marius.*)

11. Je vous en veux faire passer l'envie. (RACINE.)

240ᵉ EXERCICE.
(Grammaire, § 234.)

*A quelles remarques de grammaire historique peuvent donner
lieu les phrases suivantes?*

1. Comme celui qui désire du bien à quelqu'un pour y

avoir part, encore qu'il semble penser aux affaires d'autrui, toutefois il a soin des siennes; ainsi qui désire de voir son ami en quelque peine pour y survenir et l'en dégager, il montre son ingratitude. (Malherbe.)

2. Qui se contraint au monde, il ne vit qu'en torture.

(Régnier.)

3. Ceux qui commençaient à le goûter, n'osant avaler le morceau qu'ils ont à la bouche, ils le jettent à terre.

(La Bruyère.)

4. Un noble, s'il vit chez lui, dans sa province, il vit libre.

(La Bruyère.)

5. Il y a, dans l'instruction, quelque chose qui ne dépend que de la conformation des organes, et de cela les animaux en sont capables comme nous. (Bossuet.)

6. Des restes de sa droiture, il en fait les ébauches de ses passions. (Massillon.)

7. J'ai bien voulu réciter cela un peu au long, pour ce qu'il me semble qu'il donne aucunement à connoistre quelles étoient les mœurs et la nature de Pélopidas. (Amyot.)

8. Or tant s'en faut que cela ait lieu, que même aux gouvernements terrestres, il ne seroit point supportable. (Calvin.)

9. Je m'en réjouis de tout mon cœur (*de cette guérison*); mais il me déplaît fort de tant de rechutes. (Malherbe.)

10. Si ce que je dis ne sert à vous éclairer, il servira au peuple. (Pascal.)

11. Je suis entièrement incapable de voir beaucoup de monde ensemble; cela viendra peut-être, mais il n'est pas venu.

(Sévigné.)

12. De vous dire que tout cela se passe sans larmes, il n'est pas possible. (Sévigné.)

241ᵉ EXERCICE.

(Grammaire, § 238.)

A quelles remarques de grammaire historique peuvent donner lieu les phrases suivantes ?

1. Sans l'avoir jamais vu, je connais son courage;
Qu'importe après cela quel en soit le visage ?
(CORNEILLE.)

2. J'en ai fait un martyr, sa mort me fait chrétien.
J'ai fait tout son bonheur, il veut faire le mien.
(CORNEILLE.)

3. Comment peut-on aimer Dieu, quand on n'en entend jamais parler ? (Mᵐᵉ DE SÉVIGNÉ.)

4. Il est bien difficile qu'on n'ait pas envie d'avertir ces sortes de gens qu'ils feraient bien de se dire à eux-mêmes ce qu'ils disent aux autres, et de se reconnaitre dans les portraits qu'ils en font. (NICOLE.)

5. Quelque heureux que soient vos penchants, vous n'y entrerez jamais bien avant, tandis que vous ne ferez que vous prêter à eux et les suivre. (MASSILLON.)

6. Ses grâces, sa beauté, sa fière modestie,
    Tout m'en plait. (CRÉBILLON.)

7. C'est sa tante, pourquoi ne la verrait-il pas ?
Il en doit recueillir un fort gros héritage. (DESTOUCHES.)

8. Qu'il se donne à Mandane, il n'aura plus de crime.
— Qu'il s'y donne, Madame, et ne m'en dise rien.
(CORNEILLE.)

9. Rien ne peut me distraire de penser à vous; j'y rapporte toutes choses. (SÉVIGNÉ.)

10. Tous ceux qui voient madame de Grignan et qui y prennent quelque intérêt... (SÉVIGNÉ.)

242ᵉ EXERCICE.

(Grammaire, § 242.)

A quelles remarques de grammaire historique peuvent donner lieu les phrases suivantes?

1. Xerxès avoit autour de soi plusieurs secrétaires.

(AMYOT.)

2. Il pouvoit véritablement dire ce que le roi Agamemnon dit de soi-même en la tragédie d'Euripide. (AMYOT, *Nicias.*)

3. De tous les animaux qui marchent sur la terre
L'homme est le plus chétif; car il se fait la guerre
Lui-même à soi-même, et n'a dans son cerveau
Autre plus grand désir que d'être son bourreau.

(RONSARD.)

4. Un manœuvre des miens, avec ses mains et ses pieds, attira sur soi la terre en mourant. (MONTAIGNE.)

5. Je vous dis que mon fils n'a rien fait de plus sage
Qu'en recueillant chez soi ce dévôt personnage.

(MOLIÈRE.)

6. Les princes sont environnés de personnes qui ont un soin merveilleux de prendre garde que le roi ne soit seul et en état de penser à soi, sachant bien qu'il en sera misérable, tout roi qu'il est, s'il y pense. (PASCAL.)

7. L'homme n'aime pas à demeurer avec soi. (PASCAL.)

8. Il faut laisser Aronce parler proverbe; Mélinde parler de soi, de ses vapeurs, de ses migraines, de ses insomnies. (LA BRUYÈRE.)

9. Il se mouche sous son chapeau, il crache presque sur soi. (LA BRUYÈRE.)

10. Faire plaisir et le rendre sont choses qui de soi-même doivent être désirées. (MALHERBE.)

243ᵉ EXERCICE.

(Grammaire, §§ 243-245.)

*A quelles remarques de grammaire historique peuvent donner
lieu les phrases suivantes?*

1..... Ayant les uns puissance de donner aide, et les autres
besoin d'en recevoir. (La Boétie.)

2. Je vous écris toujours en hâte, mais certainement elle
ne fut jamais précipitée comme à cette heure. (Malherbe.)

3. Les degrés du théâtre destinés aux chevaliers romains
leur sont communs à tous; et cependant, quand j'y ai pris
place, je la puis appeler mienne. (Malherbe.)

4. Je n'ai pas encore choisi de lecture; je vous la manderai.
(Sévigné.)

5. Quand on a tort, madame, et qu'on l'avoue bonnement,
comme vous faites, on ne l'a presque plus. (Bussy.)

6. Je demanderai permission au Roi, qui, je crois, ne me
la refusera pas. (Bussy.)

7. Je ne leur dois que justice en parlant d'eux et je la leur
rends. (J.-J. Rousseau.)

8. Vous en êtes instruits et je ne la suis pas. (Corneille.)

9. La lettre que vous m'avez écrite est parfaite, et on ne
peut en être plus contente que je la suis.
(Mᵐᵉ de Maintenon.)

10. Je ne veux point qu'elle soit malade, encore moins
qu'elle se la fasse. (Bossuet.)

11. J'ai un fils qui est un fort honnête homme, dont j'ai
toujours été très contente, et dont je ne la suis pas aujourd'hui.
(Marivaux.)

2° et 3° *Des Pronoms possessifs et des Pronoms démonstratifs*

QUESTIONNAIRE

A quoi correspondent les pronoms *le mien, le tien, le nôtre?* § 246.

Que signifiait, au XVIᵉ siècle, *celui qui* avec le subjonctif? § 247.

Quel était le sens de la locution *comme celui qui?*

Dans les interrogations, *ceci* et *cela* doivent-ils être écrits en un ou en deux mots? § 251.

Quelle différence y a-t-il entre *çà* et *ça?*

244° EXERCICE.
(Grammaire, §§ 247, 248.)

A quelles remarques de grammaire historique peuvent donner lieu les phrases suivantes?

1. Pensez, Spartiates, que si vous étiez au roi et qu'il vous eût connus, il n'y a celui d'entre vous qui ne fût seigneur d'une ville de Grèce. (LA BOÉTIE.)

2. Mais il n'y a celui des Romains qui ne croie fermement que la punition ne s'en ensuivît incontinent. (AMYOT, *Camille.*)

3. On sacrifioit en tous les temples des dieux, et n'y avoit celui qui ne montrât autant d'aise et de réjouissance comme s'il fût advenu un nouveau royaume à la ville et non pas un nouveau roi. (AMYOT, *Numa.*)

4. Adonc se retira l'armée de mer plus au-dedans de la Grèce, étant les Athéniens en celle retraite rangés à la queue tous les derniers, comme ceux qui avoient le cœur élevé pour la gloire des vaillances qu'ils avoient déjà faites.

(AMYOT, *Thémistocle.*)

5. Thémistocle y contredit et résista fort et ferme; et fut alors qu'il fit certaines réponses notables, qui ont bien été recueillies et notées depuis. (AMYOT, *Thémistocle.*)

6. De quoi Périclès étant fort déplaisant, la déesse s'apparut à lui en dormant... et fut l'occasion pour laquelle il fit depuis fondre en cuivre l'image de Minerve.

(AMYOT, *Périclès.*)

7. Ce seroit aujourd'hui pour nous rendre étonnés, si le soleil s'arrêtoit tout court, et n'y auroit celui qui ne dît cela être totalement contre nature. (H. Estienne.)

4° *Des Pronoms interrogatifs et conjonctifs*

QUESTIONNAIRE

Quels sont les pronoms latins auxquels correspondent les pronoms interrogatifs français? § 252.

D'où vient la forme *dont?*

Quels pronoms latins représente le pronom français *que?*

Que savez-vous sur l'emploi de *qui* au neutre? § 253.

Le xvɪᵉ siècle n'employait-il pas *que* au lieu de *ce que?*

A quoi correspondait la locution *que c'est de?*

Le pronom conjonctif *qui* a-t-il toujours été employé à la même personne que son antécédent? § 254.

Qu'arrive-t-il lorsque l'antécédent d'un conjonctif est suivi d'un attribut ou d'une apposition?

Quand l'antécédent est suivi d'un complément au pluriel, l'accord a-t-il lieu avec l'antécédent ou le complément?

Expliquez l'emploi qui avait lieu autrefois de *qui* pour *ce qui?*

Qui n'a-t-il pas été employé pour *si quelqu'un?*

Citez quelques exemples de *que* employé pour *ce que.*

Quels sont les principaux emplois de *quoi* pronom conjonctif? § 255.

Les conjonctifs ont-ils toujours été rapprochés autant que possible de leurs antécédents?

Citez quelque exemple du pronom *lequel* liant ensemble les deux parties d'une phrase. § 256.

Les pronoms conjonctifs n'ont-ils pas été autrefois placés au commencement d'une phrase pour lier cette phrase à la précédente?

Qui, employé comme complément indirect et précédé d'une préposition, s'est-il jamais dit des personnes? § 257.

A quelle remarque de grammaire historique donne lieu l'emploi de *dont?* § 258.

La différence entre *dont* et *d'où* était-elle aussi sensible dans l'ancienne langue française qu'aujourd'hui? § 259.

Dont ne s'est-il pas écrit différemment?

Que savez-vous sur l'emploi du pronom *où?* § 260.

Au xvɪɪᵉ siècle, quand il y avait plusieurs propositions coordonnées, le pronom conjonctif était-il exprimé devant le verbe de chacune d'elles?

A quelles autres remarques particulières donne lieu l'emploi des pronoms conjonctifs dans la langue du xvɪɪᵉ siècle?

245ᵉ EXERCICE.

(Grammaire, § 253.)

A *quelles remarques de grammaire historique peuvent donner lieu les phrases suivantes?*

1. Qui fit que les chevaliers se séparèrent d'avec le Sénat pour s'attribuer l'empire et la connaissance des jugements, sinon une infâme avarice! (Coeffeteau.)

2. Je ne sais qui je dois admirer davantage,
Ou de ce grand amour ou de ce grand courage.

(Corneille.)

3. Dites-moi hardiment
Que vous avez, mon père, s'il vous plaît.
— Ha, mon ami, si vous saviez que c'est. (De Bèze.)

4. A l'occasion de quoi les sénateurs furent depuis soupçonnés de l'avoir fait mourir, quand peu de jours après il disparut si étrangement, que l'on ne sut jamais qu'il devint.

(Amyot, Romulus.)

5...... Et s'en coururent hommes et femmes pêle-mêle sur les murailles et aux portes de la ville, sans savoir qu'ils faisoient, tant ils étoient troublés. (Amyot, Camille.)

6. Le peuple se rassembla, qui se mit à chercher le roi, et à demander qu'il étoit devenu. (Amyot, Romulus.)

7. Au pays de la Phrygie un laboureur fouillant en terre, et étant interrogé que c'étoit qu'il cherchoit, répondit en soupirant : « Je cherche Antigonus. » (Amyot, Phocion.)

8. Je vous laisse de penser qu'il diroit des acheteurs d'antiquailles desquels le monde est plein aujourd'hui.

(H. Estienne.)

9. Il y a une telle barbarie parmi eux qu'ils ne savent pas même que c'est que de la paix. (Coeffeteau.)

246ᵉ EXERCICE.

(Grammaire, § 254.)

A quelles remarques de grammaire historique peuvent donner lieu les phrases suivantes?

1. Je n'ai trouvé que vous qui fût digne de moi.

(Molière.)

2. Il ne voit dans son sort que moi qui s'intéresse.

(RACINE, *Britannicus.*)

3. Je ne vois plus que vous qui la puisse défendre.

(RACINE, *Iphigénie.*)

4. Avouez qu'il n'y a plus que vous qui pût rendre de ces services d'ami. (VOLTAIRE.)

5. Je suis celui qui suis. (BOSSUET.)

6. Je suis tenté de croire que vous êtes Minerve, qui êtes venue, sous une figure d'homme, instruire sa ville.

(FÉNELON.)

7. Je fus le premier qui fis connaître aux Français quelques morceaux... (VOLTAIRE.)

8. Vous êtes un des hommes qui me convient le plus.

(SÉVIGNÉ.)

9. C'est une des personnes du monde qui a le plus de bonnes qualités. (SÉVIGNÉ.)

10. Je viens d'apprendre en ce moment que M. de Soubise, dont je ne parle point, est un de ceux qui s'y est le plus signalé. (BOILEAU.)

247ᵉ EXERCICE.

(Grammaire, § 254, *fin.*)

A quelles remarques de grammaire historique peuvent donner lieu les phrases suivantes?

1. Ils leur donnèrent, comme dit Platon, un mors qui fut la puissance et l'autorité des Éphores, qui vaut autant à dire comme : contrôleurs. (AMYOT, *Lycurgue.*)

2. Et elle laissa tomber ses gants, qui étoit le signal d'eux deux, par lequel il connut son consentement. (NICOT.)

3. Nous nommons maintenant l'armet, habillement de tête, qui est une vraie sottie de dire par trois paroles ce qu'une seule nous donnoit. (PASQUIER.)

12

4. Si demeura sur l'heure empêtré de ce coup, ni plus ni moins que qui lui eût mis les fers aux pieds.

(AMYOT, *Philopœmen*.)

5. Ils ont la clef du ciel ; ils y entrent tout seuls,
Ou qui veut y entrer, il faut parler à eux. (RONSARD.)

6. Qui lui pourroit un peu tirer les vers du nez,
Que nous verrions demain des gens bien étonnés !

(CORNEILLE.)

7. Voilà ce qu'il faut aux gens doctes ; qui leur égaierait tout cela par des réflexions, par des traits ou de morale, ou même de plaisanterie, ce serait un soin dont ils n'auraient pas grande reconnaissance. (FONTENELLE.)

8. Les bourgeois leur demandoient que c'étoit. (CAYET.)

9. Le roi ne sait que c'est d'honorer à demi.

(CORNEILLE.)

10. Je ne sais qu'est devenu son fils. (RACINE.)

248ᵉ EXERCICE.

(Grammaire, §§ 255, 256.)

A quelles remarques de grammaire historique peuvent donner lieu les phrases suivantes?

1. Déjà le seigneur Cornélio lui avait dit la résolution pour quoi je l'envoyois quérir. (MONTLUC.)

2. Vos paroles ne servent tout au plus qu'à vous expliquer ; et dans cette noble simplicité, elles ont une force à quoi l'on ne peut résister. (SÉVIGNÉ.)

3. Voilà de ces pensées à quoi je ne résiste pas. (SÉVIGNÉ.)

4. M. de Longueville ouvre la barricade derrière quoi ils étoient retranchés, et tue le premier qui se trouve sous sa main. (SÉVIGNÉ.)

5. Tantôt on donne congé à une grande multitude de fa-

milles, pour en décharger le pays, lesquelles vont chercher ailleurs où s'accomoder aux dépens d'autrui. (MONTAIGNE.)

6. Le maître d'un singe devint malade d'une grosse fièvre, lequel fit appeler les médecins. (BONAVENTURE DES PÉRIERS.)

7. Mais les destinées de l'empire Macédonien approchoient, qui avoient résolu sa ruine. (VAUGELAS.)

8. Le maréchal de Gramont fut appelé, qui soutint le droit des maréchaux de France. (SÉVIGNÉ.)

249ᵉ EXERCICE.

Grammaire, § 256. *fin.*

A quelles remarques de grammaire historique peuvent donner lieu les phrases suivantes?

1. Il y eut un grand ravage d'eaux et de pluies, qui fendit la terre, et découvrit ces coffres, desquels les couvercles étant arrachés, on en trouva l'un totalement vide.

(AMYOT, *Numa.*)

2. Quoi entendu, Marcellus ordonna ses gens en bataille au dedans de la ville près des portes. (AMYOT, *Marcellus.*)

3. Quoi voyant Thémistocle, et étant fort marri que les Grecs s'écartassent ainsi les uns des autres, pensa en soi-même comment il y pourroit remédier. (AMYOT.)

4. Les comtes d'Egmont et de Horn sortirent de Gand par le commandement du duc d'Albe pour être menés à Bruxelles; dont le capitaine Almeda en eut la charge. (BRANTÔME.)

5. Et voyant qu'elle ne pouvait avoir son aumônier, elle pria de faire venir ses femmes ainsi qu'ils lui avoient promis; ce qu'ils firent : l'une desquelles, à son entrée dans la salle, apercevant sa maîtresse sur l'échafaud en tel équipage parmi les bourreaux, ne se put engarder de crier, gémir et perdre contenance. (BRANTÔME.)

6. Par ces vers vous voyez que ce proverbe (faire des châteaux en Espagne) est d'une bien grande ancienneté : duquel nous usons contre celui qui en ses discours pourpense à choses oiseuses. (Pasquier.)

7. Ceux qui me connaissent ici, me louent d'avoir beaucoup d'amitié, de foi, de discrétion et de probité : toutes lesquelles choses si vous n'avez connues en moi, vous en devez au moins avoir vu les semences dès ma première jeunesse.

(Voiture.)

250ᵉ EXERCICE.

(Grammaire, §§ 257, 258, 259, 260.)

A quelles remarques de grammaire historique peuvent donner lieu les phrases suivantes?

1. Il y a assez longtemps que vous me connaissez pour savoir que la paresse est une maladie qui me dure depuis le berceau, et pour qui tous les médecins ont perdu leur latin.

(Racan.)

2. Je triomphe aujourd'hui du plus juste courroux
De qui le souvenir puisse aller jusqu'à vous. (Corneille.)

3. Paris est un gouffre où se perdent le repos et le recueillement de l'âme, sans qui la vie n'est qu'un tumulte importun.

(Voltaire.)

4. Au bord de ces prés verts regarde ces guérets,
De qui les blés touffus, jaunissantes forêts,
Du joyeux moissonneur attendent la faucille.

(A. Chénier.)

5. L'objet de votre amour, lui dont à la maison
Votre imposture enlève un brillant héritage...

(Molière.)

6. Abîmes redoutés dont Ninus est sorti. (Voltaire.)

7. Je me traîne encore, ce me semble, à une assez petite distance du rivage dont il me repousse. (D'Alembert.)

8. Tellement que l'on peut dire que ce fut lui qui prépara la voie à Lycurgue, par où il conduisit et rangea depuis les Lacédémoniens à la raison. (AMYOT, *Lycurgue.*)

9. Les autres content une chose touchant la naissance de Romulus, où il n'y a vérisimilitude quelconque.

(AMYOT, *Romulus.*)

10. Il y eut quelques tables où le rôti manqua, à cause de plusieurs dîners où l'on ne s'était point attendu. (SÉVIGNÉ.)

11. Songez à la fortune brillante de cet homme, où il ne manquait plus rien. (SÉVIGNÉ.)

251ᵉ EXERCICE.

(Grammaire, § 260 *bis.*)

A quelles remarques de grammaire historique peuvent donner lieu les phrases suivantes ?

1. Et firent savoir de leurs nouvelles à ceux de dedans la ville par des lettres qu'ils attachèrent à des flèches, et les tiroient par dessus les murailles. (AMYOT.)

2. Ce qui répugne à notre raison s'accorde nécessairement à une raison plus haute que nous devons adorer, et non tenter vainement de la comprendre. (BOSSUET.)

3. C'est ce qu'on ne saurait assez vous rappeler, ni vous le mettre trop dans le cœur. (BOSSUET.)

4. Le second fut David, de la tribu de Juda, que Dieu trouva selon son cœur et le fit sacrer avec de l'huile sainte par le prophète Samuel. (FLEURY.)

5. On eût pu lui donner le nom de bonne aussi bien que celui de grande, si elle n'eût pas traité si inhumainement, comme elle fit, sa cousine germaine, Marie Stuart, reine d'Écosse, qu'elle tint dix-huit ans prisonnière, et puis lui fit couper la tête. (PÉRÉFIXE.)

6. On a peine à placer Osymandias, dont nous voyons de si magnifiques monuments dans Diodore, et de si belles marques de ses combats. (BOSSUET.)

7. Celui dont les larmes auront effacé l'histoire de ses péchés... (MASSILLON.)

8.   Sur les éloges que l'envie
          Doit avouer qui vous sont dus,
          Vous ne voulez pas qu'on appuie.

                                        (LA FONTAINE.)

9. Si nous attendons,... nous attendons ce que Jésus-Christ
a prédit qui n'arriverait jamais. (MASSILLON.)

10. Voici cette épître qu'on prétend qui lui attira tant
d'ennemis. (VOLTAIRE.)

252ᵉ EXERCICE

Question de grammaire

*En quoi la syntaxe des pronoms relatifs différait-elle, au XVIᵉ
et au XVIIᵉ siècle, de la syntaxe actuelle?*

5° Des Pronoms indéfinis.

QUESTIONNAIRE

A-t-on toujours dit *si l'on* au lieu de *si on*? § 261.

Que savez-vous sur l'emploi de *un chacun*? § 265.

Qu'était le mot *autrui*, à l'origine? § 266.

Que signifie la formule : *sauf notre droit et l'autrui*?

Quiconque s'est-il jamais employé avec un antécédent?

A qui doit-on la règle concernant le mot *personne* employé comme substantif ou comme pronom?

Quels sont les cas dans lesquels *personne* peut être employé comme pronom?

253ᵉ EXERCICE.

(Grammaire, §§ 261-267.)

*A quelles remarques de grammaire historique peuvent donner
lieu les phrases suivantes?*

1. Quand on est fort éloignés, on ne se moque plus des
lettres qui commencent par : *J'ai reçu la vôtre.* (SÉVIGNÉ.)

2. Le commencement et le déclin de l'amour se font sentir
par l'embarras où l'on est de se trouver seuls. (LA BRUYÈRE.)

3. L'on hait avec excès lorsque l'on hait un frère. (Racine.)

4. L'on marche sur les mauvais plaisants ; et il pleut par tous pays de cette sorte d'insectes. (La Bruyère.)

5. Ce que fait un tout seul, tout un chacun le sache.

(Régnier.)

6. Un chacun est chaussé de son opinion. (Molière.)

7. Un chacun de ces dieux faisait un Christ à sa mode.

(Bossuet.)

8.   Le monstre infâme d'envie

A qui rien de l'autrui ne plaît. (Malherbe.)

9. Quiconque ne résiste pas à ses volontés, il est injuste au prochain. (Bossuet.)

10. Quiconque en pareil cas, se croit haï des cieux

Qu'il considère Hécube, il rendra grâce aux dieux.

(La Fontaine.)

11. On enferme le pestiféré dans sa maison, sans qu'il puisse sortir, ni que personne y soit admise pour le secourir.

(Paré, xvie siècle.)

12.   Avisez donc, si vous avez désir

De rien prêter, vous me ferez plaisir. (Marot.)

Revision générale.

(Substantif, article, adjectif et pronom.)

254e EXERCICE.

A quelles remarques de grammaire peuvent donner lieu les phrases suivantes?

1. Mais les prophètes et saints docteurs ont toujours eu grands combats et difficiles contre les méchants pour les assujettir à la doctrine qu'ils prêchoient. (Calvin.)

2. Les supplices plus hideux à voir ne sont pas toujours les plus forts à souffrir. (Montaigne.)

3. Mais la plus forte vanité de toutes est ce soin pénible de qui se fera ici, après qu'en serons partis. (CHARRON.)

4. Las! et combien serait meilleur qu'il y eût au monde un seul langage naturel que d'employer tant d'années pour apprendre des mots, et ce jusqu'à l'âge bien souvent que n'avons plus ni le moyen ni le loisir de vaquer à plus grandes choses!
(DU BELLAY.)

5. Il fut accordé que les Sabins et les Romains habiteroien ensemble dans la ville, laquelle seroit appelée Rome, et les habitants en seroient appelés Quirites. (AMYOT.)

6. ..... Mais il ne prit pas la ville, qui fut l'une des premières charges et imputations que ses malveillants lui mirent sus depuis. (AMYOT, *Alcibiade*.)

7. Hippias, le sophiste, dit que Lycurgue même fut bon capitaine et grand homme de guerre, comme celui qui s'étoit trouvé en plusieurs batailles. (AMYOT, *Lycurgue*.)

8. Et tirant lui-même le premier de son bras le bracelet qu'il y portoit, lui jeta, et son écu après. (AMYOT, *Romulus*.)

9. Celui qui seulement aura lu quelles forces assembla un certain Tamberlan, un peu devant notre temps, qui de son premier métier était bouvier, il est certain que s'il a un seul quart d'once de jugement, il connaîtra que les forces des rois de Perse surpassent celles des rois de notre temps, sans aucune comparaison. (H. ESTIENNE.)

10. ..... Nommer en son parentage
Une longue suite d'aïeux
Que la gloire a mis dans les cieux
Est réputé grand avantage. (MALHERBE.)

11. Le temps est médecin d'heureuse expérience.
(MALHERBE.)

12. Encor qu'un chacun vaille ici-bas son prix. (RÉGNIER.)

13. Ils ne savent pas même que c'est que de la paix.
(COEFFETEAU.)

14. Phèdre était si succint qu'aucuns l'en ont blâmé.

(LA FONTAINE.)

15. Qui fait l'oiseau? c'est le plumage. (LA FONTAINE.)

16. Je reviens à mon pauvre cousin dont la santé ne lui a pas permis de venir cet hiver à Paris. (SÉVIGNÉ.)

17. Cette supériorité de nombre et d'industrie dans l'homme, qui brise la force du lion, en énerve aussi le courage. (BUFFON.)

18. Il y a un certain travail du temps qui donne aux choses humaines le principe d'existence qu'elles n'ont point en soi.

(CHATEAUBRIAND.)

255ᵉ EXERCICE.

A quelles remarques de grammaire peuvent donner lieu les phrases suivantes?

1. L'homme qui présume de son savoir ne sait pas encore que c'est que savoir. (MONTAIGNE.)

2. Il ne faillit pas de remontrer vivement au Sénat... que la paix qu'ils avoient avec eux n'étoit qu'une surséance d'armes et délai de guerre, pour laquelle renouveler ils n'attendoient que quelque occasion opportune. (AMYOT, *M. Caton.*)

3. Si s'en allèrent planter leur camp devant la ville d'Aphidne, et y ayant gagné la bataille et pris la ville d'assaut, rasèrent la place. (AMYOT, *Thésée.*)

4. Et néanmoins y mourut grand nombre de gens, entre lesquels fut Hostilius. (AMYOT, *Romulus.*)

5. Et ne leur donnoit-on tous les ans qu'une robe simple seulement, qui étoit cause qu'ils demeuroient toujours sales et crasseux. (AMYOT.)

6. Peu à peu j'entrai en quelques autres propos, la suite desquels a été plus longue que je ne pensois, et telle que vous la voyez ici. (ESTIENNE.)

7. Un grand cœur méprise ce qu'on appelle grand : il fuit
choses excessives et s'arrête aux médiocres. (MALHERBE.)

8.   Grandeurs, richesses et l'amour
        Sont fleurs périssables et vaines. (MALHERBE.)

9. Il est aisé de se passer de confitures; mais de pain, il
en faut avoir ou mourir de faim. (MALHERBE.)

10. Ce que vous me dites de cette princesse est, en son
genre, aussi beau qu'elle : et je le garde pour lui montrer
quelque jour. (VOITURE.)

11. Soutiendrez-vous un faix sous qui Rome succombe?
                    (CORNEILLE, *Pompée.*)

12.   ..... Sa tête qu'à peine il a pu dérober,
        Toute prête de choir, cherche avec qui tomber.
                    (CORNEILLE, *Pompée.*)

13. Nicole, apportez-moi mes pantoufles et me donnez
mon bonnet de nuit. (MOLIÈRE.)

14. Monsieur est la personne qui vous veut emprunter.
                    (MOLIÈRE.)

15. Si c'est vous offenser, mon offense envers vous n'est
pas prête à cesser. (MOLIÈRE.)

16. Un retour à la volonté de Dieu... fait prendre patience :
prenez-la donc aussi, ma très chère enfant. (SÉVIGNÉ.)

17. Faites quelques mentions de certaines gens dans vos
lettres, afin que je leur puisse dire. (SÉVIGNÉ.)

18. Quoique je parle beaucoup de vous, j'y pense encore
davantage. (SÉVIGNÉ.)

256ᵉ EXERCICE.

*A quelles remarques de grammaire peuvent donner lieu les
phrases suivantes ?*

1. Le plus ou moins de durée en notre vie, si nous la compa-
rons à l'éternité, ou encore à la durée des montaignes, des ri-

vières, des arbres et d'aucuns animaux, est ridicule. (Montaigne.)

2. Thésée donc de par son père étoit descendu en droite ligne du grand Erechthée et des premiers habitants qui tinrent le pays d'Attique, lesquels on a depuis appelés autochthones, qui vaut autant à dire comme : nés de la terre même.

(Amyot, *Thésée*.)

3. Mais les victoires de ces jeux olympiques et pythiques, qui les mettroit toutes ensemble, ne sont pas à comparer à l'une seule de tant de batailles que Pélopidas a combattues et gagnées. (Amyot, *Pélopidas*.)

4. Si quelque chose vous accroche, coupez-la. (Malherbe.)

5. Qu'il soit le premier de sa race et n'ait pas le liard en sa bourse. (Malherbe.)

6. La cour n'est pas suffisante toute seule de servir de règle. (Vaugelas.)

7. Ce que vous m'ordonnez est la même justice. (Corneille.)

8. Adieu, mais quand l'orage éclatera sur vous,
Ne doutez point du bras dont partiront les coups.

(Corneille.)

9. Il me fera justice encor qu'il soit bon père.
Ou Rome, à son refus, se la saura bien faire.

(Corneille.)

10. J'obéis avec joie, et je serais jaloux
Qu'autre bras que le mien portât les premiers coups.

(Corneille.)

11. Je te veux faire juge de cette affaire. (Molière.)

12. Je suis prêt de soutenir cette vérité contre qui que ce soit. (Molière.)

13. Quel il m'a vu jadis, et quel il me retrouve ! (Racine.)

14. Un jeune enfant couvert d'une robe éclatante,
Tels qu'on voit des Hébreux les prêtres revêtus.

(Racine.)

15. Il reçut sur sa tête un coup de sabre. (Racine.)

16.   Ainsi donc un mortel après tant de miracles
    Voudrait anéantir la foi de tes oracles. (Racine.)

17. Qui m'aurait fait voir tout d'une vue tout ce que j'ai souffert, je n'aurais jamais cru y résister. (Sévigné.)

18. Il a la permission de ne pas venir, qui est une grande dépense épargnée. (Sévigné.)

<h2 style="text-align:center">257e EXERCICE.</h2>

A quelles remarques de grammaire peuvent donner lieu les phrases suivantes?

1. Car qui ne répondoit promptement et pertinemment à celles questions : « Qui est homme de bien? qui est bon citoyen? et qui non? » ils estimoient que c'étoit signe de nature lâche et nonchalante. (Amyot, *Lycurgue.*)

2. Le peuple se mit à demander qu'il étoit devenu.

(Amyot.)

3. Il est vrai qu'il avoit une autre maison dessus le mont que l'on appelle maintenant Quirinal, dont on montre encore aujourd'hui la place. (Amyot, *Numa.*)

4. Si ceux qui se chargent de mes lettres sont aussi diligents à les vous rendre que moi à les vous écrire, vous n'avez point de quoi vous plaindre. (Malherbe.)

5. Allez, fléaux de la France, et les pestes du monde.

(Malherbe.)

6. Le temps passé jusques à hier est tout évanoui, et le même jour où nous sommes est moitié à nous, moitié à la mort. (Malherbe.)

7. En Inde il se trouve du miel aux feuilles des cannes.

(Malherbe.)

8. Vous êtes en Sicile, où vous avez près de vous Etna.

(Malherbe.)

9. La vertu trouve appui contre la tyrannie. (CORNEILLE.)

10. Le roi ne sait que c'est d'honorer à demi. (CORNEILLE.)

11. Je suis ce téméraire, ou plutôt ce vaillant. (CORNEILLE.)

12. L'on a de la vénération pour ce que l'on aime; il est d bien juste. (PASCAL.)

13. Qu'y a-t-il de plus évident que cette vérité, qu'un α nombre, tel qu'il soit, peut être augmenté ? (PASCAL.)

14. La gent trotte-menu s'en vient chercher sa perte.

(LA FONTAINE.)

15. Georges Dandin, vous faites une sottise, la plus grande b du monde. (MOLIÈRE.)

16. Venez, entrez dans cette salle et vous reposez.

(MOLIÈRE.)

17. Les filles même du Parthe et du Scythe indompté Y briguèrent le sceptre offert à la beauté. (RACINE.)

18. Corneille est comparable aux Eschyles, aux Sophocles, ε aux Euripides. (RACINE.)

258ᵉ EXERCICE.

A quelles remarques de grammaire peuvent donner lieu les ϛ phrases suivantes?

1. Les Insubriens l'attaquèrent si vertement, que ceux qui ɪ portoient les enseignes furent contraints de lâcher le pied.

(MALHERBE.)

2. Comment le supporterais-je, qui ne puis plus supporter l le vin ? (MALHERBE.)

3. Je suis dans une confusion la plus grande du monde.

(MOLIÈRE.)

4. Ote-moi de mes yeux, vilaine, et me laisse en repos.

(MOLIÈRE.)

5. La malpropre sur soi, de peu d'apprêts chargée, Est mise sous le nom de beauté négligée. (MOLIÈRE.)

6. Qui vous a pu plonger dans cette humeur chagrine ?
(BOILEAU.)

7. Mon homme en m'embrassant m'est venu recevoir.
(BOILEAU.)

8. Il ne voit à son sort que moi qui s'intéresse. (RACINE.)

9. Qu'il vienne me parler, je suis prêt de l'entendre.
(RACINE.)

10. La mort est le seul dieu que j'osais implorer.
(RACINE, *Phèdre*.)

11. Les Romains ont subjugué les Gaulois plus encore par les adresses de l'art militaire que par leur valeur. (BOSSUET.)

12. Il n'est pas croyable ce que la parole était capable de faire. (BOSSUET.)

13. Les Perses étaient libéraux envers les étrangers et savaient s'en servir (BOSSUET.)

14. Dieu veut notre cœur, nous ne voulons pas lui donner.
(SÉVIGNÉ.)

15. Idoménée, revenant à soi, les remercie de l'avoir arraché d'une terre qu'il a arrosée du sang de son fils. (FÉNELON.)

16. Vous saurez taire tout ce qui vous est avantageux, quand il n'est pas utile à dire. (FÉNELON.)

17. Il me faut une maison dont je ne sorte guère, et où l'on vienne. (VOLTAIRE.)

18. Ils [les chats] n'ont aucune docilité, ils manquent aussi de la finesse de l'odorat, qui, dans le chien, sont deux qualités éminentes. (BUFFON.)

259ᵉ EXERCICE.

A quelles remarques de grammaire peuvent donner lieu les phrases suivantes ?

1. Il fit porter tout plein d'enseignes et de dépouilles sur les mêmes chariots qu'il avait pris. (MALHERBE.)

2. Mais de cela, chacun en parle diversement (MALHERBE.)

3. N'oubliez rien de ces caresses touchantes à qui je suis persuadé qu'on ne saurait rien refuser. (MOLIÈRE.)

4. Quiconque ne sait pas dévorer un affront,
   Loin de l'aspect des rois qu'il s'écarte, qu'il fuie!

(RACINE.)

5. Quand je me fais justice, il faut qu'on me la fasse.

(RACINE.)

6. Il y a peu d'auteurs que le ciel ait regardé aussi favorablement. (RACINE.)

7. M. Fouquet ne veut pas qu'on juge son procès sur des chefs sur quoi il n'aura pas dit ses raisons. (SÉVIGNÉ.)

8. Je vis hier une chose chez Mademoiselle qui me fit plaisir. (SÉVIGNÉ.)

9. J'ai reçu une lettre du marquis de Charost toute pleine d'amitié et de ménagement. (SÉVIGNÉ.)

10. M. de Villars nous a conté mille choses des Espagnoles fort amusantes. (SÉVIGNÉ.)

11. Des grosses larmes lui tombent des yeux. (SÉVIGNÉ.)

12. La raison qui se borne à s'accommoder des choses raisonnables n'est qu'une demi-raison. (FÉNELON.)

13. Le peuple s'imaginait que la liberté doit être aussi extrême que peut l'être l'esclavage. (MONTESQUIEU.)

14. Soldats, suivez leurs pas, et me répondez d'eux.

(VOLTAIRE.)

15. Ce grand choix, tel qu'il soit, peut n'offenser que moi.

(VOLTAIRE.)

16. Je n'ose faire aucuns projets. (VOLTAIRE.)

17. Dans les déserts et les forêts, sa nourriture la plus ordinaire sont les gazelles et les singes. (BUFFON, *le Lion.*)

18. Napoléon, suivi de quelques-uns de ses lieutenants,

sortit de ce Kremlin, dont l'armée russe n'avait pu lui inter-
dire l'accès, mais d'où le feu l'expulsait. (THIERS.)

260ᵉ EXERCICE.

Question de grammaire.

*La syntaxe de l'adjectif et du pronom n'offre-t-elle pas plu-
sieurs traces du genre neutre que l'on peut considérer comme des
latinismes? Rechercher ces latinismes et en donner des exemples
empruntés aux auteurs du XVIᵉ ou du XVIIᵉ siècle.*

CHAPITRE V

SYNTAXE DU VERBE

1° *Règles d'accord du verbe avec son sujet.*

QUESTIONNAIRE

Le verbe peut-il s'accorder par at-
traction avec l'attribut? § 271.

Quelle était au XVIᵉ siècle la règle
d'accord du verbe ayant plusieurs
sujets?

Quelle est la règle d'accord du verbe
ayant plusieurs sujets unis par *ainsi
que*, *comme* ou *avec*?

Disait-on au XVIIᵉ siècle *c'est eux* ou
ce sont eux? § 272.

Comment disait-on au XVIᵉ siècle?

Quelle est la règle donnée par Vaugelas relativement à *une infinité de*,
la plupart de? § 273.

Quel était, au XVIIᵉ siècle, l'accord
du verbe ayant pour sujet un col-
lectif?

Les verbes impersonnels se sont-
ils employés autrefois avec d'autres
sujets que le pronom *il*? § 274.

La troisième personne peut-elle être
employée pour la première?

261ᵉ EXERCICE.

rammaire, § 271.)

*A quelles remarques de grammaire historique peuvent donner
lieu les phrases suivantes?*

1. Tout ce que je vois ne sont que de vains simulacres.

(BOSSUET.)

2. L'effet du commerce sont les richesses, la suite des
richesses, le luxe. (MONTESQUIEU.)

3. La seule chose qui surprenne les éléphants sont les pétards qu'on leur lance. (Buffon.)

4. La nourriture ordinaire de l'écureuil sont des fruits, des amandes, des noisettes, de la farine et du gland. (Buffon.)

5. Sa sainteté et sa vigilance pastorale (*de l'Évêque d'Angers*) est une chose qui ne se peut comprendre. (Sévigné.)

6. Tenez un roi pour voleur et corsaire, quand il fait ce qu'un voleur et un corsaire fait. (Malherbe.)

7. Je ne veux point vous dire l'émotion et la joie que m'a donnée votre laquais et votre lettre. (Sévigné.)

8. Mon Dieu, ma bonne, que je suis aise, et que la crainte et la joie que j'eus vendredi fut extrême! (Sévigné.)

9. La tête en entier, ainsi que la gorge et la moitié supérieure du cou, en dessus et en dessous, sont également couvertes d'un duvet court. (Buffon.)

10. Louis XIV, comme Napoléon, chacun avec la différence de leur temps et de leur génie, substituèrent l'ordre à la liberté. (Chateaubriand.)

11. La volupté ni la mollesse ne peuvent contenter nos cœurs. (Lebrun.)

12. Ni le reproche, ni la crainte, ni l'ambition, ne trouble les instants d'un honnête homme en place. (Marmontel.)

13. Ni la bienfaisance, ni l'humanité, ni son devoir, ne lui permettaient de venir faire à sa sœur une telle insulte. (*Id.*)

262ᵉ EXERCICE.

(Grammaire, §§ 272, 273. 274.)

A quelles remarques de grammaire historique peuvent donner lieu les phrases suivantes?

1. Ce n'est pas seulement les hommes à combattre, c'est des montagnes inaccessibles, c'est des ravins et des précipices d'un côté, c'est partout des forts élevés. (Bossuet.)

13

2. Des reproches à une tigresse, c'est des marguerites devant des pourceaux. (Mme DE GRIGNAN.)

3. Ce n'était plus ces jeux, ces festins et ces fêtes,
Où de myrte et de rose ils couronnaient leurs têtes.
(VOLTAIRE.)

4. La première chose qu'on leur donna furent du sel et des lentilles. (AMYOT.)

5. Une des plus singulières choses qu'on remarque en France, sont les beaux édifices dont les campagnes sont parsemées.
(LANOUE.)

6. Ce décret ayant été passé et authorité par le peuple, la plupart transporta ses pères et mères vieux, les femmes et les petits enfants en la ville de Trœzène. (AMYOT.)

7. Il tua le Minotaure, ainsi que la plupart des auteurs anciens l'écrit, avec le moyen que lui bailla Ariadne. (AMYOT.)

8. Un petit nombre s'échappèrent et se sauvèrent dans les marais. (J.-J. ROUSSEAU.)

9. Le petit nombre n'envisageaient que leur propre intérêt.
(ROLLIN.)

10. Tout ce que vous voyez ici d'affligés jettent les yeux sur vous. (MALHERBE.)

11.   Le ciel ravi, qui si belle la voit,
Roses et lys et guirlandes pleuvoit
Tout au rond d'elle au milieu de la place.
(RONSARD.)

12.   Verras-tu concerter à ces âmes tragiques
Leurs funestes pratiques,
Et tonneras-tu point sur leur impiété. (MALHERBE.)

13. Le parlement a tant grêlé sur le persil, qu'il ne faut plus qu'il grêle. (VOLTAIRE.)

2° *Règles de complément.*

D'où viennent les prépositions employées pour marquer les compléments indirects? § 276.

A quoi correspondent en général les prépositions *à* et *de?*

Citez quelques verbes dont les compléments ont varié depuis le XVII⁰ siècle?

Par quelle préposition était marqué autrefois le complément des verbes passifs?

Par quoi le complément circonstanciel est-il généralement marqué en latin? § 277.

Connaissez-vous, dans les auteurs du XVII⁰ siècle, un emploi remarquable du pronom conjonctif?

On ne peut dire aujourd'hui : *C'est à vous à qui je parle.* Pouvait-on le dire au XVII⁰ siècle? § 279.

Pouvait-on, au XVII⁰ siècle, construire avec un même complément deux verbes exigeant des compléments différents? § 280.

Par qui a été établie la règle actuelle?

Que savez-vous sur la règle qui demande qu'après un même verbe les compléments soient de même nature?

Quand le verbe *faire* peut-il s'employer pour éviter la répétition d'un autre verbe?

Le pronom qui précède le verbe *faire* suivi d'un infinitif est-il complément direct ou indirect?

Quel est l'étymologie des deux verbes *voler?* § 281.

A l'origine la plupart des verbes français n'étaient-ils pas employés aux trois voix? § 283.

Citez des verbes neutres aujourd'hui et qui, autrefois, étaient employés comme actifs.

Citez des verbes qui ont été employés comme neutres et qui ne sont plus employés que comme actifs.

Citez des verbes aujourd'hui réfléchis qui ont été autrefois employés comme neutres.

N'y a-t-il pas d'anciens verbes réfléchis qui ne sont plus employés que comme verbes actifs ou comme verbes neutres?

Quelle espèce de complément prenait, au XVII⁰ siècle, le verbe *se familiariser?* § 283.

Quel était, au XVII⁰ siècle, l'emploi des verbes réfléchis construits avec la signification passive?

D'où vient le verbe réfléchi *s'attaquer à?*

263⁰ EXERCICE.

(Grammaire. § 276.)

A quelles remarques de grammaire historique peuvent donner lieu les phrases suivantes?

1. Quelqu'un vient d'être condamné en justice de payer pour un autre. (LA BRUYÈRE.)

. Je n'oublierai pas aussi à vous remercier mille fois.

(SÉVIGNÉ.)

3. Oui, j'écris rarement et me plais de le faire.

(Régnier.)

4. C'est un bon mot, sans doute, et qu'on se plaît d'entendre.

(Voltaire.)

5. Il s'admire et se plaît de se voir si savant.

(A. Chénier.)

6. La véritable vertu ne fuit pas toujours de se faire voir, mais jamais elle ne se montre qu'avec sa simple parure.

(Bossuet.)

7. Il fuyait d'entendre les vérités dont il eût eu droit de se glorifier. (Bourdaloue.)

8. Voilà ce que vous me réduisez de souhaiter avec votre chienne de Provence. (Sévigné.)

9. Tous mes efforts ne m'ont de rien servi qu'à m'apprendre de ne plus tenter une chose impossible. (Voiture.)

10. Je suis vaincu du temps; je cède à ses outrages.

(Malherbe.)

11. Être né le premier dans une famille, c'est être choisi du ciel pour succéder aux titres et aux dignités de nos ancêtres. (Bossuet.)

12. L'Évangile est une loi donnée de Dieu. (Bossuet.)

13. N'espérons plus, mon âme, aux promesses du monde.

(Malherbe.)

14. Elle croit mourir bientôt, et fait semblant d'espérer à des remèdes qui ne font plus rien, afin de ne pas désespérer ma cousine. (Sévigné.)

264ᵉ EXERCICE.

(Grammaire, §§ 278, 279.)

A quelles remarques de grammaire historique peuvent donner lieu les phrases suivantes?

1. Mᵐᵉ de Grignan chante victoire d'un ton audacieux que je crains qui n'attire quelque punition. (Sévigné.)

2. Je ne veux point tirer de mon fermier, que je sais qui n'a pas de bien, plus qu'il ne recevra. (SÉVIGNÉ.)

3. ... cette divine Providence, que j'adore, et que je crois qui fait et ordonne tout. (SÉVIGNÉ.)

4. Je ne m'amuserai point à haïr des gens que je suis assurée qui en seront aussi fâchés que moi. (SÉVIGNÉ.)

5. Ce n'est pas de vous, madame, dont il est amoureux.
(MOLIÈRE.)

6. C'est dans cette allée où devrait être Orphise.
(MOLIÈRE.)

7. C'est là où vous verrez la dernière bénignité de la conduite de nos pères. (PASCAL.)

8. C'est en ces occasions où l'on devrait bien sentir l'état où l'on s'est mis. (SÉVIGNÉ.)

9. C'est là, ma très chère, où j'ai bien le loisir de vous aimer. (SÉVIGNÉ.)

10. C'est ici où Dieu manifeste ses merveilles, et où il descend du ciel. (SÉVIGNÉ.)

265ᵉ EXERCICE.

(Grammaire, § 280.)

A quelles remarques de grammaire historique peuvent donner lieu les phrases suivantes ?

1. Pyrrho le philosophe, se trouvant, un jour de grande tourmente, dans un bateau, montroit à ceux qu'il voyoit les plus effrayés et les encourageoit par l'exemple d'un pourceau qui y étoit, nullement soucieux de cet orage. (MONTAIGNE.)

2. « A bon droit la renommée vous célèbre comme les vainqueurs des nations, puisque vous pouvez soutenir et vous défendre des flèches des Parthes. » (COEFFETEAU.)

3. Sur l'heure même il y eut quelques gens revenant des

champs qui affirmèrent l'avoir rencontré et parlé à lui, et
qu'il tenoit le chemin de la ville de Crotone.

(AMYOT, *Romulus*.)

4. Si lui vint en mémoire un certain oracle pythique, par
lequel il lui étoit commandé qu'il fondât une ville en pays
étranger, à l'endroit où il se trouveroit le plus déplaisant, et
d'y laisser pour gouverneur d'icelle quelques-uns de ceux qui
seroient alors autour de lui. (AMYOT, *Alcibiade*.)

5. La reine-mère se prit là-dessus à louer fort la constance
de ladite reine d'Écosse, et qu'elle n'en avoit jamais vu ni ouï
parler d'une plus constante en son adversité. (BRANTÔME.)

6. Il craignait de n'avoir pas bien caché ce pot et qu'on le
lui dérobât. (BONAVENTURE DES PÉRIERS.)

7. Le temps à mes douleurs promet une allégeance et de
voir vos beautés se passer quelque jour. (MALHERBE.)

8. Je vous recommande votre santé et de ne guère écrire.

(SÉVIGNÉ.)

9. La Dauphine aime fort la conversation et surtout de
plaire au Roi. (SÉVIGNÉ.)

10. L'exemple touche toujours plus que ne fait la menace.

(CORNEILLE.)

11. Il fallait cacher la pénitence avec le même soin qu'on
eût fait les crimes. (BOSSUET.)

12. Charles voulait braver les saisons, comme il faisait ses
ennemis. (VOLTAIRE.)

266ᵉ EXERCICE.

(Grammaire, §§ 282, I.)

*A quelles remarques de grammaire historique peuvent donner
lieu les phrases suivantes ?*

1. Ayant attenté le plus grand de tous les crimes...

(VAUGELAS.)

2. Ils ne voulaient rien attenter contre le roi ni contre la reine. (BOSSUET.)

3. Sa coutume étoit de frapper rudement, jamais ne bouger le pied, ni reculer en arrière. (AMYOT. *Caton.*)

4. Ils se défirent l'un l'autre à combattre d'homme à homme au milieu de leurs deux armées sans qu'elles se bougeassent.
(AMYOT, *Romulus.*)

5. Que la terre germe l'herbe verte qui renferme une semence. (FÉNELON.)

6. Il interdira aux coteaux du Midi de germer l'olive et la vigne pour les hommes du Nord. (LAMARTINE.)

7. Croirai-je qu'un mortel, avant sa dernière heure,
Peut pénétrer des morts la profonde demeure? (RACINE.)

8. Jamais ne gagne qui plaide son seigneur. (COTGRAVE.)

9. Le moindre d'entre nous, sans argent, sans appui,
Eût plaidé le prélat, et le chantre avec lui. (BOILEAU.)

10. Ces deux peuples étaient en guerre pour des terres que chacun d'eux prétendait. (BOSSUET.)

11. Ils aimèrent mieux lui consentir de bonne volonté ce qu'il leur demandoit que d'attendre qu'ils y fussent contraints par force. (AMYOT, *Thésée.*)

12. Partez, je le consens. (CORNEILLE.)

13. Mais je mourrai plutôt que de consentir rien. (MOLIÈRE.)
14. Pour contracter une société, toutes les parties la doivent consentir. (PATRU.)

267ᵉ EXERCICE.

Suite du précédent.

1. Il étoit nécessaire que les particuliers contribuassent argent, selon leurs facultés. pour soutenir les frais de la guerre.
(AMYOT.)

2. Je souhaiterais néanmoins d'y contribuer quelque chose. (PASCAL.)

3. Ils ont abrégé leurs jours à courir toute la terre habitable. (AMYOT.)

4. Je n'ai plus qu'à courir les côtes de l'Afrique. (CORNEILLE.)

5.   Cher compagnon, me veux-tu croire?
        Courons ensemble le pays;
        Tu sais médire, je sais boire,
        Nous ne manquerons point d'amis. (LA FONTAINE.)

6.   A la fin le pauvre homme
        S'encourut chez celui qu'il ne réveillait plus.
                                        (LA FONTAINE.)

7. Il mêloit dans sa mangeaille des pierres pour en croître la mesure. (MONTAIGNE.)

8. M'ordonner du repos, c'est croître mes malheurs.
                                        (CORNEILLE.)

9. Je ne prends point plaisir à croître ma misère. (RACINE.)

10. Pour nous garantir du coup qu'on nous rue. (MONTAIGNE.)

11. Ah! je devais du moins lui jeter son chapeau,
        Lui ruer quelque pierre, ou crotter son manteau.
                                        (MOLIÈRE.)

12. Qu'on a de peine à dépouiller entièrement l'homme, dit Pyrrhon. (FÉNELON.)

13. On est bien aise de voir que Mithridate n'avait pas dépouillé toute humanité. (ROLLIN.)

268ᵉ EXERCICE.
(Grammaire, § 282, II, 1º.)

A quelles remarques de grammaire historique peuvent donner lieu les verbes employés dans les phrases suivantes?

1. Elle lui pardonne son crime, le livrant à la honte d'avoir entrepris sur une princesse si généreuse. (BOSSUET.)

2. Dès qu'il entreprend sur la vie des autres, la sienne n'a plus un quart d'heure assuré. (Fénelon.)

3. Les barbares habitant en l'île étoient si farouches, que l'on ne pouvoit fréquenter avec eux. (Amyot.)

4. Il fréquentait chez le compère Pierre. (La Fontaine.)

5. Si tout ce qu'on dit est vrai, vous me feriez plaisir de ne plus fréquenter chez nous. (Voltaire.)

6. C'est le sang innocent de Jésus qui fait inonder sur nous les trésors des grâces célestes. (Bossuet.)

7. Tout le monde en convient et nul n'y contredit.

(Molière.)

8. J'ai contredit aux saintes maximes que vous avez apportées au monde. (Pascal.)

9. Grande reine, je satisfais à vos plus tendres désirs, quand je célèbre ce monarque (Charles Ier). (Bossuet.)

10. Elle eut de quoi satisfaire à sa noble fierté, quand elle vit qu'elle allait unir la maison de France à la royale famille des Stuarts. (Bossuet.)

11. Nous sommes des idolâtres, lorsque nous servons à nos convoitises. (Bossuet.)

12. Enfin il sentit l'impossibilité absolue de servir à deux maîtres. (Fontenelle.)

269ᵉ EXERCICE.

(Grammaire, § 282, II, 2°.)

A quelles remarques de grammaire historique peuvent donner lieu les verbes employés dans les phrases suivantes?

1. Toutefois, monseigneur, je la vois sans cesse affoiblir; en sorte que si je vous le celois, je ne vous serois telle que je suis. (Marguerite.)

2.   Car pour moi, j'ai certaine affaire
Qui ne me permet pas d'arrêter en chemin.
(LA FONTAINE.)

3.   Je ne puis arrêter
Qu'un temps fort court, un mois, peut-être une semaine.
(LA FONTAINE.)

4.   Arrêtez,
J'ignore quel projet, Burrhus, vous méditez. (RACINE.)

5. Qui empêchera que celui qui aura fait un vœu par ignorance, ayant connu son erreur, désiste de le garder. (CALVIN.)

6. Socrate ne désista cette hardie entreprise, qu'à la re-
montrance de Théramène même. (MONTAIGNE.)

7. De quelque côté que vous vous tourniez, il ne vous reste
plus aucune défaite, aucun subterfuge, ni aucun moyen
d'évader, vous êtes pris et convaincu. (BOSSUET.)

8. Il leur fâche d'avoir admiré sérieusement des ouvrages
que mes satires exposent à la risée de tout le monde.
(BOILEAU.)

9. Il te fâche en ces lieux d'abandonner ta proie.
(RACINE, *Mithridate.*)

10. Sur ce propos, d'un conte il me souvient.
(LA FONTAINE.)

11. Ne vous souvient-il plus, seigneur, quel fut Hector?
(RACINE, *Andromaque.*)

12. Le héraut trouva plusieurs en la ville qui lamentoient
la mort du roi. (AMYOT.)

13. Rien n'est plus ennuyeux que d'entendre lamenter un
enfant. (J.-J. ROUSSEAU.)

14.   C'est fait de moi, quoi que je fasse,
J'ai beau plaindre et beau soupirer... (MALHERBE.)

15. Sa barbe et ses cheveux de fureur hérissoient.
(D'AUBIGNÉ.)

16. Par l'habit que je porte, vous en repentirez. (RABELAIS.)

270e EXERCICE.

(Grammaire, § 282. III.)

A quelles remarques de grammaire historique peuvent donner lieu les verbes employés dans les phrases suivantes?

1. La nuit en dormant, la déesse Vesta s'apparut à lui, qui lui défendit de le faire. (AMYOT.)

2. Alors s'apparait à elle la belle et véritable idée d'une vie hors de cette vie. (BOSSUET.)

3. L'allégresse du cœur s'augmente à la répandre.

MOLIÈRE.

4. Encore l'injuria-t-il bien plus outrageusement, et ce, en une chanson qui se commence, ô muse. (AMYOT.)

5. La mort de Sélym étant arrivée, la crainte des princes se diminua, et par conséquent le désir d'entreprendre.

LANOUE.

6. La surprise est cause qu'on s'éclate de rire. DESCARTES.

7. Quand je vins à une Latone de bois qui était très mal faite, je m'éclatai de rire. (FONTENELLE.)

8. Encore s'oublièrent-ils d'un merveilleux avantage qu'ils avoient sur nous. (XIIIe *siècle*.)

9. Il est assez de geais à deux pieds.....
   Je m'en tais et ne veux leur causer nul ennui.

LA FONTAINE.

10. Romains, j'aime la gloire et ne veux point m'en taire.

(VOLTAIRE.)

271e EXERCICE.

Comme le précédent.

1. Aristippus s'aimoit à vivre étranger partout. MONTAIGNE.

2. Il s'en part de la boutique et s'en va dîner,

(BONAVENTURE DES PÉRIERS.)

3. L'esprit humain n'est capable que des choses médiocres, méprise et dédaigne les petites, s'étonne et se transit des grandes. (CHARRON.)

4. Le barbare ayant ouï ces paroles, s'en sortit incontinent de la chambre. (AMYOT.)

5. Depuis cette bataille, Lucullus se délibéra de tirer plus avant en pays, pour achever de ruiner et détruire du tout ce roi barbare. (AMYOT.)

6. Du temps que je commençai à porter les armes, le titre de capitaine étoit titre d'honneur, et des gentilshommes de bonne maison ne se dédaignoient de le porter. (MONTLUC.)

7.   Ai-je vécu, vécu si longuement,
Pour me mourir si douloureusement. (DE BÈZE.)

8. Des capitaines, des gardes et autres gens de guerre qui étoient là se sourioient de le voir, à cet âge, parler d'aller sur le pré. (RACAN.)

9. Cœur humain, abime infini, qui dans tes profondes retraites caches tant de pensées différentes qui s'échappent à tes propres yeux. (BOSSUET.)

10. Ne disons plus que la mort a arrêté le cours de l'histoire qui se commençait si noblement. (BOSSUET.)

11. Là est le terme du voyage, là se finissent les gémissements. (BOSSUET.)

12. La bravoure l'a emporté sur la prudence, et l'on s'est oublié que l'on étoit capitaine pour faire le métier de soldat.
(FLÉCHIER.)

<h2 style="text-align:center">272e EXERCICE.</h2>

(Grammaire, § 282, récapitulation.)

A quelles remarques de grammaire historique peuvent donner lieu les verbes employés dans les phrases suivantes ?

1. Durant lesquelles danses la dame invisiblement se disparut. (RABELAIS.)

2. Chacun doit contribuer à la société publique les devoirs et offices qui la touchent. (MONTAIGNE.)

3. Les gens de bien, ni vivants ni morts, n'ont aucunement à se craindre des dieux. (MONTAIGNE.)

4. Selon les règles de l'art, à tout danger qu'on approche, il faut être quarante jours en transe de ce mal. (MONTAIGNE.)

5. Prions aux dieux qu'ils nous pardonnent cette offense.
(AMYOT.)

6. Il désista d'aller aux banquets où on le convioit.
(AMYOT, *Périclès.*)

7. Maître Pierre envoie par un autre valet quérir un autre cordonnier, faisant semblant qu'il n'avoit pas pu accorder avec celui qui étoit venu. (BONAVENTURE DES PÉRIERS.)

8. Il prit un jour fantaisie au pauvre Alexandre de Macédoine d'étudier en géométrie. (MALHERBE.)

9. Quand Caton aura couru de l'esprit les siècles passés et les futurs, il dira que toute la race des hommes est condamnée à la mort. (MALHERBE.)

10. Ce n'est pas à dire que la nature ne soit capable d'éclore, quand il lui plaira, quelque accident qui n'ait encore jamais été vu. (MALHERBE.)

273ᵉ EXERCICE.

Suite du précédent.

1. Mais les méchants, dans la flamme éternelle,
Où rien ne les peut secourir,
Brûlent sans consumer. (RACAN.)

2. La bonne déesse s'étoit apparue à elle la nuit précédente.
(RACAN.)

3. Trop heureux accident si la terre entr'ouverte,
Avant ce jour fatal eût consenti ma perte. (CORNEILLE.)

4. Ses vaisseaux en bon ordre ont éloigné la ville,
Et pour joindre César n'ont avancé qu'un mille.

(CORNEILLE.)

5. De quelque côté que vous vous tourniez, il ne vous reste plus aucune défaite, aucun subterfuge, ni aucun moyen d'évader, vous êtes pris et convaincu. (BOSSUET.)

6. Le fils de Mme de Valençai, si malhonnête homme, est mort de maladie, comme il les allait tous plaider.

(SÉVIGNÉ.)

7. Je sens qu'il m'ennuie de ne vous plus avoir.

(SÉVIGNÉ.)

8. Il n'oserait toucher l'oint du Seigneur, ni contredire aux pontifes de la loi. (MASSILLON.)

9. Il est assez facile de surprendre le sanglier dans les blés et dans les avoines, où il fréquente toutes les nuits.

(BUFFON.)

10. Les courtisans enlèvent du produit de nos champs le plus clair, le plus net, dont bien fâche audit seigneur roi.

(P.-L. COURIER.)

3° et 4° Observations sur l'emploi des temps. — Observations sur l'emploi des modes personnels.

QUESTIONNAIRE

Quand emploie-t-on l'imparfait pour le conditionnel présent ? § 285.

Trouve-t-on, au XVIIe siècle, le conditionnel après la conjonction *si* ?

Quelle était, au XVIIe siècle, la construction du futur dans les phrases subordonnées ? § 288.

Que savez-vous sur la construction d'*échapper* construit avec *avoir* ou *être* ? § 289.

Citez quelques verbes neutres qui se sont employés avec les deux auxiliaires.

Donnez quelques exemples de l'in-dicatif employé par des auteurs du XVIIe siècle dans des phrases où nous mettrions le subjonctif. § 291.

Citez quelques exemples du subjonctif employé où nous mettrions l'indicatif.

Quel que et *tout que* se construisent-ils de la même manière ? § 291.

Rapprochez de la construction latine la construction du pronom conjonctif français suivi du subjonctif. § 296.

Citez quelques exemples de la construction directe du subjonctif au XVIIe siècle. § 298.

274ᵉ EXERCICE.

(Grammaire, §§ 283-289.)

A quelles remarques de grammaire historique peuvent donner lieu les phrases suivantes ?

1. Une parole lâchée ne se peut plus rappeler. (RACINE.)

2. Je vous conduis au temple où son hymen s'apprête.
(RACINE.)

3. Dans le Menteur, tout l'intervalle du troisième acte au quatrième vraisemblablement se consume à dormir par tous les acteurs. (CORNEILLE.)

4. Que te sert de percer les plus secrets abîmes
   Où se perd à nos sens l'immense Trinité,
   Si ton intérieur, manquant d'humilité,
   Ne lui saurait offrir d'agréables victimes. (CORNEILLE.)

5. Il est utile de lire de suite cet ouvrage et, si l'on y désirerait plus de solidité et de profondeur, on peut profiter beaucoup en le lisant. (D'AGUESSEAU.)

6. Si ce mien labeur sera si heureux que de vous contenter, à Dieu en soit la louange. (AMYOT.)

7. Combien d'hommes sont échappés aux périls par la seule vitesse de leurs chevaux ! (MALHERBE.)

8. M. Foucquet a entré ce matin à la chambre. (SÉVIGNÉ.)

9. Ceux qui ont vu l'exécution disent qu'elle [la Brinvilliers] a monté sur l'échafaud avec bien du courage. (SÉVIGNÉ.)

10. Je suis courue ici. (SÉVIGNÉ.)

11. J'y suis courue en vain, c'en était déjà fait. (RACINE.)

275ᵉ EXERCICE.

(Grammaire, § 291.)

A quelles remarques de grammaire historique peuvent donner lieu les phrases suivantes ?

1. Le roi Charilaüs, pensant que ce fût une conjuration à

l'encontre de sa personne, s'en effraya si fort qu'il s'enfuit
dans le temple de Junon surnommé Chalciécos.

(AMYOT, *Lycurgue.*)

2. Marius, pensant qu'ils lui disoient vérité, fit ce qu'ils lui
conseillèrent. (AMYOT.)

3. Xénophon même nous donne bien à penser qu'il soit fort
ancien. (AMYOT, *Lycurgue.*)

4. Aucuns estiment que ladite rime de quatorze vers soit
appelée sonnet, parce que les Italiens la chantent en lisant.

(NICOT.)

5. Mais à ce que je vois, sympathisant d'humeur,
J'ai peur que tout à fait je deviendrai rimeur. (RÉGNIER.)

6. Je vous écris cette lettre de la maison qui fut à Scipion
l'Africain. Ce n'est pas sans avoir adoré son ombre, et un
autel sous lequel je me doute que ce grand personnage soit
enterré. Pour son âme, je crois certainement que comme
céleste elle s'en soit retournée au ciel. (MALHERBE.)

7. S'il est vrai que la raison soit divine, et qu'il n'y ait rien
de bon, s'il n'y a de la raison, il s'ensuit que tout ce qui est
bon soit divin. (MALHERBE.)

8. Au reste, Monseigneur, je suis bien aise que vous avez
un commis qui fasse parler de lui dans le monde, et qu'on me
connaisse un peu plus dans les pays étrangers que M. Filan-
dre et M. Coiffier. (VOITURE.)

9. Tous présument qu'il *aie* un grand sujet d'ennui,
Et qu'il mande Cinna pour prendre avis de lui.

(CORNEILLE.)

276ᵉ EXERCICE.

(Grammaire, § 298.)

*A quelles remarques de grammaire historique peuvent donner
lieu les phrases suivantes?*

1.   La douce manne tombe
A jamais sur sa tombe. (MAROT.)

2. Hommes dignes d'honneur, chères têtes et rares,
Les cieux de leur faveur ne vous soient point avares!
(RONSARD.)

3.   Cela vous soit un exemple certain
Que vos beautés, bien qu'elles soient fleuries,
En peu de temps seront toutes flétries. (RONSARD.)

4. Ceux qui penseront que je suis trop grand admirateur de ma langue, aillent voir le premier livre des Fins des biens et des maux, fait par ce père d'éloquence latine, Cicéron.
(DU BELLAY.)

5. Et cherchent autre adhérent que moi, ceux qui veulent nombrer, entre les belliqueux et magnanimes conquérants, les rois de Castille et de Portugal. (MONTAIGNE.)

6. Il m'embrassa de tous ses deux bras, et me tint la tête contre sa poitrine presque autant comme on demeureroit à dire un patenôtre, et me dit par deux fois, en me tenant de cette sorte : « Hé! M. de Montluc, vous soyez le bienvenu. »
(MONTLUC.)

7. Attalus, roi de Pergame, fils du roi Eumène, jadis notre allié et notre compagnon de guerre, mit entre autres choses en son testament : « Le peuple romain soit héritier de mes biens. » (COEFFETEAU, Trad. de Florus.)

8. Dieu nous garde la paix, comme je crois qu'il fera!
(MALHERBE.)

9. Je ne sache rien au monde qui ne soit le monument de quelque sottise des hommes. (FONTENELLE.)

10. Des enfants étourdis deviennent des hommes vulgaires, je ne sache point d'observation plus générale et plus certaine que celle-là. (J.-J. ROUSSEAU.)

277ᵉ EXERCICE.

(Grammaire, §§ 302, 303.)

A quelles remarques de grammaire historique peuvent donner lieu les phrases suivantes?

1. Je ne suis pas homme qui reculât. (MONTAIGNE.)

2. La place est occupée, et je vous l'ai tant dit,
Prince, que ce discours vous dût être interdit.

(CORNEILLE, Nicomède.)

3. Crois-moi, dût Auzanet t'assurer du succès,
Abbé, n'entreprends point même un juste procès.

(BOILEAU.)

4. Je pensais que votre indisposition serait augmentée.

(MALHERBE.)

5. Je ne vous écrivais point, attendant que ce messager
partirait et vous porterait ce qui serait depuis survenu.

(MALHERBE.)

6. Je meure, si je saurais vous dire qui a le moins de jugement. (MALHERBE.)

7. Il se pourrait fort bien que je vous irais voir.

(RACINE, Lettres.)

5° *Correspondance entre les temps et les modes.*

QUESTIONNAIRE

N'y avait-il pas, au XVIIe siècle, une seconde forme du conditionnel présent? § 302.

Indiquez quelques emplois remarquables du conditionnel au XVIIe siècle.

A quelle époque ont été établies les règles de la concordance des temps et des modes? § 312.

Citez quelques irrégularités portant sur la corrélation des temps entre eux.

Le conditionnel n'était-il pas employé avec *si?*

Comment doit-on expliquer l'imparfait du subjonctif dans ce vers de Racine :

On craint qu'il n'essuyât les larmes de sa [mère?

278e EXERCICE.

(Grammaire, § 312.)

*Indiquer en quoi la construction des phrases suivantes n'est
pas conforme à l'usage actuel; dire comment ces phrases de-
vraient être construites aujourd'hui.*

1. Mais ce n'est que l'effet d'une sage conduite,
Dont César a voulu que vous soyez instruite. (RACINE.)

2. Alcippe soupirait prêt à s'évanouir ;
On l'aurait consolé, mais il ferme l'oreille. (MALHERBE.)

3. Le roi n'a pas voulu que la reine soit allée à Poissy.
(SÉVIGNÉ.)

4. Ils n'ont pas voulu que nous soyons partis plus tôt.
(SÉVIGNÉ.)

5. Vous êtes trop près du sujet pour que cela pût vous divertir. (SÉVIGNÉ.)

6. Sa mère lui donne de l'huile afin qu'il se frottât. (RACINE.)

7. J'ai à vous dire que si vous auriez de la répugnance à me voir votre belle-mère, je n'en aurais pas moins à vous voir mon beau-fils. (MOLIÈRE.)

8.   Abner, quoiqu'on se pût assurer sur sa foi,
Ne sait pas même encor si nous avons un roi.
(RACINE, *Athalie.*)

9. Vous ne trouverez pas un homme seul qui pût vivre à porte ouverte. (MALHERBE.)

10. Il me semble qu'il n'y a guère de gens qui valussent plus que nous. (SÉVIGNÉ.)

279ᵉ EXERCICE.

Question de grammaire.

En quoi, au xviᵉ et au commencement du xviiᵉ siècle, les règles concernant l'accord du verbe avec son sujet étaient-elles différentes des règles que nous suivons aujourd'hui ?

280ᵉ EXERCICE.

Question de grammaire.

De l'emploi de l'imparfait du subjonctif au xviiᵉ siècle.

CHAPITRE VI

SUITE DE LA SYNTAXE DU VERBE

I. — *Infinitif.*

QUESTIONNAIRE

De quel genre sont les infinitifs français, pris substantivement ? § 314.

Citez des substantifs formés d'infinitifs de verbes qui ont disparu.

Au XVIIᵉ siècle, l'infinitif était-il souvent employé comme sujet ? § 315.

Que savez-vous sur l'emploi, au XVIIᵉ siècle, de l'infinitif avec la préposition *de* ?

Citez, dans les auteurs du XVIIᵉ siècle, quelques emplois remarquables de l'infinitif précédé d'une préposition ? § 317.

A quoi équivaut l'infinitif précédé de la préposition *à* ?

Quel pouvait être, au XVIIᵉ siècle, le sens de l'infinitif employé avec la préposition *à* ?

De quoi peut tenir lieu l'infinitif précédé de la préposition *de* ?

De quelles conjonctions peut tenir lieu la préposition *pour* précédant un infinitif ?

Que savez-vous sur l'emploi de la préposition *après* avec un infinitif?

A quoi correspond en latin l'infini-

tif français dans cette tournure : Facile *à lire* ?

L'infinitif, précédé de la préposition *de*, peut-il être complément?

Quel sens Bossuet donne-t-il à la locution : *Ne faire que* ? § 319.

La construction de l'infinitif avec un sujet distinct du verbe de la proposition principale était-elle fréquente au XVIᵉ siècle ? § 322.

Quelle est la construction de l'infinitif après les verbes *laisser, voir, entendre*, etc. ?

A quoi équivalait au XVIIᵉ siècle la locution formée de *laisser à* suivi d'un infinitif ? § 328.

Après le verbe *faire* suivi d'un verbe réfléchi à l'infinitif le pronom complément est-il exprimé ? Quel était l'ancien usage ? § 329.

D'où vient l'emploi de l'infinitif dans les propositions exclamatives et dans les propositions narratives ? § 330.

L'infinitif peut-il être employé avec le sens de l'impératif?

Donnez des exemples.

281ᶜ EXERCICE.

(Grammaire, § 314.)

Remarquer les infinitifs employés substantivement; dire s'ils pourraient encore être employés ainsi dans la langue actuelle.

1. Il heurtoit de telle sorte
    Que mon dormir s'en alla. (RONSARD.)

2. Les peintres tiennent que les mouvements du visage qui servent au pleurer servent aussi au rire. (MONTAIGNE.)

3. A combien peu tient la résolution au mourir. (MONTAIGNE.)

4. Faire armes à outrance, c'est combattre dans la lice, à glaives émoulus, jusqu'au mourir ou au rendre, soit d'un à un, soit de plusieurs à plusieurs. (NICOT.)

5.   Mais la mort n'est pas loin; cette mort est suivie
  D'un vivre sans mourir, fin d'une fausse vie.
                                    (D'AUBIGNÉ.)

6. Toutefois aujourd'hui cette orgueilleuse Rome,
  Sans bien, sans liberté, ploie au vouloir d'un homme.
                                    (GARNIER.)

7. Mais, n'en déplaise aux vieux : ni leur philosopher,
  Ni tant de beaux écrits qu'on lit dans leurs écoles,
  Pour s'affranchir l'esprit ne sont que des paroles.
                                    (RÉGNIER.)

8. Le mourir n'est pas si fâcheux que l'appréhension de la mort. (MALHERBE.)

9. Le bien jouer à la paume ne consiste pas en l'esprit.
                                    (MALHERBE.)

10. Réservez votre bien dire à quelque occasion où il vous sera plus nécessaire. (MALHERBE.)

11. Le bien faire est de soi-même une chose désirable.
                                    (MALHERBE.)

12. Le bien dire ne lui coûte rien. (MALHERBE.)

13. Le seoir est aussi naturel que l'être debout ou le marcher. (MALHERBE.)

282ᵉ EXERCICE.
(Grammaire, § 315.)

A quelles remarques de grammaire historique peuvent donner lieu les phrases suivantes? Dire si, dans toutes, la construction de l'infinitif est la même.

1. D'appeler les mains ennemies, c'est un conseil peu gaillard. (MONTAIGNE.)

2. Comme si d'occuper plus ou moins de place
Nous rendait, disait-il, plus ou moins importants.

(La Fontaine.)

3. D'expliquer ce qui s'y passe, ce n'en est pas ici le lieu.

(Bossuet.)

4. Car de penser alors qu'un Dieu tourne le monde,
Et règle les ressorts de la machine ronde,
C'est là, tout haut du moins, ce qu'il n'avouera pas.

(Boileau.)

5. Thalès répétait souvent que de parler beaucoup n'était pas une marque d'esprit. (Boileau.)

6. Mais, direz-vous, de vouloir toujours reprendre, corriger, exhorter, ce serait se rendre odieux et importun.

(Massillon.)

7. De vous dire précisément s'il y a plus de gens à lier dans un pays que dans un autre, c'est ce que mes faibles lumières ne me permettent pas. (Voltaire.)

8. Les Calabrais en veulent surtout aux Français; de vous dire pourquoi, cela serait trop long. ((P.-L. Courier.)

283ᵉ EXERCICE.
(Grammaire, § 317.)

Remarquer dans les phrases suivantes les infinitifs précédés de prépositions ; dire si ces constructions seraient encore admises aujourd'hui ou par quoi elles seraient remplacées.

1.   Je suis plus rocher que vous n'êtes,
De le voir, et de n'être pas mort. (Malherbe.)

2. Je mérite la mort de mériter sa haine. (Corneille.)

3. Mais ne confondons point par trop approfondir
Leurs affaires avec les vôtres. (La Fontaine.)

4. Est-ce pour rire ou si tous deux vous extravaguez de vouloir que je sois médecin ? (Molière.)

5. Ceux qui avaient cru se déshonorer de rire à Paris furent peut-être obligés de rire à Versailles pour se faire honneur.

(RACINE.)

6. Allons nous délasser à voir d'autres procès. (RACINE.)

7. Ne vous échauffez point à l'excès, par de cruelles nuits, par ne point manger. (SÉVIGNÉ.)

8. Que je souhaite trouver un jour qui soit marqué par vous revoir, par vous embrasser. (SÉVIGNÉ.)

9. Un bon prince est toujours assez loué d'être aimé.

(MASSILLON.)

10. Il se trouvait entre leurs caractères toute la ressemblance, et, de plus, toute la différence qui peuvent servir à former une grande liaison ; car on se convient aussi par ne pas se ressembler. (FONTENELLE.)

11. Je me croirais haï d'être aimé faiblement. (VOLTAIRE.)

12. Je ne voulais pas vous donner occasion de vous fatiguer par trop écrire. (J.-J. ROUSSEAU.)

13. J'écoute peu les déclamations contre la jeunesse d'à présent, et tiens fort suspectes les plaintes qu'en font certaines gens, me rappelant toujours le mot : « Vengeons-nous par en médire. » (P.-L. COURIER.)

284ᵉ EXERCICE.

(Grammaire, § 317, Rem. V et VI.)

Indiquer quel est, dans les deux premières phrases suivantes, le sujet des infinitifs ; dire par quelle autre construction on pourrait, dans les autres phrases, remplacer la préposition à suivie d'un infinitif.

1. Sur les onze heures du soir on leur vint annoncer leur arrêt, pour avoir le lendemain leur tête tranchée. (BRANTÔME.)

2. M. de Luxembourg envoya dans notre écurie un des plus commodes chevaux de la sienne, pour m'en servir pendant la campagne. (RACINE.)

3. Je deviens suspect à parler davantage. (Corneille.)

4. La curiosité qui vous pousse est bien forte,
M'amie, à nous. venir écouter de la sorte. (Molière.)

5. Il n'attend qu'un prétexte à l'éloigner de lui. (Racine.)

6. Que croira-t-on de vous, à voir ce que vous faites.
(Racine.)

7. Le feu demeure caché dans les veines des cailloux, et il attend à éclater jusqu'à ce que le choc d'un autre corps l'excite.
(Fénelon.)

8. C'est une chose grande et que tout homme envie,
D'avoir un lustre en soi qu'on répand sur sa vie,
D'être choisi d'un peuple à venger son affront. (V. Hugo.)

9. Je mérite la mort de mériter sa haine. (Corneille.)

10. Est-ce pour rire ou si tous deux vous extravaguez de vouloir que je sois médecin? (Molière.)

285ᵉ EXERCICE.
(Grammaire, § 317, Rem.)

Par quelles conjonctions pourrait-on remplacer la préposition pour, *employée dans les phrases suivantes?*

1. Pressez, demandez tout, pour ne rien obtenir. (Racine.)

2. Pour juger de la beauté d'un ouvrage, il suffit de le considérer en lui-même, mais, pour juger du mérite de l'auteur, il faut le comparer à son siècle. (Fontenelle.)

3. La nature, sur la fin de nos jours, nous dégoûte de la vie par la douleur, pour nous faire quitter ce monde avec moins de regrets. (Frédéric II.)

4. L'hymen n'efface point ces profonds caractères;
Pour aimer un mari l'on ne hait pas ses frères.
(Corneille.)

5. Vos armes l'ont conquise [Rome], et tous les conquérants
Pour être usurpateurs ne sont pas des tyrans. (Corneille.)

6. On n'est pas criminel toujours pour le paraître.

(T. CORNEILLE.)

7. Pour avoir tant vécu chez ces cœurs magnanimes,
Vous en avez bientôt oublié les maximes. (CORNEILLE.)

8. Je hais ces cœurs pusillanimes qui, pour trop prévoir les suites des choses, n'osent rien entreprendre. (MOLIÈRE.)

9. Pour dormir dans la rue, on n'offense personne.

(RACINE.)

10. Pour être nés grands, vous n'en êtes pas moins chrétiens. (MASSILLON.)

286ᵉ EXERCICE.

(Grammaire, § 322.)

A quelles remarques donne lieu la construction de l'infinitif dans les phrases suivantes?

1. Il n'y avoit point de salle pour assembler le grand conseil, ni de place qui fût autrement embellie et ornée, pour ce que Lycurgue estimoit cela ne servir de rien à bien délibérer et choisir bon conseil. (AMYOT, *Lycurgue.*)

2. Alcibiade leur remontra... qu'ils souffroient leurs gens de marine sortir hors des vaisseaux, quand ils étoient à la côte, et s'écarter çà et là en terre, comme chacun vouloit.

(AMYOT, *Alcibiade.*)

3. Notifier, c'est faire à savoir à aucun quelque chose avoir été faite, comme : le vassal est tenu notifier ses offres au seigneur féodal. (NICOT.)

4. Les veneurs disent une bête tirer pays quand elle ne s'amuse à ruser et à tournoyer, mais suit les voies droites ou routes. (NICOT.)

5. Marius, revenu d'Afrique, montroit avoir accru sa grandeur parmi les calamités et les ruines. (COEFFETEAU.)

6. Aucuns le dirent, étant jeune agnelet, s'être en les buissons sauvé. (RABELAIS.)

7. Ils se pouvaient dire être logés comme la nature veut qu'on le soit. (MALHERBE.)

8. Se croyant être aussi grands, comme on leur dit qu'ils sont, ils s'attirent des guerres périlleuses sur les bras.

(MALHERBE.)

9. Dorise se feint être un jeune gentilhomme. (CORNEILLE.)

287ᵉ EXERCICE.

(Grammaire, §§ 328 *bis,* 329.)

A quelles remarques de grammaire historique peuvent donner lieu les phrases suivantes?

1. Vous laissez-vous abattre aux rigueurs de la fortune?

(FÉNELON.)

2. Si s'arrêtèrent longtemps à l'appeler par son nom, et voyant qu'il ne leur répondoit point, commencèrent à dire les uns aux autres qu'ils étoient bien lâches de se retirer ainsi.

(AMYOT, *Philopœmen.*)

3. On trouvera sans point de doute que ceux-ci sont bien plus dignes d'être nommés frères d'armes,... que nuls de ces autres là, lesquels ont toujours plus étudié et plus travaillé à vaincre l'un l'autre qu'à vaincre leurs ennemis.

(AMYOT, *Pélopidas.*)

4. La peur ne me fera ni taire, ni dédire. (RACAN.)

5. Tandis que vous verrez couvrir en la saison
Vos coteaux de raisins, vos campagnes de gerbes.

(RACAN.)

6. La joie à vos genoux m'a fait d'abord jeter.

(TH. CORNEILLE.)

7. La plupart des merveilles de Dieu nous échappent et, après les avoir légèrement regardées, nous les laissons effacer de notre esprit. (NICOLE.)

8. La crainte du châtiment les fit rassembler le soir pour chercher les moyens de s'en garantir. (LA ROCHEFOUCAULD.)

9. Il pense voir en pleurs dissiper cet orage. (RACINE.)

10. Mais je sens affaiblir ma force et mes esprits. (RACINE.)

11. Le canon dont on battit la citadelle désola les ennemis et les fit rendre bientôt. (PELLISSON.)

12. D'abord on s'amuse et on se flatte, puis on se dissipe et on sent ralentir toutes ses bonnes volontés. (FÉNELON.)

13. J'ai voulu, monsieur, mettre un intervalle entre votre dernière lettre et celle-ci, pour laisser calmer mes premiers mouvements. (J.-J. ROUSSEAU.)

14. Et l'avoir entendu parler, ajouta foi à ses paroles.

(RABELAIS.)

15. Adonques Seigny Joan, avoir leur discord entendu, commanda. (RABELAIS.)

II. — *Participe.*

QUESTIONNAIRE

Que savez-vous sur l'emploi de la proposition participe se rapportant à un complément ? § 333.

Le participe peut-il se rapporter par syllepse à un pronom personnel contenu dans un adjectif possessif ?

Quelle est l'origine de la construction du participe dans les propositions absolues ? § 334.

D'où viennent l'adjectif et le participe présent? § 338.

A-t-on toujours distingué le participe présent et l'adjectif verbal ? § 342 *bis.*

Quelle était, d'après Vaugelas, la distinction entre les adjectifs verbaux et les participes ?

Le participe présent s'accordait-il au XVIIᵉ siècle ?

Par qui ont été fixées les règles aujourd'hui admises ?

Reste-t-il quelque trace des anciennes règles d'accord du participe présent ?

Que désignait-on autrefois en français sous le nom de *gérondif* ?

Que savez-vous sur l'emploi, au XVIIᵉ siècle, du participe présent servant de substantif ?

Le participe passé peut-il se construire après une préposition ? § 343.

Le participe passé peut-il s'employer substantivement ?

Comment écrivait-on, au XVIᵉ siècle, *Je l'ai échappé belle ?*

D'où vient l'emploi du participe passé avec *avoir ?*

Comment se construisait le participe passé au XVIIᵉ siècle ?

Quelles sont, touchant l'accord du participe passé, celles des règles données par Vaugelas qui ne sont plus conformes à l'usage actuel ?

A quelle remarque de grammaire historique donne lieu l'accord des participes *coûté, pesé* et *valu ?*

Le participe passé peut-il être variable après *autant ?*

288ᵉ EXERCICE.

(Grammaire, §§ 333, 334.)

A quelles remarques de grammaire historique peuvent donner lieu les phrases suivantes ?

1. Étant doncques arrivé avec une armée en Thessalie, la ville de Larisse se mit incontinent entre ses mains.

(AMYOT, *Pélopidas.*)

2. Ayant toujours depuis ajouté promesses sur promesses, sa gloire en accrut tellement qu'elle s'épandit partout.

·(AMYOT, *Pélopidas.*)

3. Le gouvernement de l'île de Sardaigne lui échut une fois par le sort, étant préteur. (AMYOT, *M. Caton.*)

4. Telles étoient ses prières, étant à genoux sur l'échafaud.

(BRANTÔME, *Marie Stuart.*)

5. Et depuis, s'étant logé en la ville de Nicéphorium, il se présenta à lui des ambassadeurs du roi des Parthes Orodes.

(COEFFETEAU.)

6. Ayant amassé [César] ses troupes de toutes parts, et les deux armées s'étant approchées l'une de l'autre, les desseins des chefs se trouvèrent divers. (COEFFETEAU.)

7. Étant encore dans les langes, sa nourrice l'ayant couché sur le soir et ayant mis son berceau en une basse chambre, on ne l'y trouva plus. (COEFFETEAU.)

8. Ah! que perdant, madame, un ami si fidèle,
La main qui vous l'ôta vous doit sembler cruelle.

(RACINE.)

9. Du milieu de tout cela, il sortit quelques questions de votre santé, où ne m'étant pas assez pressée de répondre, ceux qui les faisaient sont demeurés dans l'ignorance. (SÉVIGNÉ.)

10. Je lui conseille [à Coulanges] de faire ce voyage, n'ayant rien de mieux à faire; et peut-être qu'en écrivant de jolies relations, cela pourra lui être bon. (SÉVIGNÉ.)

289ᵉ EXERCICE.

(Grammaire, § 342 *bis*.)

A quelles remarques de grammaire historique peuvent donner lieu les phrases suivantes ?

1. Panurge l'emportoit [le mouton], voyans tous les autres.
(RABELAIS.)

2. Ce sont gens s'amusants seulement à savoir la suite des rois. (MONTAIGNE.)

3. Il n'est pas vraisemblable que venants en terre ferme ils fassent mieux leurs affaires. (MALHERBE.)

4.　　　Ainsi tes honneurs florissants
De jour en jour aillent croissants. (MALHERBE.)

5. N'est-ce point à vos yeux un spectacle assez doux
Que la veuve d'Hector pleurante à vos genoux ?
(RACINE, *Andromaque*.)

6. Que présage à mes yeux cette tristesse obscure
Et ces sombres regards errants à l'aventure ?
(RACINE, *Britannicus*.)

7. Alors toutes les honnêtes femmes ou soi-disantes abandonnèrent Ninon. (SÉVIGNÉ.)

8. Elle aperçut des cordages flottants sur la côte. (FÉNELON.)

9. Des fontaines, coulants avec un doux murmure sur des prés semés d'amarantes et de violettes, formaient en divers lieux des bains aussi clairs et aussi purs que le cristal.
(FÉNELON.)

10. Les Troyens, nous voyants de près, n'auraient pas manqué de nous reconnaître. (FÉNELON.)

11.　　　Ah ! j'aime à voir les gens
Dans leur vrai caractère à nos yeux se montrants.
(VOLTAIRE.)

290ᵉ EXERCICE.

(Grammaire, §§ 343-358.)

*A quelles remarques de grammaire historique peuvent donner
lieu les participes employés dans les phrases suivantes?*

1. Dire mensonge, c'est dire chose fausse, mais qu'on a
pris pour vraie. (MONTAIGNE.)

2. Les veines du bras qu'il s'étoit faites tailler à son médecin pour mourir. (MONTAIGNE.),

3. Les Abantes sont les premiers qui se sont ainsi faits.
tondre. (AMYOT.)

4. Je vous eusse dès à cette heure envoyé votre médaille,
mais je ne sais qui sera le porteur de ce paquet; voilà pourquoi je ne l'ai pas voulue hasarder mal à propos. (MALHERBE.)

5. La marquise lui a fait des demandes qu'il n'a pas jugées
à propos de lui accorder. (MALHERBE.)

6. Combien avons-nous aujourd'hui de noms illustres que
la fortune n'a point mis entre les mains du peuple, mais
qu'elle-même est allé quérir sous terre. (MALHERBE.)

7. Je n'ai pas eu sitôt dessein de vous écrire que toutes
sortes de pensées ne se soient venu offrir à moi. (MALHERBE.)

8. La nature nous a fait capables d'instruction. (MALHERBE.)

9. Regardez Caton agrandissant la plaie que le coup n'avait
pas fait assez profonde. (MALHERBE.)

10. Nous avons vu ici Mᵐᵉ de Luines dans le récit du
Ballet, et je ne doute point que vous ne l'y ayez vu paraître
dans tout son éclat. (RACINE.)

11. La Champmeslé est morte à Auteuil, dans la maison
d'un maître à danser, où elle était venu prendre l'air.

(RACINE.)

12. Les hommes oublient les bienfaits qu'ils ont reçu.

(RACINE.)

13. Nous l'avons, en dormant, madame, échappé belle.

(MOLIÈRE.)

14. Ils poussèrent des cris de joie en nous voyant, comme en revoyant des compagnons qu'ils avaient cru perdus.

(FÉNELON.)

291ᵉ EXERCICE

Question de grammaire.

Rechercher quelle a été l'influence de la langue latine sur la syntaxe du participe français.

Revision.

(Syntaxe du verbe.)

292ᵉ EXERCICE.

A quelles remarques de grammaire historique peuvent donner lieu les phrases suivantes ?

1. Les mangeant, ils multiplient; les épargnant, ils vont en diminution. (RABELAIS.)

2.   Sur le printemps de ma jeunesse folle,
Je ressemblois l'arondelle qui vole. (MAROT.)

3.   Un maistre ès arts, mal chaussé, mal vestu,
Chez un paisan demandoit à repaistre. (MAROT.)

4. Ce sont les vraies semences de la cruauté; elles se germent là. (MONTAIGNE.)

5. Dont il fut si joyeux, qu'il s'oublia d'avoir sous sa robe en son sein une caille. (AMYOT.)

6. Et comme il se fût retourné pour voir qui parlait à lui, il ne vit personne. (AMYOT, *Lycurgue.*)

7. Ils envoyèrent aussi messagers en Asie et par toutes les iles, là où ils entendaient que plusieurs bannis de Syracuse s'étaient retirés, les admonester et semondre de s'en venir à

Corinthe, et que les Corinthiens leur donneroient vaisseaux, capitaines et moyens pour sûrement les conduire jusques dans Syracuse à leurs propres coûts et dépens. (AMYOT, *Timoléon.*)

8. ...Le commun peuple... estima n'y avoir plus grand signe d'ignominie que d'être tondu. (PASQUIER.)

9. La plupart n'étudient pas aux choses pour. lesquelles il faut étudier. (MALHERBE.)

10. J'honore trop ses belles qualités pour souffrir qu'une si frivole calomnie lui donnât quelque mauvaise impression de moi. (MALHERBE.)

11. Souhaitez d'avoir moyen de me rendre ce que j'ai fait pour vous quand j'en aurai besoin, et non pas que j'en aie besoin afin que vous ayez moyen de me le rendre.

(MALHERBE.)

12. Les chevaliers... étoient montés à une si excessive puissance, qu'ils tenoient entre leurs mains la vie et les biens du Sénat et de la noblesse, s'étant même saisis, et ayant pillé, sous couleur de leurs droits, les deniers qui venoient des tributs de la République. (COEFFETEAU.)

13. Après la mort du comte, et les Maures défaits,
Faudrait-il à ma gloire encore d'autres effets?

(CORNEILLE.)

14. Il est bon de se reposer après la bataille gagnée.

(CORNEILLE.)

15. A peine d'Artabase eus-je signé la paix,
Que j'appris Crassus mort et les Romains défaits.

(CORNEILLE.)

16. Voilà qui va bien, dit le berger, et garde de t'en oublier.

(D'URFÉ.)

17. Nous sommes tous faits pour affoiblir, vieillir et mourir. (Mme DE LAMBERT.)

18. Le comte Piper avec quelques officiers étaient sortis du camp. (VOLTAIRE.)

293ᵉ EXERCICE.

A quelles remarques de grammaire historique peuvent donner lieu les phrases suivantes ?

1. Et comme ils commençassent déjà à souper, il leur jeta en avant une parole, que la déesse avec laquelle il hantoit, à l'instant même l'étoit venu voir. (AMYOT, *Numa.*)

2. Au demeurant, la mort de Démosthène en l'ile de Calaurie et de Hypéride près la ville de Cléone, furent presque cause de faire regretter le temps des règnes de Philippus et d'Alexandre. (AMYOT.)

3. Et Plistonax, fils de Pausanias, comme un orateur athénien appelât les Lacédémoniens grossiers et ignorants : « Tu dis vrai, lui répondit-il, car nous sommes seuls entre les Grecs qui n'avons rien appris de mal de vous. »

(AMYOT, *Lycurgue.*)

4. Ne pensez pas que je ne me souvienne de l'honneur que vous m'avez fait et combien vous m'avez obligé. (MALHERBE.)

5. La philosophie enseigne à connaître Dieu, et que les choses fortuites arrivent par son commandement.

(MALHERBE.)

6. J'ai peur que cette grande furie ne durera pas.

(MALHERBE.)

7. Que vive et meure qui voudra ! (MALHERBE.)

8. Mes cheveux étonnés hérissent en ma teste. (D'AUBIGNÉ.)

9. Tu verras que les Dieux n'ont dicté cet oracle
Que pour croître à la fois sa gloire et mon tourment.

(RACINE.)

10.　　Trouvez-vous quelques charmes
A voir couler des pleurs que font verser vos armes ?
Ou si vous m'enviez, en l'état où je suis,
La triste liberté de pleurer mes ennuis. (RACINE.)

11. Vous m'enverrez la traduction ainsi que vous avez fait la latine. (BOSSUET.)

12. La véritable vertu ne fuit pas toujours de se faire voir. (Bossuet.)

13. Est-ce donc là les pensées qui doivent occuper le cœur du fils d'Ulysse? (Fénelon.)

14. Elle voulut faire entendre qu'il était péri dans ce naufrage, et elle supprima son arrivée dans l'île des Phéaciens.
(Fénelon.)

15. Je me résolus d'aller dans la Sicile, où j'avais ouï dire que mon père avait été jeté par les vents. (Fénelon.)

16. Le Seigneur s'apparut à lui dans un buisson ardent.
(Massillon.)

17. Le roi déclara que le dieu des Juifs s'était apparu à lui en Macédoine sous le même habit que portait son grand prêtre. (Rollin.)

18. L'ange du Seigneur s'apparut à lui avec une grande lumière. (Voltaire.)

294ᵉ EXERCICE.

A quelles remarques de grammaire historique peuvent donner lieu les phrases suivantes?

1. Au surplus, les Athéniens rompoient ordinairement la tête à Phocion d'aller requérir Antipater, qu'il voulût retirer sa garnison de leur ville. (Amyot.)

2. Il estimoit être chose convenable que la mort même des grands personnages portât quelque fruit à la chose publique.
(Amyot, *Lycurgue.*)

3. Mais durant le règne d'Agis commença premièrement l'or et l'argent à se couler dans la ville de Sparte.
(Amyot, *Lycurgue.*)

4. Le fils alla trouver le tribun en son lit, et lui mettant le coûteau à la gorge lui fit jurer qu'il désisteroit de la poursuite qu'il faisoit contre son père. (Charron.)

5. Demandez à vous-même la liberté; il n'y a que vous qui la vous puisse donner. (Malherbe.)

6. Quand vous mourrez, vous avez eu le temps que vous deviez avoir. (MALHERBE.)

7. Le pleurer excessif est marque de vanité, et de vouloir être estimé affligé. (MALHERBE.)

8. Après avoir embrassé et donné le baiser de paix à son fils... il se mit dans son lit. (COEFFETEAU.)

9. Les barbares gardent encore deux aigles des légions. La troisième fut sauvée par le porte-enseigne, lequel pour empêcher qu'elle ne tombât ès mains des ennemis, l'arracha et la cacha dans les plis de son baudrier, et s'en alla ainsi sauver dans un marais tout plein de sang. (COEFFETEAU.)

10. Heureux couple d'amants, que le destin assemble,
Qu'il expose au péril, qu'il en retire ensemble.
(CORNEILLE.)

11. Mais quand j'aurai vengé Rome des maux soufferts,
Je saurai le braver jusque dans les enfers.
(CORNEILLE.)

12. L'on doit dire le même de certaines grandeurs qui consistent plus dans un rang que dans une autorité réelle.
(NICOLE.)

13. Le roi consentit l'abolition de la Pragmatique.
(MÉZERAY.)

14. Quand les tièdes zéphyrs ont l'herbe rajeunie.
(LA FONTAINE.)

15. Cette demande me touche assez pour m'en charger moi-même. (MOLIÈRE.)

16. Mettez cet habit à Monsieur de la manière que vous faites aux personnes de qualité. (MOLIÈRE.)

17. Je ne doute point qu'il ne prêtât l'oreille à la proposition. (MOLIÈRE.)

18. Il n'y a si pauvre esprit qui n'en fît autant. (MOLIÈRE.)

295ᵉ EXERCICE.

*A quelles remarques de grammaire historique peuvent donner
lieu les phrases suivantes?*

1. Mais lors Pélopidas dormant en sa tente eut une vision
qu'il pensa voir ces jeunes filles de Scédase pleurantes à
l'entour de leurs sépultures et maudissantes les Lacédémoniens. (AMYOT, *Pélopidas.*)

2. Il estimoit la table être l'un des principaux moyens
d'engendrer amitié entre les hommes. (AMYOT, **M.** *Caton.*)

3. Qu'elle ne se familiarise pas en telle sorte avec les
unes, que cela puisse servir de tentation d'envie aux autres.
(S. FRANÇ. DE SAL.)

4. Les chefs s'approchant les uns des autres, voulurent
éprouver leurs forces, et s'étant rencontrés près de Laurone,
la perte fut égale de côté et d'autre. (COEFFETEAU.)

5. L'opposer seul à tous serait trop d'injustice. (CORNEILLE.

6. Et paraître à la cour eût hasardé ma tête. (CORNEILLE.)

7. Les vers lyriques accompagnent ou répondent à la flûte.
(RACINE.)

8. La joie et le plaisir de tous les conviés,
Attend pour éclater que vous vous embrassiez. (RACINE.)

9. Les a-t-on vu marcher parmi nos ennemis? (RACINE.)

10. Il y a plus de quarante ans que je fais de la prose
sans que j'en susse rien. (MOLIÈRE.)

11. De peur qu'elle revînt fermons la porte à clef.
(MOLIÈRE.)

12. Le Sénat les fit brûler comme tendants à renverser la
religion. (BOSSUET.)

13. S'étant attiré la jalousie de son oncle, ce barbare le
fit mourir. (BOSSUET.)

14. La connaissance de Dieu allait s'affaiblissant peu à
peu. (BOSSUET.)

15. Cinquante domestiques est une étrange chose.

(SÉVIGNÉ.)

16. Nous reconnûmes bientôt que c'était les vaisseaux d'Énée. (FÉNELON.)

17. Je suis le seul qui vous connais et qui vous aime assez pour vous avertir de toutes vos fautes. (FÉNELON.)

18. J'aperçus l'enfant Cupidon, dont les petites ailes s'agitants le faisaient voler autour de sa mère. (FÉNELON.)

CHAPITRE VII

SYNTAXE DE L'ADVERBE

De l'adverbe en général. — Adverbes de lieu, de temps, de manière, de quantité.

QUESTIONNAIRE

D'où vient l'adverbe *sans doute ?* § 359.

Quelle est l'étymologie de *alors* ? § 360.

D'où viennent les adverbes *beaucoup* et *peu* ?

Quel est le grammairien qui a établi la distinction entre les adverbes et les prépositions ? § 361.

Que savez-vous sur l'adverbe *alentour* ?

Outre ne s'est-il pas employé adverbialement ?

L'adverbe *çà* s'emploie-t-il isolement ? § 364.

Quel était, au XVIIe siècle, l'emploi de *où* pronom conjonctif ?

Où ne s'est-il pas employé dans le sens de *tandis que* ?

Quand a été établie la règle qui veut que l'on dise : *C'est là que* et non pas *C'est là où…* ?

Que savez-vous sur la locution *où que* ?

Quelle est l'étymologie des mots *quand* et *quant* ? § 367.

A-t-on toujours distingué par l'orthographe les deux adverbes *plutôt* et *plus tôt* ? § 368.

Comment explique-t-on la différence de construction entre *bien* et *beaucoup* ? § 370.

Quelle est la locution anglaise correspondant à *beaucoup de* ?

D'où vient l'adverbe *mieux* ? § 371.

Quelle est l'étymologie de *mal* ? § 372.

A quels mots latins équivalent pour le sens *comme*, conjonction. et *comme*, adverbe ? § 373.

Quel était, au XVIIe siècle, l'emploi de *comme* ?

Quel était, au XVIIe siècle. l'emploi de la locution *si… que de* ? § 374.

Autant ne s'est-il pas employé *comme aussi* avec les substantifs ? § 375.

Tant que peut-il s'employer pour *autant que* ?

Qu'indique en général *tant que* ?

D'où viennent *autant que* et *tant que* ?

A quelle expression latine équivaut *tant que* signifiant *tellement que* ?

Que signifiait *tant que* avec le subjonctif ?

A quoi équivalait l'ancienne locution *autant que, autant* ?

Quelle locution employait-on autrefois au lieu de *plus* répété ?

A quelles remarques historiques donne lieu l'emploi de l'adverbe *davantage* ? § 377.

Que savez-vous de la locution *plus... et plus* ?

Quels sont les mots avec lesquels *plus* peut être employé ?

Moins peut-il être opposé à *plus* ? § 378.

Rien moins peut-il se construire isolément ?

Quelle est l'origine de la locution *combien de* ? § 380.

Dans quels cas emploie-t-on *de combien* au lieu de *combien* ?

Quel était, au xviie siècle, l'emploi de *que* dans le sens de *combien* ?

296e EXERCICE.

(Grammaire, §§ 360 et 361.)

A quelles remarques de grammaire historique peuvent donner lieu les phrases suivantes ?

1. Lors Alexandre, voyant son fier et obstiné silence...

(MONTAIGNE.)

2. Et jà soit ce que la pense [pensée] ait alcune poie chose comprise de lui [Dieu]. (*Job*, xiie *siècle*.)

3. Nous avions auparavant la réception de vos lettres, dépêché et fait partir notre cousin le duc de Longueville. (HENRI IV.)

4. L'année d'auparavant sa mort, n'ayant point d'enfants, Adrien adopta un Cejonius Commodus, auquel il donna le nom de Lucius Alius Verus. (MÉZERAY.)

5. Le roi, en attendant en extrême souci l'issue de cette nuit, et du hasard incertain de la journée, se reposa seulement quelque demi-heure dessus l'affût d'un canon.

(MÉZERAY.)

6. Il faut le recevoir, ou hâter son supplice,
Le suivre, ou le pousser dedans le précipice.

(CORNEILLE.)

7. Va dedans les enfers plaindre ton Curiace. (CORNEILLE.)

8. Rodogune a paru sortant de sa prison
Comme un soleil levant dessus notre horizon.

(CORNEILLE.)

9. Les sables et les bancs cachés dessous les eaux
Rendent l'accès mal sûr à de plus grands vaisseaux.

(CORNEILLE.)

10. Rome est dessous vos lois par le droit de la guerre.

(CORNEILLE.)

11.   A son réveil il trouve
L'attirail de la mort à l'entour de son corps.

(LA FONTAINE.)

12. J'irai plus outre, et dirai que tous presque ont souhaité que ces entretiens se fissent. (CORNEILLE.)

13. Encore un peu plus outre, et ton heure est venue.

(CORNEILLE.)

14. Il n'alla pas plus outre. (ACADÉMIE, 1877.)

297ᵉ EXERCICE.
(Grammaire, § 364.)

A quelles remarques de grammaire historique peuvent donner lieu les phrases suivantes? Dire quel est dans chaque phrase le sens de où?

1. C'est une chose où je suis déterminée. (MOLIÈRE.)

2. Le public ayant approuvé ce genre d'écrire où je me suis appliqué depuis quelques années, c'était le prévenir en ma faveur que de faire une telle réponse. (LA BRUYÈRE.)

3. Pardonne à cet hymen où j'ai pu consentir.

(VOLTAIRE.)

4. Où sommes-nous réduits? O monstres! ô terreur!
Chaque instant fait éclore une nouvelle horreur.

(VOLTAIRE.)

5.   Dieu des cieux, pardonnez cette joie,
Qui se mêle un moment aux pleurs où je me noie.

(VOLTAIRE.)

6. Il étoit homme de parole où un grand intérêt ne l'obligeoit pas au contraire. (DE RETZ.)

7. Nous le rencontrerons, n'en soyez point en peine ;
Où que soit sa retraite, il n'est pas toujours nuit ;
Et ce qu'un jour nous cache un autre le produit.

(CORNEILLE.)

8. Aussi ce n'est qu'en eux où mon espoir se fonde.

(RACAN.)

9. Apprenons à ne perdre jamais l'espérance dans quelque abîme de maux où nous soyons plongés. (BOSSUET.)

10. Cette conquête est une grande époque; c'est là où commence véritablement l'empire turc au milieu des chrétiens d'Europe. (VOLTAIRE.)

11. C'est dans ces terres de la zone torride où se sont faits les plus grands bouleversements. (BUFFON.)

12. Ce fut donc dans ces plaines où je conduisais Paul.

(BERN. DE SAINT-PIERRE.)

298ᵉ EXERCICE.

(Grammaire,§ 367.)

A quelles remarques de grammaire historique peuvent donner lieu les phrases suivantes?

1. Quantes heures sont? — Neuf heures. (RABELAIS.)

2. Al. Severus, toutes et quantes fois qu'il avoit à délibérer de quelque chose de conséquence, appeloit toujours ceux qui étoient renommés de savoir bien les histoires. (AMYOT.)

3. M. de Vaugelas permet *quant à nous, quant à vous*, et condamne seulement *quant à moi* à cause de *se mettre sur son quant à moi*. Je suis plus sévère : toutes ces façons de parler ont vieilli et ne sont plus du bel usage. (MÉNAGE.)

4. Chacun choisit plustôt à discourir du métier d'un autre que du sien. (AMYOT.)

5. Pitheus tâchoit à lui persuader qu'il fît plus tôt ce voyage par mer.

6. Il n'eut pas plutôt dit telle chose qu'il s'en repentit. (ACADÉMIE, 1835.) *Même phrase avec* plus tôt. (ACADÉMIE, 1877.)

7.   L'en [on] estoit en conseil souvent ;
   Grant coup avoit de sage gent ;
   Là oïsiez de beaux langages.

(Le livre du bon Jehan, 1549.)

299ᵉ EXERCICE.

(Grammaire, § 373.)

A quelles remarques de grammaire historique peuvent donner lieu les phrases suivantes ?

1. Il y a autant de gloire à celui qui reçoit un bienfait de le publier, comme à celui qui le donne de n'en faire connoître que ce que celui qui l'a pris veut qu'on en sache. (MALHERBE.)

2. Mais tant de beaux objets tous les jours s'augmentant,
   Puisqu'en âge si bas leur nombre vous étonne,
   Comme y fournirez-vous quand il aura vingt ans ?

(MALHERBE.)

3. Autant comme la sœur le frère le souhaite. (CORNEILLE.)

4. Je dois autant à l'un comme l'autre me doit. (CORNEILLE.)

5. Tous les rois ne sont rois qu'autant comme il nous plait.

(CORNEILLE.)

6. Je vois d'un œil égal croistre le nom d'autrui,
   Et tâche à m'élever aussi haut comme lui.

(CORNEILLE.)

7. Pour tout autre que lui je sais comme s'explique
   La règle de la vraie et saine politique.

(CORNEILLE, Nicomède.)

8.   Je vois bien ce que c'est :
   Tous les rois ne sont rois, qu'autant comme il vous plait.

(CORNEILLE, Nicomède.)

9. Voilà comme je crus étouffer ma tendresse.

(RACINE, Andromaque.)

10. Il ne parait pas que la paix soit si proche comme je vous l'avais mandé. (SÉVIGNÉ.)

11. Je voudrais bien savoir comme je ferais si votre écriture était comme celle de M. d'Hacqueville : la force de l'amitié me la déchiffrerait-elle ? (SÉVIGNÉ.)

12. Je ne sais point encor comme on manque de foi.

(VOLTAIRE.)

300ᵉ EXERCICE.

(Grammaire, § 375.)

A quelles remarques de grammaire historique peuvent donner lieu les phrases suivantes ?

1. Elles furent si hautaines que de disputer le prix aux Muses. (RACINE.)

2. En vérité, monsieur, cela n'est pas tant mal pour des inquisiteurs qui ne font que commencer. (LE MAISTRE.)

3. Le souverain qui quitte tant soit peu que ce soit de son autorité, gâte tout. (CHARRON.)

4. Voilà, monsieur, l'histoire exacte de ce tant célèbre pèlerinage qui court déjà les quatre coins de la France.

(J.-J. ROUSSEAU.)

5. La charité se nourrit et s'élève plus sûrement, quand elle est comme gardée par la crainte. C'est ainsi qu'elle se fortifie, tant qu'enfin elle soit capable de se soutenir par elle-même. (BOSSUET.)

6. Autant qu'il y a d'écrivains, autant chaque chose peut avoir de noms, si bon leur semble. (MALHERBE.)

7. Autant de temps qu'une chose nous est agréable, autant nous aimons celui qui nous l'a donnée. (MALHERBE.)

8. Autant que la face de la république paraissait belle au dehors par ses conquestes, autant était-elle défigurée par l'ambition désordonnée de ses citoyens et par ses guerres intestines. (BOSSUET.)

9. Autant qu'on doit mépriser les mauvais poètes, autant doit-on admirer et chérir un grand poète. (FÉNELON.)

10. Autant que la terre de Cypre nous avait paru négligée et inculte, autant celle de Crète se montrait fertile et ornée de tous les fruits par le travail de ses habitants. (FÉNELON.)

301ᵉ EXERCICE.

(Grammaire, § 377.)

A quelles remarques de grammaire historique peuvent donner lieu les phrases suivantes?

1. Cette réponse l'encouragea encore d'avantage. (AMYOT.)

2. Il n'entreprend rien d'avantage sur les autres, qu'il leur permet sur soi. (CALVIN.)

3. Vous trouverez que la colère des rois n'en a pas fait davantage mourir, que le dépit et l'indignation des propres serviteurs. (MALHERBE.)

4. Il n'y a rien assurément qui chatouille davantage que les approbations que vous dites; mais cet encens ne fait pas vivre. (MOLIÈRE.)

5. Voulez-vous être rare? Rendez service à ceux qui dépendent de vous; vous le serez davantage par cette conduite que par ne pas vous laisser voir. (LA BRUYÈRE.)

6. Une tuile qui tombe d'un toit peut nous blesser davantage, mais ne nous navre pas tant qu'une pierre lancée à dessein par une main malveillante. (J.-J. ROUSSEAU.)

7. Ceux qui te veulent mal sont ceux que tu conserves;
Tu vas à qui te fuit et toujours les réserves
A souffrir en vivant davantage d'ennuis. (MALHERBE.)

8. Plus grande en est la peine, et plus grande est la gloire.
(CORNEILLE.)

9. Plus obscure est la nuit, et plus l'étoile y brille.
(LAMARTINE.)

10. Et d'autant que l'honneur m'est plus cher que le jour,
D'autant plus maintenant je te dois de retour.

(CORNEILLE, *Cid*.)

11. La chose du monde que plus doit éviter un homme
qui se veut mêler du gouvernement d'une chose publique, et
converser entre les hommes, est l'opiniâtreté. (AMYOT.)

12. Ils se mirent tous à occuper les lieux qui plus leur
agréèrent ou qui leur semblèrent plus commodes pour bâtir.

(AMYOT.)

13. Tant plus nous avons de besoin d'une chose, tant plus
nous avons d'obligation à celui qui nous la donne. (MALHERBE.)

302ᵉ EXERCICE.

(Grammaire, § 378.)

*A quelles remarques de grammaire peuvent donner lieu les
phrases suivantes?*

1.   .....Plus je m'arrête à penser
Laquelle sera la première,
Moins je sais par où commencer. (MALHERBE.)

2. Plus je suis pénétré de reconnaissance des bontés de Votre
Majesté, moins je dois abuser de ses bienfaits. (D'ALEMBERT.)

3. Ils ne sont rien moins que prêtres. (CALVIN.)

4. Il se coucha tout de son long dessus l'herbe, ne pensant
à rien moins qu'à ce qui lui devait advenir. (AMYOT.)

5. Je ne puis assez blâmer la sotte arrogance et témérité
d'aucuns de notre nation, qui, n'étant rien moins que Grecs
ou Latins, déprisent toutes choses écrites en français.

(DU BELLAY.)

6. Un pédant qu'à tout coup votre femme apostrophe
Du nom de bel esprit et de grand philosophe,
D'homme qu'en vers galants jamais on n'égala,
Et qui n'est, comme on sait, rien moins que tout cela.

(MOLIÈRE.)

7. Je sais que vous n'avez trouvé rien moins que ce que vous espériez dans la situation où vous êtes. (STAAL.)

8. Croyez-moi, Rousseau n'est rien moins qu'un méchant homme. (MARMONTEL.)

9. Vous a-t-il fait dire des choses impertinentes [Virgile, dans l'Énéide]? — *Didon :* Rien moins, j'y dis de très belles choses. (FONTENELLE.)

5° *Adverbes d'affirmation, de négation et de doute.*

QUESTIONNAIRE.

Comment les mots *pas. point. mie. goutte* ont-ils pris un sens négatif? § 383.

Que signifiait autrefois le mot *guère?*

Que savez-vous sur *pas* employé sans *ne?* § 384.

Comment explique-t-on l'analogie de sens qui existe entre *plus* et *jamais?* § 386.

N'a-t-on pas employé autrefois *pas* et *point* avec *ni?* § 387.

La conjonction *ni* n'a-t-elle pas été employée dans des phrases qui n'étaient pas négatives?

Entre deux compléments précédés de *sans* n'a-t-on pas mis autrefois la conjonction *ni?*

Ni a-t-il été employé après un comparatif?

Comment explique-t-on ces différents emplois de *ni?*

De quand date la locution *ni l'un ni l'autre* au lieu de *l'un ni l'autre?*

Pourquoi *nul* et *nullement* sont-ils toujours négatifs? § 388.

Rien peut-il se construire avec *ne* et *pas?*

D'où vient l'ancienne expression *mie?*

Comment, au XVIIe siècle, l'infinitif était-il construit avec *ne pas?* § 389.

D'où vient la locution *non que* avec le subjonctif? § 390.

Quel était, au XVIIe siècle, l'emp o de *non jamais?*

Quel était autrefois le sens de *aussi* avec une négation?

Que savez-vous sur la locution *n'était que?*

L'omission de *pas* avec *ne* n'était-elle pas plus fréquente autrefois qu'aujourd'hui? § 391.

N'employait-on pas, au XVIe et au XVIIe siècle, le mot *pas* dans des tournures où on ne l'emploie plus aujourd'hui?

Au XVIIe siècle mettait-on toujours *ne* après les verbes signifiant empêchement? § 392.

N'a-t-on pas employé *garder* dans le sens de *se garder?*

A-t-on toujours mis la négation *ne* après les verbes indiquant *crainte, doute?* § 394.

Citez quelques verbes après lesquels on employait autrefois la négation *ne* et après lesquels elle n'est plus employée? § 395.

Défendre et *nier* étaient-ils, au XVIe siècle, suivis de la négation *ne?*

Au XVIe siècle n'employait-on pas la négation *ne* avec l'infinitif suivant un comparatif? § 396.

A-t-on toujours employé la négation après un comparatif?

A-t-on toujours mis *ne* après à *moins que?* § 398.

303ᵉ EXERCICE.

(Grammaire, §§ 383, 384.)

A quelles remarques de grammaire historique peuvent donner lieu les phrases suivantes ?

1. Ceux qui naissent rois, ne sont pas communément guè-res meilleurs. (MONTAIGNE.)

2. Marius n'y eut pas guère été qu'il entendit un grand bruit venant de devers la cabane du pauvre vieillard.

(AMYOT, *Marius.*)

3. Ces tables ne sont pas guères certaines. (AMYOT.)

4. La plus belle peine est-elle pas de mourir de la main d'un bourreau ? (MONTAIGNE.)

5.   . . . . . Ce qu'ils souffrent tous
Le souffré-je pas seul ? (MALHERBE.)

6. Nomme-t-on pas aussi mouches les parasites ?

(LA FONTAINE.)

7. Vous avais-je pas recommandé de les recevoir comme des personnes que je voulais vous donner pour maris ?

(MOLIÈRE.)

8. Madame, on n'entre plus. — Hé bien ! l'ai-je pas dit ?

(RACINE.)

9. Mais de quoi s'agit-il ? Suis-je pas fils de maitre ?

(RACINE.)

10. Pécheur, veux-tu pas restituer ce bien mal acquis ? Veux-tu pas enfin mettre quelque borne à cette vie débauchée et licencieuse ? Veux-tu pas bannir de ton cœur l'envie qui le ronge ? (BOSSUET.)

11. Vois-je pas, au travers de son saisissement,
Un cœur dans ses douleurs content de son amant?

(RACINE.)

12.   Viens-tu pas voir mes ondines
Ceintes d'algue et de glaïeul? (VICTOR HUGO.)

304e EXERCICE.

(Grammaire, § 387.)

A quelles remarques de grammaire historique peuvent donner lieu les phrases suivantes?

1. Ni M. du Plessis, ni M. du Vair ne sont pas deux auteurs fort réguliers. (BALZAC.)

2. Madame, mon amour n'emploira point pour moi
Ni la loi du combat, ni le vouloir du roi. (CORNEILLE.)

3. Les grandes richesses ne s'acquièrent ni ne se conservent point d'ordinaire sans de grandes injustices. (NICOLE.)

4. Ce n'est point ni un ennemi, ni un étranger, c'est Judas, ce cher disciple, qui le trahit. (BOSSUET.)

5. Une parole, une raillerie nous trouble; et nous ne considérons pas ni de quoi ni par qui nous nous laissons troubler.
(BOURDALOUE.)

6. Personne ne souhaitera jamais plus que moi que vous goûtiez des plaisirs, mais des plaisirs qui ne vous passionnent, ni ne vous amollissent point. (FÉNELON.)

7. Celui qui n'a jamais réfléchi ne peut pas être ni clément, ni juste, ni pitoyable. (J.-J. ROUSSEAU.)

8. Ni les éléphants, ni les chameaux n'approchaient point du service que le cheval rend à une armée. (ROLLIN.)

9. Ce seroit une grande simplesse à qui se laisseroit amuser ni au visage ni aux paroles de celui qui fait état d'être toujours autre au-dehors qu'il n'est au-dedans, comme faisoit Tibère. (MONTAIGNE.)

10. Les hommes se soucient bien peu de ceux qui sont de leur nation ni de leur lignée en un danger. (AMYOT, *Pélopidas.*)

11. Bientôt ils défendront de peindre la prudence,
De donner à Thémis ni bandeau ni balance.
(BOILEAU.)

12. Vous n'aurez l'un ni l'autre lieu de vous plaindre.

(MOLIÈRE.)

305ᵉ EXERCICE.

(Grammaire, §§ 388, 389.)

A quelles remarques de grammaire historique peuvent donner lieu les phrases suivantes ?

1. Ils descendirent au prochain rivage, pour voir aussi s'il y avoit rien à voler. (AMYOT.)

2. Et, si rien à présent peut troubler son bonheur,
C'est de te voir pour lui répandre tant de larmes.

(RACAN.)

3. Je vous envoie des vers que je fis il y a trois ans, faites-moi l'honneur de me mander si c'est rien qui vaille. (VOITURE.)

4. Allez demander aux médecins s'il y a rien de plus préjudiciable à l'homme que de manger avec excès ? (MOLIÈRE.)

5. A Dieu ne plaise que je diminue rien par mon discours d'un mérite aussi rare que celui-là. (BOURDALOUE.)

6. Enfants, ne pleurez goutte ; il est encore tout chaud, je vous le guérirai aussi sain qu'il fut jamais. (RABELAIS.)

7. Ils ne sont point une seule goutte plus purs en doctrine, voire s'ils n'y sont plus impurs. (CALVIN.)

8. Li roi et li soudant ne l'oublierent mie. (XIIᵉ *siècle.*)

9. Les sciences sont extraites et compilées de plusieurs clercs, et ce que l'un sait, l'autre ne sait mie. (FROISSARD.)

10. Tenez-vous dans la route commune : il ne fait mie bon être subtil ni si fin. (MONTAIGNE.)

306ᵉ EXERCICE.

(Grammaire, §§ 390, 391.)

A quelles remarques de grammaire historique peuvent donner lieu les phrases suivantes ?

1. Les mariniers se mirent à la voile pour fuir, estimant

qu'il ne leur eût été ni honnête de livrer Marius entre les
mains de ses ennemis, ni sûr aussi de le vouloir sauver.

(AMYOT.)

2.   Se relever plus forts, plus ils sont abattus,
    N'est pas aussi l'effet des communes vertus.

(CORNEILLE.)

3. Je ne répondis rien ni l'officier aussi, et nous rejoi-
gnîmes notre cavalerie une heure après, ne songeant à rien
moins qu'à cela. (BUSSY.)

4. Par ma foi, madame, n'était que je lui ai vu jouer mille
fois le même rôle, je ne saurais qu'en dire. (BARON.)

5. Les Romains entrelacent les pieux d'une façon qu'il n'y
a moyen d'y passer la main. (MALHERBE.)

6. Tiens cette bague et ne la lâche. (LA FONTAINE.)

7. La maison dont étoit Thémistocle n'a pas guère aidé
à sa gloire : car son père, qui se nommoit Nicoclès, étoit bien
citoyen d'Athènes, mais non des plus apparents.

(AMYOT, *Thémistocle.*)

8. Outre cela sa maison fut rasée, en la place de laquelle
fut édifié le temple de la déesse qu'ils appeloient Moneta, et
publié un édit que de là en avant il ne seroit pas plus loisible
à aucun patricien d'habiter au mont du Capitole.

(AMYOT, *Camille.*)

9. Toutefois les Sabins pour cela ne s'en émurent ni ne
s'en mutinèrent point. (AMYOT, *Romulus.*)

10. Si fut la mêlée fort âpre, car les Athéniens y combattirent tous courageusement, sans point épargner leurs personnes. (AMYOT, *Phocion.*)

11. Tu juges mes desseins autres qu'ils ne sont pas.

(CORNEILLE.)

12. Il arrive souvent que, en battant les blés et pressant les
raisins, on trouve plus de bien que les moissons et vendanges
n'en promettoient pas. (SAINT FRANÇ. DE SALES.)

16

307ᵉ EXERCICE.

(Grammaire, §§ 392, 394.)

A quelles remarques de grammaire historique peuvent donner lieu les phrases suivantes ?

1. Vingt-cinq grenadiers posés à la porte de Gyllembourg eurent ordre d'empêcher que personne pût lui parler.

(SAINT-SIMON.)

2. Vous savez tempérer le feu qui vous anime, et empêcher qu'il vous dévore. (VOLTAIRE.)

3. J'ai des gens là dehors qui gardent qu'on écoute,
Et je puis vous parler en toute sûreté. (CORNEILLE.)

4. Adieu, sors et surtout garde bien qu'on te voie.

(CORNEILLE, *Cid.*)

5. Gardez qu'une voyelle à courir trop hâtée
Ne soit d'une voyelle en son chemin heurtée.

(BOILEAU.)

6. Gardez que ce départ ne leur soit révélé.

(RACINE, *Iphigénie.*)

7. Gardez qu'on ne vous voie. (VOLTAIRE.)

8. J'ai peur que nous ayons des yeux plus grands que le ventre. (MONTAIGNE.)

9. Et le plus grand des maux toutefois que je crains,
C'est que mon triste sort me livre entre ses mains.

(CORNEILLE.)

10. Seigneur, je crains pour vous qu'un Romain vous écoute.

(CORNEILLE.)

11. Oui, mais qui rit d'autrui
Doit craindre qu'à son tour on rie aussi de lui.

(MOLIÈRE.)

12. ..... Craignant surtout qu'à rougir on l'expose.

(VOLTAIRE.)

308ᵉ EXERCICE.

(Grammaire, §§ 395, 398.)

A quelles remarques de grammaire historique peuvent donner lieu les phrases suivantes?

1. Il n'est pas impossible qu'il ne survienne des accidents.
(MALHERBE.)

2. Il lui tarde beaucoup qu'elle ne soit à Melun. (RACINE.)

3. Je ne puis qu'au milieu de mes maux je ne m'estime fort heureux. (BALZAC.)

4. Vous ne pouvez pas que vous n'ayez raison. (MOLIÈRE.)

5. Je ne puis que je ne sois en peine de vous. (SÉVIGNÉ.)

6. Je ne puis que je n'admire cette modestie. (BOSSUET.)

7. Elle n'en pouvait plus qu'elle ne fût seule pour donner un libre cours à sa joie. (LA FONTAINE.)

8. Dieu a défendu en la Loi qu'on n'adorât point autre que lui. (CALVIN.)

9. Il défendit que l'on allât plus devers Lucullus, et que l'on n'obéît point à chose qu'il manderoit. (AMYOT.)

10. Ils n'eurent non plus de nouvelles les uns des autres qu'ils en avaient eu le jour précédent. (MALHERBE.)

11. Je n'aurais pas eu plus de peine à expliquer à cette belle le portrait que vous m'avez fait de vous, que je n'en ai eu à y répondre. (SÉVIGNÉ.)

309ᵉ EXERCICE.

Question de grammaire.

Faire connaître en quoi la syntaxe des adverbes différait, au XVIIᵉ siècle, de la syntaxe actuelle. Donner des exemples.

CHAPITRE VIII

SYNTAXE DE LA PRÉPOSITION

QUESTIONNAIRE

Au XVIᵉ siècle répétait-on les prépositions devant les compléments ? § 401.

Quel était l'usage au XVIIᵉ siècle ?

Citez quelques emplois particuliers et anciens de la préposition *à*. § 404.

Disait-on autrefois *proche à* ou *proche de* ? § 405.

Quel est l'emploi de la préposition *de* après les adverbes comparatifs *moins* et *plus* ?

Comment explique-t-on la plupart des emplois de la préposition *de* ?

Au XVIIᵉ siècle, mettait-on la préposition *de* après *rien* et *personne* ?

Que savez-vous sur l'emploi de l'infinitif précédé de la préposition *de* ? § 406.

Que pensait Vaugelas de l'emploi de la préposition *de* après *aimer mieux que* ?

Citez quelques emplois particuliers et anciens de la préposition *de*.

Quelle différence de sens y a-t-il entre *forcer à* et *forcer de*, *demander à* et *demander de*, *s'occuper à* et *s'occuper de* ? § 408.

Quelle était, au XVIIᵉ siècle, la locution employée au lieu de *à l'égard de* ?

Comment employait-on autrefois *deçà* et *delà* ?

Que savez-vous sur *après* ? § 409 *bis*.

Quelle différence y a-t-il entre *auprès de* et *près de* ? § 409 *ter*.

Près peut-il se construire immédiatement avec un complément.

En est-il de même de *auprès* ?

Auprès de peut-il indiquer la comparaison ?

Que savez-vous sur la construction de *avant* ? § 410.

L'emploi de *dans* et de *en* est-il le même ? § 410 *bis*.

L'article s'emploie-t-il après *en* ?

Quelle différence y a-t-il entre les prépositions *dans* et *en* exprimant le temps ?

A quelles remarques donne lieu l'emploi de *devant* ?

Quel est l'emploi de *jusqu'à* ? § 411.

Quel est l'emploi de la préposition *par* ? § 411 *ter*.

Citez quelques emplois anciens de la préposition *par*.

Que marque la préposition *pour* ? § 411 *quater*.

Quelles sont les locutions dans lesquelles entre *pour* ?

Pour s'est-il jamais employé adverbialement ?

Que savez-vous sur la préposition *sans* ? § 412.

A quelles remarques donne lieu la préposition *sur* ? § 412 *ter*.

Quels sont les principaux emplois de *voici* et de *voilà* ? § 412 *quater*.

Comment explique-t-on les locutions *ne voilà-t-il pas* et *voici venir* ?

310ᵉ EXERCICE.

(Grammaire, § 401.)

A quelles remarques de grammaire historique peuvent donner lieu les phrases suivantes ?

1. Pantagruel, ce propos fini, resta en silence et profonde contemplation. (RABELAIS.)

2. Ménesthée leur conseilla de recevoir les Tyndarides en la ville et leur faire bonne chère. (Amyot, *Thésée.*)

3. Il ne fit mal ni déplaisir quelconque à ceux qu'il trouva dedans, sinon qu'il leur commanda de démolir et détruire leurs maisons et s'en aller avec lui habiter à Rome.

(Amyot, *Romulus.*)

4. Pythès contraignoit tous ses citoyens également à fouiller, porter ou purger et nettoyer l'or, sans leur permettre de faire ni exercer autre œuvre du monde. (Amyot.)

5. Bientôt après il se dépouilla de son manteau et sa jupe.

(Brantôme.)

6. Je crois fermement que les bonnes prières de ces honnêtes femmes me tirèrent de l'extrémité et langueur où j'étois, j'entends du corps, car, quant à l'esprit et l'entendement, je ne le sentis jamais affaiblir. (Montluc.)

7. Trouves-tu beau, dis-moi, de diffamer ma fille
Et faire un tel scandale à toute une famille ?

(Molière.)

8. Moïse m'a dit que j'étais fait à l'image et ressemblance de Dieu. (Bossuet.)

9. Il ne songe plus qu'à vivre et avoir de la santé.

(La Bruyère.)

10. Une animosité commençait à aigrir et troubler votre cœur. (Massillon.)

311ᵉ EXERCICE.

(Grammaire, § 404.)

Dire quel est le sens de la préposition à dans les phrases suivantes.

1. Comment le fit-il choir d'une main ? Car il lui en fallait une à lui tenir le bras qu'il avait saisi. (Malherbe.)

2. C'est aux choses superflues qu'on a de la peine et qu'il faut suer pour les acquérir. (Malherbe.)

3. Une vengeance éclatante et prompte est aux âmes ambitieuses le plus délicat de tous les mets. (Bossuet.)

4. Que cette place est bonne à le bien poignarder!

(Victor Hugo.)

5. Sœur de Pâris, la fille au roi d'Asie. (Ronsard.)

6. Les pages avoient attaché l'oreille à Caillette avec un clou contre un poteau. (Bonaventure des Périers.)

7. Comme Lucius Julius s'en allait aux Sabins, lui et son cheval avaient été tués de la foudre. (Malherbe.)

8.   L'un des trois jouvenceaux
Se noya dès le port allant à l'Amérique. (La Fontaine.)

9. La nature nous a tous faits de même force, et, comme il semble, à même moule, afin de nous entreconnaître tous pour compagnons, ou plutôt frères. (La Boétie.)

10. Leur espérance est aux troupes de Brandebourg, qui s'avancent, quoique lentement. (Pellisson.)

11. L'importance n'est pas à donner ou peu ou beaucoup, mais à donner de bon cœur. (Malherbe.)

12.   Elle oppose ses pleurs au dessein que je fais,
Et tâche à m'empêcher de sortir du palais.

(Corneille.)

312ᵉ EXERCICE.

(Grammaire, § 404, *fin.*)

Dire quel est le sens de la préposition à *dans les phrases suivantes.*

1. Ils furent à peine arrachés des mains du peuple.

(Bossuet.)

2.   Je n'ai percé qu'à peine
Les flots toujours nouveaux d'un peuple adorateur.

(Racine.)

3. Télémaque suivait à peine regardant toujours derrière lui. (Fénelon.)

4. Ce n'était rien à comparaison des trésors qui se trouvent ici. (VAUGELAS.)

5. Tu es peut-être de ceux qui croient que la prose n'est rien à comparaison des vers. (D'ABLANCOURT.)

6. ... Si la quantité de ces vapeurs n'est à même temps augmentée. (DESCARTES.)

7. Et que deviendra lors cette publique estime,
    Qui te vante partout pour un fourbe sublime,
    Et que tu t'es acquise en tant d'occasions
    A ne t'être jamais vu court d'inventions. (MOLIÈRE.)

8. A raconter ses maux souvent on les soulage.
                                    (CORNEILLE.)

9. Ils étaient cruels à ceux qui leur résistaient. (BOSSUET.)

10. Je ne me trompe guère aux choses que je pense.
                                    (MOLIÈRE.)

11. Je le sais bien, seigneur; aussi tout mon espoir
    N'est plus qu'au coup mortel que je vais recevoir.
                                    (RACINE.)

12. Mais ma force est au dieu dont l'intérêt me guide.
                                    (RACINE.)

313ᵉ EXERCICE.
(Grammaire, §§ 405, 406.)

A quelles remarques de grammaire historique peuvent donner lieu les phrases suivantes?

1. Quand vous êtes chacun à part soi, il n'y a rien meilleur que vous êtes. (BONAVENTURE DES PÉRIERS.)

2. Aristide, ce conseil ouï, retourna devers le peuple, et dit « qu'il n'y avoit rien plus utile ni plus injuste que ce que Thémistocle avoit imaginé. » (AMYOT, *Thémistocle.*)

3. De se mettre en un bateau, ce n'est pas se hausser en l'air. (MALHERBE.)

4. D'avoir les yeux tantôt doux et tantôt rigoureux, cela se peut. (MALHERBE.)

5. Comme si d'occuper ou plus ou moins de place
Nous rendait, disait-il, plus ou moins importants.
(LA FONTAINE.)

6. Thalès répétait souvent que de parler beaucoup n'était pas une marque d'esprit. (FÉNELON.)

7. De moi, je fus touché de voir tant de valeur. (TRISTAN.)

8. J'adore le bon abbé de tout ce qu'il me mande là-dessus, et de l'envie qu'il a de me voir recevoir une si chère et si aimable compagnie. (SÉVIGNÉ.)

9. D'un soin officieux j'irritais sa blessure.
(CASIMIR DELAVIGNE.)

10. Ce qu'il ne peut de force, il l'entreprend de ruse.
(CORNEILLE.)

11. Le seul Agamemnon, refusant tant de gloire,
N'ose d'un peu de sang acheter la victoire.
(RACINE, *Iphigénie*.)

12. J'admire de voir les guerres civiles si douces et si molles.
(MONTAIGNE.)

314ᵉ EXERCICE.

Composer des phrases dans lesquelles seront employés : contraindre à, forcer à, obliger à *et* contraindre de, forcer de, obliger de ; demander à *et* demander de ; participer à *et* participer de ; s'ennuyer à, se lasser à *et* s'ennuyer de, se lasser de ; s'occuper à *et* s'occuper de ; solliciter à *et* solliciter de ; venir à *et* venir de.

315ᵉ EXERCICE.

(Grammaire, §§ 408, 409.)

I. — *A quelles remarques de grammaire historique peuvent donner lieu les phrases suivantes ?*

1. Je suis cause qu'il est loué et prisé partout de ce qu'il a fait en mon endroit. (AMYOT.)

2. La sagesse a de l'amitié à l'endroit de tous les hommes. La folie n'a pas même de l'humanité à l'endroit de ses amis.
(MALHERBE.)

3. Quel moyen aurai-je de me revancher en son endroit?
(MALHERBE.)

4. Les courtisans se persuadent d'être quittes par là [par des excuses] en leur endroit [à l'endroit de leurs amis] de tous les devoirs de l'amitié. (LA BRUYÈRE.)

5. Et près de vous ce sont des sots que tous les hommes.
(MOLIÈRE.)

6. Il est si prodigieusement flatté dans toutes les peintures que l'on fait de lui, qu'il paraît difforme près de ses portraits.
(LA BRUYÈRE.)

II. — *Indiquer la différence de sens qui existe entre les phrases suivantes :*

Ma maison n'est rien auprès de la vôtre *et* Ma maison n'est rien au prix de la vôtre.

Il demeure auprès d'ici *et* Il demeure près d'ici.

316ᵉ EXERCICE.
(Grammaire, § 410.)

A quelles remarques de grammaire peuvent donner lieu les phrases suivantes?

1. Dans la guerre, avant aller aux factions, chacun s'essaye de son côté de gagner la bonne grâce des dieux. (LA BOÉTIE.)

2. Faut-il tant de fois vaincre, avant que triompher.
(CORNEILLE.)

3. Il fallait expliquer tout cela avant qu'en venir au fait.
(SAINT-SIMON.)

4. Tel on déteste avant, que l'on adore après. (VOLTAIRE.)

5. Avant qu'avec toute autre, on me puisse engager,
Je serai marié, si l'on veut, en Alger. (CORNEILLE.)

6. Irène se transporte en Épidaure. (LA BRUYÈRE.)

7. J'écrivis en Argos. (RACINE.)

8. Nous montons en Jérusalem. (BOSSUET.)

9. Elle mit en mon cou ses bras plus blancs que neige.
(RÉGNIER.)

10. Mettez-vous en ma place. (MOLIÈRE.)

11. Les Lacédémoniens condamnèrent leur roi en une
grosse amende. (AMYOT.)

12.   Et je m'étonne fort pourquoi
La mort osa songer à moi,
Qui ne songeai jamais en elle. (RÉGNIER.)

13. Je les voudrois avoir [les bottes] une heure devant jour.
(BONAVENTURE DES PÉRIERS.)

14. Ne te souvient-il pas que devant hier nous dinions chez
toi. (AMYOT.)

15. Ce grand prince, quelques heures devant mourir...
(CARLOIX.)

16. Le ciel devant les temps avait marqué pour lui
Ce trésor amoureux qu'il possède aujourd'hui.
(ROTROU.)

17. Devant ce temps [vingt ans], l'on est enfant. (PASCAL.)

18. Devant toutes choses je lus quatre de vos lettres.
(SÉVIGNÉ.)

317ᵉ EXERCICE.

(Grammaire, § 411.)

*A quelles remarques de grammaire peuvent donner lieu les
phrases suivantes ?*

1. En son honneur les Athéniens jusques aujourd'hui sacri-
fient un mouton le jour de la grande fête de Theseus.
(AMYOT, *Thésée.*)

2.   Et jusques aujourd'hui
Je l'ai pressé de feindre et j'ai parlé pour lui. (RACINE.)

3. Où il a prêché, les paroissiens ont déserté; jusqu'aux marguillers ont disparu. (LA BRUYÈRE.)

4.   Il n'est beauté dans mes écrits
Dont vous ne connaissiez jusques aux moindres traces.
                                        (LA FONTAINE.)

5. Parmi ce grand amour que j'avais pour Sévère,
J'attendais un époux de la main de mon père.
                                        (CORNEILLE.)

6. D'où lui venait parmi une telle agitation une si grande tranquillité? (BOSSUET.)

7. Assieds-toi parmi l'herbe fleurie. (A. CHÉNIER.)

8. Toujours se veaultroit par les fanges. (RABELAIS.)

9. J'ai donné charge à ce porteur de passer par vous, pour vous dire bien au long toutes nouvelles. (MARGUERITE.)

10. Ne vous échauffez point à l'excès par de cruelles nuits, par ne point manger. (SÉVIGNÉ.)

11. Je ne voulais point vous donner occasion de vous fatiguér par trop écrire. (J.-J. ROUSSEAU.)

318ᵉ EXERCICE.

(Grammaire, § 411.)

Dire quel est le sens de la préposition pour *dans les phrases suivantes.*

1. Si les bêtes furieuses sont formidables pour leur force, celles qui n'ont du tout point de courage ne le sont pas moins pour leur poison. (MALHERBE.)

2. Monsieur de Tulle a surpassé tout ce qu'on espérait de lui dans l'oraison funèbre de M. de Turenne; c'est une action pour l'immortalité. (SÉVIGNÉ.)

3. Je n'aurais pas du moins à cette aveugle rage
Rendu meurtre pour meurtre, outrage pour outrage.
(RACINE.)

4. Compare, prix pour prix,
Les étrennes d'un juge à celle d'un marquis. (RACINE.)

5. Tout ce que j'ai fait pour mon père ne peut valoir ce qu'il a fait pour moi. (MALHERBE.)

6. Ne méprisez point un homme pour avoir des parents que la fortune n'a pas beaucoup favorisés. (MALHERBE.)

7. Il y a aujourd'hui neuf mois, jour pour jour, dimanche pour dimanche, que je vous quittai à Charenton. (SÉVIGNÉ.)

8. Pour tout le bruit qu'ils font, ni eux ni leurs bienfaits n'en sont pas estimés davantage. (MALHERBE.)

9. Je suis ici dans une fort grande solitude et, pour n'y être pas accoutumée, je m'y accoutume assez bien. (SÉVIGNÉ.)

10. Il me semble qu'il y a bien des raisons pour et contre.
(MONTESQUIEU.)

11. Le pour et le contre sont venus au monde avec le tien et le mien. (BALZAC.)

12. J'ai toujours cru que, pour belle que fût une pensée, tomber en soupçon de la tenir d'un autre, c'est l'acheter plus qu'elle ne vaut. (CORNEILLE.)

13. Tes maux, pour grands qu'ils soient, ne peuvent mériter
Le bien qui t'est promis en la gloire future. (CORNEILLE.)

14. Il aime mieux, ce me semble, ne voir jamais une pièce, pour belle qu'elle soit, que de la voir une seconde fois. (RACINE.)

319ᵉ EXERCICE.

(Grammaire, § 412.)

I. — *A quelles remarques de grammaire peuvent donner lieu les phrases suivantes?*

1. Vous avez sans doute entendu louer le chevalier de Grignan sur le passage du Rhin. (SÉVIGNÉ.)

2. Pour moi je vous avoue que je suis pour Mme du Deffant, qui disait que l'Esprit des lois était de l'esprit sur les lois.

(VOLTAIRE.)

3. Voici le temps enfin qu'il faut que je m'explique.

(RACINE.)

4. Voici votre Mathan; je vous laisse avec lui. (RACINE.)

5. Pleurez donc ce grand capitaine et dites en gémissant : « Voilà celui qui nous menait dans les combats. (BOSSUET.)

6. C'est le sincère aveu que je voulais vous faire ; Voilà tous mes forfaits. En voici le salaire. (RACINE.)

7. Le voyageur s'éloigne : et voilà qu'un nuage L'oblige de chercher retraite en quelque lieu.

(LA FONTAINE.)

8. Ainsi qu'il [un soldat] étoit au gibet, voici arriver ce compagnon égaré. (MONTAIGNE.)

9. Tremblez, tremblez, méchants, voici venir la foudre.

(CORNEILLE.)

10. C'est le coup, scélérat, par où tu m'expédies ; Et voilà couronner toutes tes perfidies. (MOLIÈRE.)

II. — *Ce vers de Racan est-il correct?*

La voici qu'elle vient plus belle que l'aurore.

III. — *De ces deux tournures laquelle est grammaticalement incorrecte, et pourquoi?*

Eh bien! ne voilà pas mon enragé de maître? (MOLIÈRE.)
Voilà-t-il pas monsieur qui ricane déjà! (MOLIÈRE.)

320ᵉ EXERCICE.

Question de grammaire

L'emploi des prépositions **à, de, près de, par** *n'était-il pas plus étendu dans la langue du* XVIIᵉ *siècle que dans la langue actuelle?*

CHAPITRE IX

SYNTAXE DE LA CONJONCTION

QUESTIONNAIRE

Que savez-vous sur l'ancienne locution conjonctive *ce que*? § 416.

Peut-on dans une même période employer *afin de* et *afin que*?

Quel était le sens de *devant que*?

La locution *encore que* a-t-elle été beaucoup usitée?

Quel est le sens de *malgré que*?

Au XVII⁰ siècle l'adverbe *autant* était-il toujours suivi de *que*?

Comment explique-t-on *que* dans la locution : *Il a fait du mieux qu'il a pu*?

Que ne s'est-il pas employé après *admirer*?

Comment explique-t-on la construction : *Je ne puis que je ne m'écrie*?

Que savez-vous sur l'emploi de *que ne* dans le sens de *sans que*?

Quel est le sens de *Qu'ainsi ne soit* dans les Sermons de Bossuet?

A quelle remarque de grammaire historique donne lieu la différence établie entre *quoique* et *quoi que*, *parce que* et *par ce que*? § 417.

Citez quelques emplois de *que* répondant soit au *quum* des Latins, soit à *quoi*. § 419.

Comment explique-t-on l'emploi de *que* dans le sens de *si ce n'est*?

Au XVII⁰ siècle *que* remplaçant *si* indiquait-il toujours un doute dans la pensée?

Autrefois, dans les propositions coordonnées, la conjonction *que* était-elle toujours répétée?

A quoi équivalait *si peu que*?

A quel mot latin correspond *si* dubitatif? § 420.

Que signifiait, au XVII⁰ siècle, la locution *si est-ce que*?

Si ne s'est-il pas employé seul avec un sens analogue?

Comment explique-t-on *que ne* employé dans le sens de *pourquoi*?

321⁰ EXERCICE.

(Grammaire, § 416.)

A quelles remarques de grammaire historique peuvent donner lieu les phrases suivantes?

1. Et ce qu'il se laissoit si peu voir et se tenoit ainsi clos en son charriot, estoit afin que l'on ne le connust si desfait.

(COMMINES, XVᵉ *siècle.*)

2. Afin de juger plus sainement et que nous ne pensions pas que... (DESCARTES.)

3. Le marchand fait des montres pour donner de sa marchandise ce qu'il y a de pire; il a le cati et les faux jours, afin d'en cacher les défauts et qu'elle paraisse bonne.

(LA BRUYÈRE.)

4.   Celle-ci prévoyoit jusqu'aux moindres orages
        Et devant qu'ils fussent éclos
        Les annonçoit aux matelots. (LA FONTAINE.)

5.   Et devant que je meure
        Consolez mes vieux ans dont vous faites l'espoir.
                                        (VOLTAIRE.)

6. Il lui demanda. devant que de l'acheter, à quoi il lui serait propre. (LA FONTAINE.)

7. Mme la comtesse de Moret est toute à la dévotion, encore
qu'elle ne peut persuader beaucoup de gens que ce soit à bon
escient. (MALHERBE.)

8. C'était une grande princesse. encore même qu'elle fût
prisonnière. (MALHERBE.)

9. Qu'il fasse autant pour soi comme je fais pour lui.
                                        (CORNEILLE.

10. Il y a autant de divers cieux comme il y a d'étoiles.
                                        (DESCARTES.)

11.   Admirez
        Que ces prisonniers avec lui conjurés
        Sous cette illusion couraient à la vengeance.
                                        (CORNEILLE.)

12. N'admirez-vous pas que Dieu m'a ôté cet amusement.
                                        (SÉVIGNÉ.)

13. Le retranchement de cette faveur, à laquelle vous m'a-
vez accoutumé, ne peut qu'il ne me soit sensible au dernier
point. (CORNEILLE.)

14. Il ne peut pas qu'il ne soit, lui qui possède la plénitude
de l'être. (BOSSUET.)

15. En vérité, je ne puis pas, mes chers auditeurs, que je
ne déplore notre misère et notre faiblesse. (BOURDALOUE.)

322ᵉ EXERCICE.

(Grammaire, § 419.)

A quelles remarques de grammaire peuvent donner lieu les phrases suivantes? Indiquer, quand il y a lieu, le sens de la conjonction que.

1. Que vous réussissiez ou que vous ne réussissiez pas, c'est un soin dont il vous décharge. (BOURDALOUE.)

2. Nous faisions la guerre au bonhomme d'Andilly, qu'il avait plus d'envie de sauver une âme qui était dans un beau corps qu'une autre. (SÉVIGNÉ.)

3. Au même temps que vous recevez, vous êtes quittes si vous voulez. (MALHERBE.)

4. En l'âge que nous trouvons nos parents sévères, et que nous n'avons pas le jugement de comprendre le bien que nous en recevons, nous leur voulons du mal. (MALHERBE.)

5. Qui bailla le consulat au fils de Cicéron, que la mémoire de son père. (MALHERBE.)

6. De quoi nous fâchons-nous tous les jours que de la prospérité de ceux qui ne valent rien? (MALHERBE.)

7. Descendons-nous tous deux que de bonne bourgeoisie?
(MOLIÈRE.)

8. Il ne dit pas une parole qu'en italien. (SÉVIGNÉ.)

9. Pourquoi le temps vous est-il donné, que pour demander à Dieu qu'il oublie vos crimes? (MASSILLON.)

10. Ai-je fait un seul pas que pour te rendre heureuse?
(VOLTAIRE.)

11. Si je n'ai pas eu des sentiments humbles et que j'ai élevé mon âme, Seigneur, ne me regardez pas. (BOSSUET.)

12. Quel lien nous faut-il que notre propre cause?
Et quel autre serment que l'honneur, la parole?
(VOLTAIRE.)

13. Celui qui premier s'avisa de dire qu'au pays de Lacédémone celui qui est libre est plus libre, et celui qui est serf est plus serf que nulle part ailleurs en tout le monde, connut très bien la différence qu'il y a entre la liberté et la servitude de là et d'ailleurs. (AMYOT, *Lycurgue.*)

14. « Tu me sembles, Seigneur, plus digne d'être roi que ton frère Amulius, parce que tu enquiers et écoutes avant que de condamner et lui condamne avant que ouïr les parties. » (AMYOT, *Romulus.*)

15. Mesmement que la lune étoit jà fort basse. et qu'encore si peu de clarté qu'elle rendoit étoit offusquée de tant d'armes et de tant d'hommes qui alloient et venoient. (AMYOT.)

16. Il manquoit déjà beaucoup de choses à son armée; premièrement de l'eau pour boire. les ennemis ayant empoisonné si peu qu'il y en avoit de bonne. (MÉZERAY.)

323ᵉ EXERCICE.

(Grammaire, § 420 *bis.*)

I. *Dans les phrases suivantes indiquer les différents sens de* si, *ou remarquer les emplois particuliers de cette conjonction.*

1. Quelque élevés qu'ils soient. si sont-ils mis au moindre des hommes par quelque endroit. (PASCAL.)

2. Si faut-il bien pourtant trouver quelque moyen. quelque invention, quelque ruse, pour attraper notre brutal. (MOLIÈRE.)

3. Le muletier est nu-pieds; et si, ce n'est point qu'il ait trop de chaud. (MALHERBE.)

4. M. le prince avoit convié plusieurs gentilshommes à son ballet, mais ils s'en excusèrent, si par faute d'argent, ou pour autres considérations, c'est à vous à le deviner. (MALHERBE.)

- **5.** L'amour à vos beaux jours joindra-t-il mon destin,
  Ou si votre refus sera mon assassin? (ROTROU.)

6. Avez-vous oublié que vous parlez à moi
  Ou si vous présumez être déjà mon roi? (CORNEILLE.)

7. Enfin exigea-t-il vos hommages comme un tyran, ou s'il mérita votre tendresse comme un vrai père? (MASSILLON.)

8. Mandez-moi les sentiments de ma tante sur notre succession : veut-elle suivre mon exemple, ou si elle veut retirer ma part? (SÉVIGNÉ.)

II. *Voltaire dit à propos de ce vers de Corneille :*
    Tombé-je dans l'erreur ou si j'en vais sortir?

« Il faut : ou bien vais-je en sortir? Il n'y a qu'un cas où ce *si* est admis, c'est en interrogation : si je parle ? si j'obéis ? si je commets ce crime? On sous-entend : Qu'arrivera-t-il? qu'en pensez-vous? »

Que doit-on penser de cette critique de Voltaire?

324ᵉ EXERCICE.

Question de grammaire.

Quelles sont les conjonctions ou locutions conjonctives, qui, employées au XVIIIᵉ siècle, ne sont plus d'usage aujourd'hui? Insister sur celles de ces locutions qui étaient un souvenir de la construction latine.

SYNTAXE DES MOTS INVARIABLES

Revision.

325ᵉ EXERCICE.

A quelles remarques de grammaire historique peuvent donner eu les phrases suivantes?

1. Et voyant qu'ils ne fuyoient pas tous en troupe vers la ville, ains s'écartoient parmi les champs çà et là, il fit sonner la retraite, défendant qu'on ne les chassât plus.

(AMYOT, *Philopœmen.*)

5. Le tyran ne l'attendit pas, ni ne se présenta pas pour le combattre, ains s'enfuit cacher en la troupe de ses gardes.

(AMYOT, *Pélopidas.*)

3. En Lacédémone, le pancrace et le ceste étaient défendus.
(MALHERBE.)

4. Au même temps qu'on les répare (*ces fontaines*)
L'eau s'enfuit d'un autre côté. (MALHERBE.)

5. J'ai quasi envie de me dispenser de ne rien vous écrire.
(MALHERBE.)

6. Il n'y a personne ingrat. (MALHERBE.)

7. Quelle présomption de croire que les dieux,
Qui là-haut sont ravis en la gloire des cieux,
Daignent penser en nous qui ne sommes que terre.
(RACAN.)

8. Les flambeaux éternels qui font le tour du monde
Percent à longs rayons le noir cristal de l'onde.
(RACAN.)

9. Chimène est au palais, de pleurs toute baignée,
Et n'en reviendra point que bien accompagnée.
(CORNEILLE.)

10. J'en sais mieux le haut prix, et mon cœur amoureux,
Moins il s'en connaît digne, et plus s'en tient heureux.
(CORNEILLE.)

11. Viriate, il est vrai, pourra s'en émouvoir ;
Mais que sert la colère où manque le pouvoir ?
(CORNEILLE.)

12. Plus grande en est la peine, et plus grande est la gloire.
(CORNEILLE.)

13. Les Mores ont appris par force à vous connaître,
Et tant de fois vaincus, ils ont perdu le cœur
De se plus hasarder contre un si grand vainqueur.
(CORNEILLE.)

14. Je n'ai de goût qu'aux pleurs que tu me vois répandre.
(RACINE.)

15. Il faut avoir l'esprit plus libre que je ne l'ai pas.
(RACINE.)

16. J'ai une tendresse pour mes chevaux qu'il me semble que c'est moi-même. (Molière.)

17. Sors vite que je ne t'assomme. (Molière.)

18. Il n'avouera jamais qu'il est médecin, que vous ne preniez chacun un bâton. (Molière.)

326ᵉ EXERCICE.

A quelles remarques de grammaire historique peuvent donner lieu les phrases suivantes ?

1. Les Athéniens combattirent courageusement, sans point épargner leurs personnes. (Amyot.)

2. Que si l'ambition de commander aux autres
Fait marcher aujourd'hui vos troupes et les nôtres,
Pourvu qu'à moins de sang nous voulions l'apaiser,
Elle nous unira loin de nous diviser.

(Corneille.)

3. On prépare à demain exprès d'autres victimes.

(Corneille.)

4.   Et mon cœur, accablé de mille déplaisirs,
Cherche la solitude à cacher ses soupirs.

(Corneille.)

5. Quelque effort qu'ici-bas l'homme fasse à bien vivre,
Il est souvent trahi par sa fragilité.

(Corneille.)

6.   Adieu, toute la chasse prête
N'attend que ma présence à relancer la bête.

(Corneille.)

7.   Quiconque après sa perte aspire à se sauver,
Est indigne du jour qu'il tâche à conserver.

(Corneille.)

8.   Si l'amitié vous plaît, si vous aimez l'estime,
A vous les refuser je croirais faire un crime.

(Corneille.)

9. Je vous avais bien dit que je vous fâcherais, de vous dire la vérité. (MOLIÈRE.)

10. Comment voudriez-vous qu'ils traînassent un carrosse qu'ils ne peuvent pas se traîner eux-mêmes? (MOLIÈRE.)

11. Allons, venez çà tous, que je vous distribue mes ordres.
(MOLIÈRE.)

12. Je ne puis cette fois que je ne les excuse. (BOILEAU.)

13. Dieu laissa-t-il jamais ses enfants au besoin. (RACINE.)

14. L'un ni l'autre jamais n'ose lever les yeux. (RACINE.)

15.   Es-tu toi-même si crédule
Que de me soupçonner d'un courroux ridicule!
(RACINE.)

16. Je ne veux de réponse que celle que vous me faites tous les jours. (SÉVIGNÉ.)

17. La Brinvilliers écouta son arrêt sans frayeur ni sans faiblesse. (SÉVIGNÉ.)

18.   La mort a respecté ces jours que je te dois,
Pour me donner le temps de m'acquitter vers toi.
(VOLTAIRE.)

327ᵉ EXERCICE.

A quelles remarques de grammaire historique peuvent donner lieu les phrases suivantes?

1. Tu ne mourras point que de la main d'un père.
(CORNEILLE.)

2. Point de soldats au port, point aux murs de la ville.
(CORNEILLE.)

3. Comme a-t-elle reçu les offres de ma flamme.
(CORNEILLE.)

4.   Adieu. Je vais traîner une mourante vie,
Tant que par ta poursuite elle me soit ravie.
(CORNEILLE.)

5. Et d'autant plus que l'honneur m'est plus cher que le jour,
D'autant plus maintenant je te dois de retour.

(CORNEILLE.)

6. C'est un parti où il n'y a point à redire. (MOLIÈRE.)

7. Ne vous laissez-pas entraîner aux premiers mouvements de votre passion. (MOLIÈRE.)

8. Les envieux mourront, mais non jamais l'envie.

(MOLIÈRE.)

9. Il leur vaudrait bien mieux, les pauvres animaux! de travailler beaucoup et de manger de même. (MOLIÈRE.)

10. Dis-tu pas qu'on t'a dit qu'il s'appelle Valère?

(MOLIÈRE.)

11. Qu'on se laisse aisément persuader aux personnes qu'on aime. (MOLIÈRE.)

12. Il aime quelquefois sans qu'il le sache bien,
Et croit aimer aussi parfois qu'il n'en est rien.

(MOLIÈRE.)

13. Tullius établit le cens par où cette grande ville se trouva réglée comme une famille particulière. (BOSSUET.)

14. Voulez-vous que je passe plus outre. (BOSSUET.)

15. Mais vous, ô mes saintes, venez et goûtez que le Seigneur est doux. (BOSSUET.)

16. Les rivières vont se précipiter dans la mer pour en faire le centre du commerce à toutes les nations. (FÉNELON.)

17. Quoi donc, vous vous laissez vaincre à votre malheur!

(FÉNELON.)

18. Ni les Hébreux, ni les Égyptiens, ni les Grecs n'apprenaient point de langue étrangère, pour être comme l'instrument de leurs études. (FLEURY.)

328ᵉ EXERCICE.

*A quelles remarques de grammaire historique peuvent donner
lieu les phrases suivantes?*

1. L'Albain percé de coups ne se traînait qu'à peine.
(CORNEILLE.)

2. Si peu que j'ai d'espoir ne luit qu'avec contrainte.
(CORNEILLE.)

3. Je crois avoir démontre que l'action de l'Heautontimo-
roumenos de Térence comprend du moins quinze heures.
(MÉNAGE.)

4. C'est ici une aventure où je ne m'attendais pas.
(MOLIÈRE.)

5. Vous ne pouvez pas que vous n'ayez raison. (MOLIÈRE.)

6. Il me vaudrait bien mieux d'être au diable que d'être à
lui. (MOLIÈRE.)

7. Je ne lui confierai l'état de ma garde robe.
(LA BRUYÈRE.)

8. Nous ne sommes point plus caressés de personne, pendant notre vie, que de celui qui croit gagner à notre mort.
(LA BRUYÈRE.)

9. Je connais Mopse d'une visite qu'il m'a rendue sans me
connaître. (LA BRUYÈRE.)

10. Les dialogues de Platon ne sont donc pas de pures
fictions, comme l'on se pourrait imaginer, ce sont des peintures faites après nature. (FLEURY.)

11. Les Juifs n'ont point permission de demeurer à Var-
sovie que pendant les diètes. (REGNARD.)

12. Traduire selon le sens le plus proche de la diction
grecque. (RICHELET.)

13. Plus tôt mourir que de faire une lâcheté.
(ACADÉMIE, 1694.)

14. Plus les hommes seront éclairés et plus ils seront libres. (VOLTAIRE.)

15. C'est en Amérique où nous trouverons un très grand nombre de mines d'argent. (BUFFON.)

16. Un ordre de Bonaparte avait défendu de laisser entrer personne à Smolensk avant que les postes n'eussent été remis à la garde impériale. (CHATEAUBRIAND.)

17. J'avilirais le sceptre à venger mon injure.

(C. DELAVIGNE.)

18. Plus obscure est la nuit et plus l'étoile y brille.

(LAMARTINE.)

329ᵉ EXERCICE.

A quelles remarques de grammaire historique peuvent donner lieu les phrases suivantes ?

1. Toutefois il semble que le dire de Thucydide s'accorde mieux avec les chroniques et les tables où est enregistrée la suite des temps, encore qu'elles-mêmes ne soient pas guère certaines. (AMYOT, *Thémistocle.*)

2. Il... leur remontra... qu'il falloit qu'ils observassent ses lois et ordonnances inviolablement, sans y rien changer, remuer ou altérer, jusqu'à ce qu'il fût de retour de la ville de Delphes : et, quand il en seroit revenu, ils feroient ce que le dieu lui auroit conseillé. (AMYOT, *Lycurgue.*)

3. Quel autre moyen avons-nous de nous conserver que par la vicissitude des services que nous nous rendons ?

(MALHERBE.)

4. Ce que tu tiens de moi, des jardins, des rentes et des maisons, ce sont toutes choses sujettes à mille accidents.

(COEFFETEAU.)

5. Donne-lui cette lettre, et moi, sans plus mentir,
Avec les prisonniers j'irai me divertir.

(CORNEILLE.)

6. Qui s'avoue insolvable aucunement s'acquitte;
Pour m'acquitter vers vous autant que je le puis,
J'avoue, et hautement, monsieur, que je le suis.

(CORNEILLE.)

7. DORANTE. O le charmant portrait! L'adorable peinture !
Elle est faite à plaisir.
LISE.   Après le naturel.

(CORNEILLE.)

8. Avant qu'offrir des vœux je reçois des refus.

(CORNEILLE.)

9. Il n'y a rien que je déteste davantage que de blesser
la vérité. (PASCAL.)

10. Quelqu'autre que lui eût encore hazardé un crime,
pour après avoir le temps de s'en justifier (MÉZERAY.)

11.   Je ne puis qu'en cette préface
Je ne partage entre elle et vous
Un peu de cet encens qu'on recueille au Parnasse.

(LA FONTAINE.)

12. Et qui connait que vous les beautés et les grâces?

(LA FONTAINE.)

13. Dans la dépendance où je me vois puis-je former que
des souhaits? (MOLIÈRE.)

14. Je vous crois trop raisonnable pour vouloir exiger de
moi que ce qui peut m'être permis par l'honneur. (MOLIÈRE.)

15. Je suis bien aise d'apprendre comme on parle de moi.

(MOLIÈRE.)

16. Il a fallu en venir à l'altération du texte pour du moins
le rendre douteux. (BOSSUET.)

17. Je vous raconterais avec soin ses miracles presque
infinis, n'était que ce détail apporterait peu de fruit.

(BOSSUET.)

18. Je ne sais point en détail les fautes qu'ils ont faites
vers vous. (FÉNELON.)

SUPPLÉMENT

NOTIONS COMPLÉMENTAIRES

CHAPITRE PREMIER

FORMATION DES MOTS

QUESTIONNAIRE

Quels sont les divers éléments dont peuvent se composer les mots? § 422.

Qu'est-ce que la racine? § 423.

D'où vient le mot racine?

Qu'est-ce que le radical? § 424.

D'où vient le mot radical?

Qu'appelle-t-on *affixes*? § 425.

Quelle différence y a-t-il entre les *préfixes* et les *suffixes*?

D'où viennent les mots affixes, préfixes et suffixes?

Qu'appelle-t-on *désinences*? § 426.

Que désigne-t-on sous le nom de *terminaison*? § 428.

Tous les mots sont-ils simples? § 429.

Quels sont les mots primitifs? § 430.

Quels sont les mots dérivés?

Comment les mots composés sont-ils formés? § 431.

De quels éléments les mots composés sont-ils formés? § 436.

Quels sont les préfixes qui entrent dans la formation des mots composés?

Dans certains mots composés y a-t-il eu altération des éléments qui les constituent?

Comment, si on les examine au point de vue de leur forme, peut-on classer les mots composés?

Dans les mots composés formés de deux mots simples, les mots simples sont-ils toujours reconnaissables?

Citez des mots composés français formés de deux mots latins.

Y a-t-il des mots composés venus directement du grec ou du latin.

Qu'appelle-t-on mots *juxtaposés*?

Quelle serait la seule classification naturelle des mots composés?

Quels sont les divers procédés de composition en français?

Dans tout mot composé, y a-t-il un mot qui exprime l'idée principale?

Qu'appelle-t-on *famille de mots*? § 437.

En quoi consiste l'analyse étymologique? § 439.

I. — Des mots et de leurs divers éléments.

330ᵉ EXERCICE.

(Grammaire, §§ 422-427.)

Dans chacun des mots suivants, distinguer la racine, le radical, le suffixe et, s'il y a lieu, le préfixe et la désinence ;

dresser un tableau analogue à celui qui est dans la grammaire
au § 427.

1. But, buter, débuter.

2. Gorge, gorgerette, engorgement, dégorger, regorger.

3. Ivre, ivresse, enivrer, enivrement.

4. Rang, rangée, [vous] arrangeâtes, déranger.

5. Rond, rondeur, [des] rondelles, [nous] arrondirons.

6. Aspect, perspective, circonspection, respectable.

331ᵉ EXERCICE.

(Grammaire, §§ 426-428.)

Dans les mots suivants séparer les désinences du radical et
dire ce qu'indiquent les désinences :

1. [Nous] aimerons les élèves laborieux.

2. Les consuls romains commandaient les armées.

3. Toutes les femmes recherchent les bijoux.

4. [Nos] amis [nous] adressent [de] bonnes paroles.

II. — Des diverses espèces de mots.

332ᵉ EXERCICE.

(Grammaire, §§ 430-431.)

Mettre les mots suivants en trois colonnes : mettre dans la
première les mots primitifs, dans la seconde les mots dérivés,
dans la troisième les mots composés; placer sur la même ligne,
s'il est possible, les mots de la même famille :

Arc. — Archer. — Arc-en-ciel. — Avant-coureur. —
Balle. — Ballon. — Bonhomme. — Château. — Châ-
teau-fort. — Châtelain. — Chèvre. — Chèvrefeuille. —
Chevrotine. — Contre-marche. — Courir. — Démarche.
— Dépoter. — Essuie-mains. — Essuyer. — Garde. —

Garde-chasse. — Gardien. — Homme. — Hommelette.
— Hôtel. — Hôtelier. — Hôtel-Dieu. — Jet. — Jet-
d'eau. — Marche. — Parcourir. — Passe-port. — Pied-
à-terre. — Port. — Porte-balle. — Pot. — Pot-au-feu.
— Rejeter. — Remporter. — Resserrer. — Serre-tête.
— Serrer. — Suie. — Terre. — Terrestre. — Vent. —
Ventiler. — Vol-au-vent.

III. — Des affixes.

1° *Préfixes.*

333ᵉ EXERCICE.

Trouver les préfixes français venus du préfixe latin **ad** *; en
indiquer la signification et donner des exemples de mots formés
avec ces préfixes.*

334ᵉ EXERCICE.

*Faire la liste de tous les préfixes français venus de préfixes
grecs: en indiquer la signification et donner des exemples de
mots formés avec ces préfixes. Dire si ces mots sont de formation
savante ou d'origine populaire.*

335ᵉ EXERCICE.

*Indiquer l'origine latine et la signification des préfixes fran-
çais* **com, dis, en, ex, in, mes, ob, per, pro, sous, super,
trans** *; dire quels autres préfixes ont été formés de ceux-là par
altération, assimilation, etc., et donner des exemples.*

336ᵉ EXERCICE.

*Indiquer les préfixes qui se trouvent dans les mots suivants;
dire la signification de chaque préfixe et la signification de
chaque mot.*

Amener. — S'abstenir. — Adjoindre. — Affluer. —

Annoter. — Assiéger. — Attenter. — Ambition. — An-
tédiluvien. — Aîné. — Antidater. — Bénédiction. —
Bienfait. — Biscuit. — Bipède. — Circumnavigation. —
Circonscrire. — Cisalpin. — Combattre. — Coassocié.
— Collaborer. — Concitoyen. — Correspondre. — Con-
travention. — Contrôle.

337ᵉ EXERCICE.

Comme le précédent.

Dépayser. — Déshonorer. — Distraire. — Disperser.
— Diffamer. — Encadrer. — Emmagasiner. — Entre-
mêler. — Excommunier. — Écrémer. — Effusion. —
Essouffler. — Extraordinaire. — Forfaire. - - Fourvoyer.
— Inscrire. — Illuminer. — Immerger. — Irruption.
Infidèle. — Illettré. — Immérité. — Irrégulier. — Inter-
valle. — Introduire.

338ᵉ EXERCICE.

*Avec des préfixes et les verbes simples suivants former des
verbes composés.*

Battre. — Charger. — Courir. — Crier. — Dire.
— Écrire. — Faire. — Fier. — Former. — Joindre. —
Jurer. — Lacer. — Laisser. — Lever. — Lier. — Man-
der. — Mâter. — Mener. — Mettre. — Monter.

339ᵉ EXERCICE.

Comme le précédent.

Paraître. — Parer. — Passer. — Planter. — Poser.
— Porter. — Poster. — Pendre. — Prendre. — Prou-
ver. — Quérir. — Sentir. — Serrer. — Signer. — Tenir.
— Tourner. — User. — Veiller. — Venir. — Voir.

2° *Suffixes.*

340ᵉ EXERCICE.

Trouver les substantifs français venus des substantifs latins suivants; souligner les suffixes latins et les suffixes français.

Abolitionem. — Abundantiam. — Accusatorem. — Accusatricem. — Adulatricem. — Adversarium. — Avaritiam. — ✝ Bataliam. — Beneficium. — ✝ Campaniam. — Capreolum. — Certitudinem. — Claviculam (*deux mots*). — Consulatum. — Craticulam. — Decanum. — Dividendum. – Dormitorium. — Eleemosinarium. — Examen. — Factionem (*deux mots*). — Filiolum. — Granarium. — Historiam. — Justitiam. — Latronem. — Legendam. — Leporellum. — Levamen.

341ᵉ EXERCICE.

Comme le précédent.

Manicam. — Militarem. — Naturam. — Negligentiam. — Opusculum. — Oraculum. — Paganum. — Paupertatem. — Perfidiam. — Perticam. — Pigritiam. — ✝ Piluccium. — Potionem (*deux mots*). — Prophetissam. — ✝ Ramellum. — Ranunculam. (*deux mots*). — Rationem (*deux mots*). — Refectorium. — Reprimendam. — Salvatorem. — Sanitatem. — ✝ Scutarium. — Sœcularem. — Sophistam. — Spectaculum. — Testamentum. — Tristitiam. — Venatorem. — ✝ Vervecarium. — ✝ Viarium. — Viaticum. — Vivarium.

342ᵉ EXERCICE.

Trouver des noms indiquant l'agent, formés avec l'un des suffixes **eur, teur, er, ier, ien, iste,** *et ayant la même racine que les mots suivants :*

Accuser. — Acheter. — Archive. — Art. — Artifice.

— Aumône. — Balayer, — Blanchir. — Botanique. —
Brique. — Changer. — Charpente. — Chiffon. — Chimie.
— Chirurgie. — Conduire. — Christianisme. — Cou-
teau (anc. franc. coutel). — Couvrir. — Cultiver. —
Dent. — Détruire. — Diriger. — Drogue. — Fable (fa-
bulam). — Fosse. — Horloge. — Herbe. — Jardin. —
Labourer. — Liqueur. — Machine. — Marbre. — Mode.
— Monnaie. — Musique. — Œil (oculum). — Oiseau
(anc. franc. oisel). — Paysage. — Pêcher. — Pharmacie.
— Physique. — Piano. — Profaner. — Restituer. —
Serrure. — Succéder. — Tuile. — Vaincre. — Vitre.

343ᵉ EXERCICE.

*Trouver des noms indiquant l'action ou le résultat de l'action,
formés avec l'un des suffixes* **tion** (**ation, ition, ission**),
ment, age, ure, *et ayant la même racine que les mots suivants :*

Abolir. — Agir. — Agriculture. — Apprenti. — Ba-
din. — Bêler. — Blesser. — Brigand. — Conclure. —
Confesser. — Confondre. — Conserver. — Convertir. —
Comique. — Créer. — Diriger. — Distribuer. — Éclai-
rer. — Expulser. — Feuille. — Fonder. — Hurler. —
Imaginer. — Imiter. — Instruire. — Lire. — Mugir. —
Nager (*natare*). — Naviguer. — Ombre. — Orner. —
Payer. — Peindre. — Pèlerin. — Permettre. — Pro-
duire. — Protéger. — Raccommoder. — Rétribuer. —
Rugir. — Séduire. — Soulager. — Soumettre. — Suc-
céder. — Témoigner. — Tester. — Voyager.

344ᵉ EXERCICE.

*Trouver des noms indiquant la manière, les qualités ou les
défauts, formés avec l'un des suffixes* **ance, ence, esse, té,
tude, erie, ise,** *et ayant la même racine que les mots suivants :*

Abondant. — Adroit. — Apparent. — Bas. — Bête. —

Bienfaisant. — Brusque. — Brutal. — Complaire. — Constant. — Corpulent. — Crédule. — Curieux. — Défiant. — Digne. — Élégant. — Éloquent. — Étourdi. — Excellent. — Fainéant. — Fourbe. — Franc. — Fréquent. — Gentil. — Gourmand. — Humain (*humanum*). — Ignorer. — Imprudent. — Innocent. — Médire. — Mûr (*maturum*). — Négliger. —. Noble. — Obéir. — Obscur. — Persévérer. — Pervers. — Poli. — Préférer. — Prudent. — Sage. — Sain (*sanum*). — Saint. — Sot. — Suffire. — Sûr. — Tempérer. — Triste. — Vaillant. — Violent.

345ᵉ EXERCICE.

Trouver des noms de lieux ou d'instruments, formés avec l'un des suffixes **acle, ail, ain, oir, oire, er,** *et ayant la même racine que les mots suivants :*

Abreuver. — Arroser. — Balancer. — Bassiner. — Bûcher. — Chiffon. — Compter. — Cracher. — Dame. — Dormir. — Échec. — Écrire. — Écumer. — Épouvanter. — Éteindre. — Éventer. — Fruit. — Grain. — Gratter. — Guêpe. — Huile. — Laminer. — Lever. — Mirer. — Nager. — Obus. — Parler. — Passer. — Planter. — Raser. — Ruche. — Salade. — Semer. — Soupirer. — Spectateur.

346ᵉ EXERCICE.

Indiquer les diminutifs des mots suivants.

Ane. — Animal. — Arbre. — Bande (*deux diminutifs*). — Baril. — Bateau (*ancien français* bàtel). — Bâton. — Bois (*bas-latin* boscum). — Boule. — Broche. — Bûche. — Caisse (*latin* cassam). — Carpe. — Chambre. — Chanson. — Chausse. — Chemise. — Chêne. — Corps (*latin* corpus). — Croc. — Cuve. — Dindon. — Épaule.

13

— Femme. — Feuille. — Fil. — Fille. — Fleur. —
Forme. — Fosse. — Fourche. — Globe. — Goutte. —
Hache. — Histoire (*latin* historiam). — Homme. — Ile.
— Jambon. — Jardin. — Lance. — Langue. — Lièvre
(*à l'origine* lèvre, *du latin* leporem). — Lourd. — Mai-
son. — Manche. — Mie. — Mont. — Mouche. — OEil.
— Oie. — Oiseau. — Orme. — OEuvre (*latin* opus). —
Paille. — Partie. — Peau (*latin,* pellis, *gén.* pellis). —
Pigeon. — Pince. — Planche. — Poule. — Prune. —
Puce. — Roi. — Roue. — Rue. — Sac. — Serpe. —
Solive. — Table. — Tour. — Trompe.

2ᵉ *Classe.* — *Suffixes des adjectifs et participes.*

347ᵉ EXERCICE.

*Trouver les mots français venus des mots latins suivants;
souligner les suffixes dans les mots latins et dans les mots français.*

Adolescentem. — Adversarium. — Amabilem. —
Amantem. — Amatum. — Bellicosum. — Benignum. —
Candidum. — Captivum. — Centesimum. — Civilem.
— Crudelem. — Doctissimum. — Familiarem. — Fini-
tum. — Furibundum. — Heroicum. — Legalem. —
Malignum. — Militarem. — Mortalem. — Perditum.
— Prudentem. — Rapacem. — Rubescentem. — Sana-
bilem. — Scriptum. — Silvaticum. — Solubilem. —
Somniferum. — Submissum. — Valentem.

348ᵉ EXERCICE.

Indiquer les adjectifs formés avec l'un des suffixes **able,
aire, al, el, eux, if,** *et ayant la même racine que les mots
suivants.*

Aborder. — Abus. — Addition. — Admirer. — Adop-

tion. — Adorer. — Adverbe. — Angle. — Année. —
Approbation. — Arsenic. — Attaquer. — Automne. —
Avantage. — Baptême. — Blâmer. — Caverne. — Cel-
lule. — Centre. — Colosse. — Communication. — Com-
parer.— Consul. — Correction. — Corruption. — Cou-
rage. — Crime. — Danger. — Dent. — Déplorer. —
Domicile. — Essence. — Éternité. — Faire. — Faste.
— Grammaire. — Individu. — Langueur. — Location.
Maître. — Matière. — Muscle. — Nature. — Nier. —
Préférer. — Province. — Recteur. — Soufre. — Super-
ficie. — Temps. — Université. — Venin. — Vœu.

3e Classe. — Suffixes des verbes.

349e EXERCICE.

Dans les verbes suivants souligner les suffixes; dire l'origine
de chaque suffixe et ce qu'il signifie.

Aimer. — Barboter. — Bonifier. — Centraliser. —
Côtoyer. — Devoir. — Familiariser. — Ferrailler. —
Finir. — Germaniser. — Gesticuler. — Grisonner. —
Harceler. — Larmoyer. — Marqueter. — Pendiller. —
Pétrifier. — Recevoir. — Rectifier. — Rendre. — Rê-
vasser. — Ridiculiser. — Rimailler. — Tortiller. — Vi-
voter. — Voltiger.

350e EXERCICE.

Indiquer les verbes formés avec l'un des suffixes **fier** *et* **iser**,
et ayant la même racine que les mots suivants :

Auteur. — Bon. — Caractère. — Certain. — Civil. —
Doux. — Égal. — Familier. — Faux (*falsum*). — Faveur.
— Fort. — Fruit. — Gloire. — Humain. — Immortel.
— Juste. — Maître. — Martyr. — Mort. — Organe. —
Paix. — Pur. — Pierre. — Réel. — Ridicule. — Sacré.

— Saint. — Scandale. — Signe. — Simple. — Sympathie. — Tyran. — Vif. — Vrai.

4e *Classe.* — *Suffixes des adverbes et autres particules.*

351e EXERCICE.

(Revoir Grammaire, § 143.)

I. — *Avec le suffixe* **ment** *et les adjectifs suivants, former des adverbes et conclure en disant d'après quels principes ils sont formés.*

Abondant. — Adroit. — Confus. — Courageux. — Élégant. — Éperdu. — Gai. — Impuni. — Joli. — Lent. — Obscur. — Présent. — Prudent. — Savant. — Véhément.

352e EXERCICE.

(Grammaire, § 433, Rem. I.)

Faire la liste des suffixes français qui ne sont pas d'origine latine; citer des mots formés à l'aide de ces suffixes et choisir, autant que possible, d'autres exemples que ceux qui sont donnés dans la grammaire.

353e EXERCICE.

Distinguer parmi les mots suivants ceux qui sont d'origine latine (comme **accusateur** *qui vient de* **accusatorem**), *et ceux qui sont de formation française (comme* **cultivateur**, *qui est dérivé de* **cultiver**).

Accusateur, agriculteur, cultivateur. — Charpentier, banquier, épicier, menuisier. — Antagoniste, chimiste, dentiste. — Abreuvoir, comptoir, pressoir. — Bûcher, clocher, grenier. — Chevreau, drapeau, lapereau, perdreau. — Aiguille, cheville, coquille, faucille, flottille. — Balayage, fermage, raccommodage, voyage. — Demoiselle, écuelle, prunelle, tonnelle. — Chrétien, chirurgien, gardien. — Bestiole, carriole, casserole.

IV. — Des mots dérivés.

354ᵉ EXERCICE.

(Grammaire, § 434.)

Parmi les mots suivants les dérivés seront soulignés une fois, les dérivés de dérivés seront soulignés deux fois.

1. Acte, action, actionner, actionnaire, actif, activité, activement. — 2. Aiguille, aiguillée, aiguillette, aiguillon, aiguillonner. — 3. Ane, ânesse, ânon, ânerie. — 4. Bombe, bombarde, bombarder, bombardement. — 5. Casse, casserole, casserolée. — 6. Centre, central, centraliser, centrifuge, centripète. — 7. Char, charrier, charrette, charretier, charretée. — 8. Fer, ferrer, ferrage, ferrement, ferrure, ferraille, ferrailler, ferrailleur. — 9. Fol, follet, folâtre, folâtrer. — 10. Table, tablier, tablette, tabletier, tabletterie. — 11. Tambour, tambourin, tambouriner. — 12. Voile, voilier, voilure, voilerie.

355ᵉ EXERCICE.

Montrer par un certain nombre de doublets que le suffixe latin et le radical ont été altérés dans les mots de formation populaire et respectés dans les mots de formation savante; voir plus haut, pages 52-53.

356ᵉ EXERCICE.

(Grammaire, § 434.)

Dire de quels mots latins viennent les mots français suivants qui sont de formation populaire; signaler les **lettres parasites ou prosthétiques** *qui se trouvent dans les mots français.*

Accroître. — Ancêtre. — Cendre. — Chambre. — Comble. — Échelle. — École. — Épine. — Étude. — Fronde. — Gendre. — Haut. — Huile. — Huis. — Huit.

— Huître. — Humble. — Jongler. — Langouste. —
Lanterne. — Lendemain. — Lierre. — Loriot. — Lors.
— Luette. — Nombre. — Perdrix. — Poudre. — Rustre. — Tante. — Trahir. — Trésor. — Velours. — Vendredi.

357ᵉ EXERCICE.
(Grammaire, § 435, Rem. II.)

Marquer l'accent tonique sur les mots suivants.

Aiguille, aiguillée. — Blanc, blanchâtre. — Bombe,
bombarde. — Chandelle, chandelier. — Cheval, chevalier. — Clair, clarté. — Cuirasse, cuirassier. — Épice,
épicier. — Faim, famine. — Fer, ferrure. — Figue,
figuier. — Fol, folâtre. — Huître, huîtrerie. — Ile, îlot.
— Maire, mairie. — Notaire, notariat. — Obscur, obscurité. — Pèlerin, pèlerinage. — Porte, portier. — Régler, règlement. — Sec, sécheresse, — Table, tablette.
— Veuve, veuvage. — Voile, voilure.

1° *Dérivation nominale avec suffixes.*

358ᵉ EXERCICE.
(Grammaire, § 435.)

Séparer les substantifs suivants en trois classes selon qu'ils
sont dérivés d'autres substantifs, d'adjectifs ou de verbes ; dire
de quel mot chacun d'eux est formé.

Aiguillée. — Bombarde. — Caisson. — Causeur. —
Célébration. — Centaine. — Cerisier. — Chandelier. —
Chauffage. — Chevalier. — Coureur. — Douairière. —
Douzaine. — Dressoir. — Droiture, — Drôlerie. — Es-
clavage. — Floraison. — Folie. — Forgeron. — Four-
niture. — Fraîcheur. — Frottement. — Guichetier. —
Hôtellerie. — Jaillissement. — Jaunisse. — Lamelle.
Lampiste. — Nageoire. — Noirceur. — Obscurité. —
Remplissage. — Rougeur. — Sécheresse. — Verdure.

359ᵉ EXERCICE.

Dire pour chacun des adjectifs suivants s'il est formé d'un autre mot français (substantif, adjectif ou verbe), ou s'il est venu directement du latin.

Admissible. — Amovible. — Affable. — Argentin. — Argileux. — Bellâtre. — Blâmable. — Blondin. — Bonasse. — Cruel. — Effroyable. — Fâcheux. — Faillible. — Galantin. — Grognard. — Guttural. — Honteux. — Jaunâtre. — Loquace. — Nonchalant. — Original. — Ovoïde. — Pacifique. — Photographique. — Primaire. — Punissable. — Rigide. — Secourable. — Sémillant. — Sensible. — Souhaitable. — Studieux. — Tarissable. — Thermal. — Vagabond. — Violent.

2° Dérivation nominale sans suffixes.

360ᵉ EXERCICE.

Après avoir trouvé les verbes français venus des verbes latins suivants, faire suivre chaque verbe français du substantif qui en est dérivé.

Ex. : *accordare*, accorder, accord.

† Accordare. — † Affrontare. — Adjutare. — † Allongare. — Ambulare. — † Auctoricare, *dérivé de* auctorare. — Annuntiare. — Appellare. — Applicare. — Apportare. — † Appropriare. — † Appodiare. — † Arrestare. — Auscultare. — Blasphemare. — Carricare. — † Cassare. — Cessare. — † Cambiare. — † Combatuere. — Computare. — Concertare. — † Confortare. — Conservare. — Consignare. — Contestari. — † Contrastare. — † Conviare. — Constare. — Collocare. — Colligere. — Crassare. — † Debatuere. — Debacchari. — Declinare. — Decorare. — Dedignari. — Dilatare. — † Demandare. — Demorari. — Denegare. — Derivare. — Dispensare.

— Despoliare. — Desiderare. — Designare. — Destinare. — Disputare. — Dubitare.

361ᵉ EXERCICE.

Comme le précédent.

Elevare. — Emendare. — Evigilare. — † Exclarare. — Excorticare. — Excusare. — Expaventare. — Fatigare. — Fixare. — Flagrare. — Fodicare. — Glandinare. — Gubernare. — Grunnire. — † Imbracchiare. — Implicare. — † Impicare. — † Incavare. — Incrassare. — † Intaleare. — † Intrabare. — † Intertenere. — † Inviare. — Insultare. — Intricare. — Jejunare. — † Juxtare. — Laxare. — Legare. — Ligare. — Locare. — Manu-tenere. — † Mancare. — Modulari. — Monstrare. — Mutare. — Navigare. — † Offerere (*au lieu de* offerre). — Passare. — Percurrere. — Perdonare. — Pacare. — Piscari. — Plorare. — Portare. — Pausare. — Providere. — Pulsare. — Prædicare. — Præsentare. — Pressare. — Præstare. — Prolongare. — Protestari. — Provenire. — Purgare.

362ᵉ EXERCICE.

Comme les précédents.

Quiritare. — Recitare. — Reclamare. — Recurrere. — Recolligere. — Reformare. — Refutare. — Regustare. — Relaxare. — Relevare. — Replicare. — Reportare. — Repausare. — Reservare. — Restare. — Retardare. — Reverberare. — † Recusare. — Sacrare. — Succurrere. — † Solidare. — Sollicitare. — † Subjornare. — Sufflare. — Sustinere. — Taxare. — Temperare. — Tornare. — Tractare. — † Truncare. — † Transpassare. — Transportare. — † Transversare. — † Turbulare. — Visitare.

363ᵉ EXERCICE.

Indiquer les substantifs dérivés des verbes suivants [1] :

Accueillir. — Acquitter. — Adresser. — Afficher. — Appointer. — Apprêter. — Attaquer. — Avancer. — Baigner. — Baisser. — Boûter. — Brouiller. — Buter. — Cacher. — Calquer. — Caqueter. — Carguer. — Chasser. — Chausser. — Choisir. — Compasser. — Confesser. — Consulter. — Contourner. — Coter. — Cumuler. — Déblayer. — Déborder. — Débourser. — Décompter. — Défroquer. — Dégainer. — Dégeler. — Dégoûter. — Démériter. — Départir. — Désarmer. — Dessiner. — Détailler. — Détourner. — Détremper. — Deviser.

364ᵉ EXERCICE.

Comme le précédent.

Ébaucher. — Ébattre. — Écarter. — Echanger. — Écheveler. — Efforcer. — Effrayer. — Égoutter. — Élancer. — Embarrasser. — Émouvoir. — Employer. — Emprunter. — Encaisser. — Enchérir. — Encombrer. — Enter. — Entraver. — Envelopper. — Envoyer. — Éprouver. — Épurer. — Équiper. — Escompter. — Éventer. — Exploiter. — Ficher. — Flairer. — Flotter. — Fouiller. — Fouler. — Frapper. — Frayer. — Froncer. — Gâcher. — Gager. — Gagner. — Galoper. — Garder. — Garer. — Greffer. — Gripper. — Guetter.

---

1. De deux mots français, l'un nom et l'autre verbe, contenant la même racine, le plus long, c'est-à-dire le verbe, n'est pas toujours dérivé du plus court et par l'adjonction d'une nouvelle terminaison. Souvent, au contraire, c'est le plus court qui est sorti du plus long, et une racine toute factice s'est dégagée, sur le terrain français, d'un dérivé étranger par son origine. » E. EGGER, *Observations sur un procédé de dérivation très fréquent dans la langue française et dans les autres idiomes néo-latins*, Paris, 1864, page 36.

365ᵉ EXERCICE.

Comme les précédents.

Hâler. — Hausser. — Jauger. — Lustrer. — Manquer. — Marauder. — Marcher. — Mécompter. — Mépriser. — Miner. — Mirer. — Octroyer. — Offenser. — Parfumer. — Parier. — Percer. — Pincer. — Piquer. — Placer. — Planer. — Planter. — Préluder. — Rabaisser. — Rabattre. — Radouber. — Rafler. — Râler. — Ramasser. — Ramper. — Rapporter. — Rappeler. — Réappeler. — Reborder. — Rebuter. — Réchauffer. — Rechercher. — Récompenser. — Réconforter. — Reculer.

366ᵉ EXERCICE.

Comme les précédents.

Régaler. — Regarder. — Regretter. — Rejeter. — Relayer. — Remblayer. — Remonter. — Remordre. — Remoudre. — Remparer. — Remployer. — Rencontrer. — Renforcer. — Renommer. — Renverser. — Renvoyer. — Reprocher. — Ressauter. — Ressortir. — Retourner. — Revancher. — Réveiller. — Rider. — Rissoler. — Ruser. — Sangloter. — Serrer. — Siéger. — Souhaiter. — Soupirer. — Suinter. — Supporter. — Surcharger. — Surcroître. — Surnommer. — Tailler. — Tirer. — Toquer. — Torcher. — Touer. — Tournoyer. — Tracer. — Tresser. — Tricoter. — Trousser. — Veiller. — Vendanger. — Verser. — Vocaliser. — Voler.

367ᵉ EXERCICE.

Dire d'où viennent les substantifs verbaux suivants.

Allée. — Arrivée. — Chute. — Contrainte. — Conquête. — Course. — Couvée. — Curée. — Découverte.

— Dédit. — Défense. — Destinée. — Dette. — Dit. — Durée. — Échappée. — Élite. — Émeute. — Emplette. — Entorse. — Fonte. — Fuite. — Fumée. — Gelée. — Issue. — Joint. — Livrée.

368ᵉ EXERCICE.

Comme le précédent.

Mêlée. — Meute. — Montée. — Offense. — Offerte. — Ouïe. — Partie. — Pente. — Pensée. — Percée. — Perte. — Permis. — Pesée. — Pincée. — Plainte. — Pointe. — Pointillé. — Portée. — Poussée. — Préjugé. — Quête. — Rangée. — Recette. — Reçu. — Reculée.

369ᵉ EXERCICE.

Comme les précédents.

Réduit. — Référé. — Refonte. — Régie. — Remise. — Rente. — Renommée. — Rentrée. — Réponse. — Restant. — Résumé. — Revenu. — Revue. — Route. — Saignée. — Sortie. — Source. — Suée. — Suite. — Sursis. — Teinte. — Tente. — Tenue. — Tournée. — Tracé. — Trait. — Traite. — Value. — Vente. — Visée.

370ᵉ EXERCICE.

Dire pour chacun des verbes suivants s'il vient d'un substantif, d'un adjectif ou d'un autre verbe.

Aigrir. — Aiguillonner. — Bêcher. — Blanchir. — Bleuir. — Boiser. — Bourreler. — Charroyer. — Criailler. — Égaler. — Égaliser. — Flotter. — Garantir. — Guerroyer. — Jaunir. — Mâchonner. — Maçonner. — Maîtriser. — Manœuvrer. — Marbrer. — Matelasser. — Menacer. — Mordiller. — Partager. — Pendiller. — Planer. — Ramoner. — Rançonner. — Ranger. — Râ-

teler. — Rêvasser. — Rougir. — Soupçonner. — Sour-
ciller. — Talonner. — Tambouriner. — Tapoter. —
Tirailler. — Verdir.

V. — Des mots composés.

371ᵉ EXERCICE.

(Grammaire, §§ 436 et 436 *bis*.)

*Indiquer les mots simples qui sont entrés dans la composition
des substantifs suivants.*

Amont. — Aubépine. — Autruche. — Aval. —
Becfigue. — Bégueule. — Béjaune. — Bonheur. —
Bonhomme. — Bonjour. — Bonsoir. — Cachenez. —
Chafouin. — Connétable. — Fainéant, — Faubourg. —
Ferblanc. — Gendarme. — Gentilhomme. — Hautbois.
— Havresac. — Jeudi. — Joubarbe. — Licou.

372ᵉ EXERCICE.

Comme le précédent.

Malaise. — Malechance. — Malheur. — Maltraiter.
Mardi. — Mercredi. — Midi. — Milieu. — Minuit. —
Oriflamme. — Patenôtre. — Pivert. — Plafond. — Por-
tefeuille. — Pourboire. — Printemps. — Prudhomme.
— Quintessence. — Raifort. — République. — Sain-
doux. — Sainfoin. — Samedi. — Sauvegarde. — Sou-
coupe. — Vaurien. — Vendredi. — Verglas. — Verjus.
— Vinaigre.

373ᵉ EXERCICE.

*Trouver les verbes composés formés avec les substantifs sui-
vants et des préfixes* [1].

Balle. — Barbe. — Barque. — Baume. — Boîte. —
Boule. — Bourbe. — Bourse. — Bruit. — Caisse. —

1. Ces composés ne doivent pas être confondus avec ceux qui

Cartel. — Chaine. — Chair. — Chappe. — Chef. — Cil.
— Col. — Cosse. — Contenance. — Côte. — Courage.
— Coutume. — Croc. — Diable. — Dimanche. — Dos.
— Face. — Faix. — Fil. — Fils. — Fonds. — Four. —
Friche. — Froc. — Front. — Gaîne. — Genou. — Geôle.
— Globe. — Gorge. — Gosier. — Gouffre. — Goûte. —
Grain. — Guise.

374ᵉ EXERCICE.

Comme le précédent.

Jambe. — Jour. — Lac. — Lait. — Ligne. — Lit. —
Manche. — Mantel. — Masse. — Merveille. — Monceau.
— Os. — Pal. — Pâte. — Pays. — Peluche. — Pièce.
— Piste. — Poison. — Poisson. — Pot. — Prison. —
Provision. — Rôle. — Semence. — Somme. — Table.
— Terre. — Tête. — Toile. — Tonne. — Tour. —
Trappe. — Valise. — Ve tu. — Victuaille. — Visage.
— Voie. — Croupe. — Force. — Hure. — Orgueil. —
Terre.

375ᵉ EXERCICE.

Comme le précédents.

Malade. — Maussade. — Mésaventure. — Méfait. —
Minuit. — Nonpareil. — Obstacle. — Occurrence. —
Opposer. — Outrecuidant. — Parcourir. — Perturba-
teur. — Posthume. — Pourchasser. — Prénom. —
Prologue. — Réagir. — Refaire. — Rétrograder. —
Souscription. — Souterrain. — Subjuguer. — Suc-
céder. — Suffixe. — Supporter. — Suspecter. — Su-
perposer. — Suprématie. — Surnommer. — Susdit.
— Transporter. — Traduire. — Trépasser. — Vicomte.

sont formés d'une préposition et d'un verbe déjà dérivé d'un substantif, tel que *bouche, boucher, déboucher.*

376ᵉ EXERCICE.

Trouver les verbes composés formés avec les adjectifs suivants et des préfixes.

Borgne. — Chaud. — Court. — Farouche. — Fin. — Fol. — Fort. — Gai. — Ivre. — Joli. — Juste. — Loin. — Long. — Meilleur. — Mousse. — Niais. — Pareil. — Petit. — Pire. — Prêt. — Proche. — Pure. — Quitte. — Souple. — Sûr. — Vif.

Bel. — Brute. — Clair. — Doux. — Fade. — Ferme. — Frais. — Froid. — Jeune. — Lait. — Lent. — Lourd. — Mince. — Moindre. — Mol. — Mort. — Noble. — Pauvre. — Plan. — Plat. — Profond. — Rond. — Sage. — Sombre. — Sourd. — Tendre. — Tiède.

377ᵉ EXERCICE.

Parmi les mots composés suivants distinguer ceux qui sont venus tout formés du latin et ceux qui sont de formation française.

Aqueduc, viaduc. — Longipède, longipenne, vélocipède, curviligne, rectiligne, tardigrade. — Omnipotent, ventripotent. — Parricide, fratricide, homicide, infanticide, régicide, suicide, insecticide. — Lucifuge, fébrifuge, vermifuge. — Funambule, noctambule, somnambule. — Lethifère, somnifère, soporifère, sudorifère. — Vivipare, ovipare, floripare. — Carnivore, herbivore, omnivore. — Agricole, vinicole.

378ᵉ EXERCICE.

Parmi les mots composés suivants distinguer ceux qui sont venus tout formés du latin et ceux qui sont de formation française.

Circonférence, circonscrire, circumnavigation. — Coexister, cohabiter. — Contradiction, contravention.

— Dispenser, dissimuler. discontinuer, discréditer. —
Exhumer, exciter. — Intercaler, intercéder, interfolier.
— Perforer, permuter, persécuter, persifler. — Pénin-
sule. pénombre. — Superflu. superfin. — Transcrire,
transférer, transvaser, transpercer.

379ᵉ EXERCICE.

*Chacun des mots composés qui suivent a été formé de deux ou
de plusieurs mots grecs; dire le sens de chaque mot et indiquer
les éléments qui le constituent.*

Acanthoïdes. — Achromatique. — Adénologie. —
Aérolithe. — Aéromètre. — Aéronaute. — Aérostat. —
Agérasie. — Alexipyrétique. — Alphabet. — Allopathe.
— Allopathie. — Amphiptère. — Anachronisme. —
Anaéroïde. — Androtomie. — Anémie. — Anémomètre.
— Anémoscope. — Anesthésie. — Angiographie. —
Angiotomie. — Anhydre. — Antémétique. — Anthel-
minthique. — Anthropographie. — Anthropologie. —
Anthropomorphie. — Anthroposomatologie. — Antica-
chectique. — Antiasthmatique. — Antipyrétique. —
Antiseptique. — Antispasmodique. — Apétale. — Aphé-
lie. — Aréomètre. — Argyropée. — Astéromètre. —
Atmosphère. — Autobiographie. — Azote.

380ᵉ EXERCICE.

Comme le précédent.

Baromètre. — Baroscope. — Bibliomane. — Biblio-
phile. — Biographe. — Blépharoptosis. — Brachygra-
phie. — Brachypnée. — Bromographie. — Bronchoto-
mie. — Bucentaure. — Cacographie. — Catacoustique.
— Chalcographie. — Cheiroptère. — Chorégraphie. —
Chromolithographie. — Chronomètre. — Chrysanthème.
— Chrysocale. — Chrysographe. — Chrysopée. — Col-

lodion. — Coprophage. — Cristallographie. — Crypto-
céphale. — Cryptographie. — Cyanhydrique. — Cya-
nogène. — Cyanomètre. — Cystiotomie. — Déca-
gramme. — Décalitre. — Décamètre. — Décasyllabique.
— Démonolatrie. — Dendromètre. — Dermographie.
— Dermologie. — Dermotomie. — Desmologie. — Dia-
phanomètre. — Dièdre. — Discoïde. — Dodécagone.
— Dyslalie. — Dysorexie.

381ᵉ EXERCICE.

Dire le sens de chacun des mots composés qui suivent et indi-
quer les éléments qui le constituent.

Échinophore. — Électrophore. — Électroscope. —
Émétologie. — Ennéagone. — Enterographie. — Ento-
mologie. — Éolipyle. — Galéopithèque. — Gamologie. —
Géohydrographie. — Géologie. — Géoscopie. — Gleu-
comètre. — Clossotomie. — Glytographie. — Gonio-
métrie. — Graphomètre. — Hectolitre. — Hectomètre.
— Hélicoïde. — Héliomètre. — Hélioscope. — Hémato-
logie. — Hémoptysie. — Hépatalgie. — Herpétologie.
— Hexagone. — Hiéroglyphe. — Hippiatrique. —
Hippotomie. — Hydrodynamique. — Hydrogène. —
Hydrographie. — Hygromètre.

382ᵉ EXERCICE.

Comme le précédent.

Isagone. — Kilomètre. — Laryngotomie. — Lépidop-
tère. — Lithotripsie. — Logarithme. — Logogriphe. —
Lycopode. — Mégascope. — Mélodrame. — Métallographie. — Météorologie. — Métrologie. — Métromanie. —
Microbe. — Micrographie. — Micromètre. — Micros-
cope. — Mnémotechnie. — Monopétale. — Myiologie. —
Myographie. — Myologie. — Myriagramme. — Myria-

mètre. — Nécrologie. — Néologisme. — Néphralgie.
— Névralgie. — Névrologie. — Nosographie. — Nostalgie. — Octogone. — Odontologie. — Œnomètre. —
Ombromètre. — Ontologie. — Oolithe. — Ophiologie.
— Ophtalmologie. — Oréographie. — Orthopédie. —
Oryctologie. — Ostéotomie. — Otographie. — Oxygène.

383ᵉ EXERCICE.

Dire le sens de chacun des mots composés qui suivent et indiquer les éléments qui le constituent.

Paléographie. — Pancarte. — Pandémonium. — Panophobie. — Panorama. — Panthéisme. — Pantographe. — Pantomètre. — Parallélographe. — Péchyagre.
— Pentadécagone. — Périhélie. — Pétaloïde. — Philharmonique. — Philotechnique. — Phlébographie. —
Phyllithe. — Phylloxera. — Physiologie. — Phytolithe.
— Pleuropneumonie. — Pneumographie. — Podomètre. — Polyanthée. — Protoxyde. — Pseudorexie. —
Psychologie. — Psychomètre. — Ptyalagogue. — Pyrétologie. — Pyrotechnie. — Rachisagre. — Sarcologie.
— Scaphandre. — Sélénographie. — Somatologie. —
Splanchnologie. — Splénographie. — Stéréographie.
— Stéréotype. — Stylométrie. — Tautogramme. —
Taxidermie. — Télégraphe. — Tétraèdre. — Théodicée.
— Théophilanthrope. — Thermomètre. — Trigonométrie. — Trinome. — Typographie.

384ᵉ EXERCICE.

Parmi les mots composés suivants, distinguer ceux qui sont venus tout formés du grec et ceux qui sont de formation française.

Amphibie, amphiptère. — Antidote, antiphrase, antipyrétique, antiseptique. — Apocryphe, apogée, aphélic. — Diacaustique, diamètre. — Dyslalie, dyspepsie, dysenterie. — Géographie, géologie, géométrie. — Hémoptysie, hémorragie. — Hexacorde, hexagone, hexamètre. — Hydrogène, hydromel. — Hyperbole, hypertrophie. — Logarithme, logogriphe, logomachie. — Métallographie, métallurgie. — Œnomètre, œnophore. — Philharmonique, philhellène, philosophe. — Théodicée, théologie.

385ᵉ EXERCICE.

Les mots composés qui suivent sont hybrides, c'est-à-dire composés d'éléments de langues différentes ; dire de quels éléments chacun d'eux a été formé.

Anglomanie. — Bioxyde. — Capnofuge. — Centimètre. — Coxalgie. — Daguerréotype. — Décimètre. — Électro-aimant. — Galvanomètre. — Galvanoplastie. — Gazogène. — Gazomètre. — Lithotritie. — Millimètre. — Minéralogie. — Monocle. — Monorime. — Néolatin. — Pellagre. — Philocome. — Photosculpture. — Planisphère. — Squamoderme.

386ᵉ EXERCICE.

(Grammaire, § 436 *bis*, fin.)

Les divers procédés de composition en français *se ramènent à trois types principaux,* **juxtaposition, composition par particules, composition proprement dite ;** *dire auquel de ces trois types se rapporte chacun des mots suivants.*

Acompte. — Aide-major. — Aloi. — Arc-en-ciel. — Blanc-bec. — Café-concert. — Chef-d'œuvre. — Choufleur. — Coffre-fort. — Compère. — Entremêler. — Essuie-mains. — Injustice. — Maladroit. — Mésalliance. — Parapluie. — Plafond. — Porte-bonheur. — Pourboire. — Rose-thé.

VI. — Des familles de mots.

387e EXERCICE
(Grammaire. § 438.)

Donner, d'après la grammaire, tous les mots qui se rattachent à la racine AG; distinguer les mots primitifs, les mots dérivés, les mots composés.

388e EXERCICE.

Racine CAP. Mots primitifs, mots dérivés, mots composés.

389e EXERCICE.

Racine SPEC. Mots primitifs, mots dérivés, mots composés.

390e EXERCICE.

Racine FOR (idée de force). Mots primitifs, mots dérivés, mots composés.

391e EXERCICE.

Racine LEV (idée de lever). Mots primitifs, mots dérivés, mots composés.

392e EXERCICE.

Racine TEN (idée de tenir). Mots primitifs, mots dérivés, mots composés.

VII. — De l'analyse étymologique.

393e EXERCICE.
(Grammaire, § 439.)

Faire l'analyse étymologique de tous les mots de la phrase suivante; dire pour chacun d'où il vient, s'il est primitif, dérivé ou composé, et, s'il y a lieu, dégager les éléments qui le constituent.

Après l'éléphant, le rhinocéros est le plus puissant des ani-

maux quadrupèdes : il a au moins douze pieds de longueur
depuis l'extrémité du museau jusqu'à l'origine de la queue,
six à sept pieds de hauteur, et la circonférence du corps à
peu près égale à sa longueur. (BUFFON.)

394ᵉ EXERCICE.

Dire d'où vient chacun des mots de la phrase suivante :

A l'âge de trente-trois ans, au milieu des plus vastes desseins qu'un homme eût jamais conçus et avec les plus justes
espérances d'un heureux succès, Alexandre mourut sans avoir
eu le loisir d'établir solidement ses affaires, laissant un frère
imbécile et des enfants en bas âge incapables de soutenir un
si grand poids. (BOSSUET.)

395ᵉ EXERCICE.

Dire d'où vient chacun des mots du morceau suivant.

Un vieux capitaine.

Devant une table de chêne, noircie par la graisse et la
fumée, était assis le capitaine des reîtres. C'était un grand
et gros homme de cinquante ans environ, avec un nez aqui-
lin, le teint fort enflammé, les cheveux grisonnants et rares,
couvrant mal une large cicatrice qui commençait à l'oreille
gauche et qui venait se perdre dans son épaisse moustache.
Il avait ôté sa cuirasse et son casque et n'avait conservé
qu'un pourpoint de cuir de Hongrie, noirci par le frottement
de ses armes, et soigneusement rapiécé en plusieurs endroits.
Son sabre et ses pistolets étaient déposés sur un banc à sa
portée ; seulement il conservait·sur lui un large poignard,
arme qu'un homme prudent ne quittait jamais que pour se
mettre au lit. (MÉRIMÉE.)

CHAPITRE II

DES DIFFÉRENTES ACCEPTIONS D'UN MÊME MOT

QUESTIONNAIRE

Par quoi le sens d'un mot est-il déterminé ? § 440.

Chaque mot n'a-t-il qu'un sens ?

Quand dit-on qu'un mot est pris au sens figuré ? § 441.

Par quoi sont produites les déviations du sens d'un mot ?

Qu'est-ce qu'un idiotisme ?

Comment appelle-t-on un idiotisme français ?

Citez quelques mots dont le sens a complètement changé. § 442.

Citez quelques locutions qui ont changé.

396ᵉ EXERCICE.

(Grammaire, § 441.)

Composer des phrases dans lesquelles seront employés **au sens propre** *les mots qui, dans les expressions suivantes, sont* **au sens figuré :**

1. Des paroles *aigres.* — 2. Un esprit *étroit.* — 3. Une balance *juste.* — 4. Le *bras* de Dieu. — 5. *Blesser* les convenances. — 6. *Contenir* son impatience. — 7. Une mémoire *courte.* — 8. Le *frein* des lois. — 9. *Disséquer* un ouvrage. — 10. Une *illumination* divine. — 11. *Rasseoir* ses esprits agités. — 12. Un *tissu* de merveilles.

397ᵉ EXERCICE.

Comme le précédent.

1. *Arborer* une doctrine. — 2. La *base* d'un traité. — 3. Le *cours* de la vie. — 4. *Couper* la parole. — 5. *Dissiper* les calomnies. — 6. La *construction* d'une comédie. — 7. *Semer* la *division.* — 8. L'*hydre* de l'anarchie. — 9. Prendre un parti *mitoyen.* — 10. Un bénéfice *net.* — 11. Les excès sont la *ruine* de la santé. — 12. *Cultiver* une science.

398ᵉ EXERCICE.

Donner, d'après la grammaire, les différentes acceptions du mot **cœur.**

399ᵉ EXERCICE.

Donner les différentes acceptions du mot **tête.**

400ᵉ EXERCICE.

Donner les différentes acceptions du mot **descendre.**

401ᵉ EXERCICE.

Quel est le sens des mots qui, dans les phrases suivantes, sont imprimés en italique? Quelle serait dans la langue actuelle le sens des mêmes mots?

1. (Damon) Qui n'étant vêtu que de simple *bureau,*
        Passe l'été sans linge et l'hiver sans manteau.
                           (BOILEAU.)

2. J'aime le jeu, les visites, les assemblées, les *cadeaux* et les promenades, en un mot toutes les choses de plaisir.
                           (MOLIÈRE.)

3.   Pour comble d'*ennui*
Mon cœur, mon lâche cœur s'intéresse pour lui.
                           (RACINE.)

4. On le vit *étonner* de ses regards étincelants ceux qui échappaient à ses coups. (BOSSUET.)

5. Le *génie* de la princesse palatine se trouva également propre aux divertissements et aux affaires. (BOSSUET.)

6. Les comédiens furent bien reçus du maître de la maison, qui était *honnête homme,* et des plus considérés du pays.
                           (SCARRON.)

7. Je le soupçonne encor d'être un peu *libertin;*
Je ne remarque point qu'il hante les églises. (MOLIÈRE.)

8. Les gentilshommes se battaient entre eux à cheval et avec leurs armes; et les *vilains* se battaient à pied et avec le bâton. (MONTESQUIEU.)

9. Je loue fort la lettre que vous avez écrite au roi; je la trouve d'un style noble, libre et *galant* qui me plait fort.

(SÉVIGNÉ.)

10. Sur ce la bonne dame [Isabelle d'Angleterre] avoit jà prié moult de chevaliers, *bacheliers* et aventuriers qui lui promettoient que très volontiers ils iroient. (FROISSART.)

11. Mettre des bourgeoises là où le roi ne veut que des *demoiselles*, c'est tromper les intérêts du roi. (MAINTENON.)

12. Quoi! depuis que vous êtes établis en corps de peuple, vous n'avez pas encore le secret d'obliger tous les riches à faire travailler tous les pauvres? Vous n'en êtes donc pas encore aux premiers éléments de la *police*? (VOLTAIRE.)

402ᵉ EXERCICE.

Signaler dans les phrases suivantes les mots ou les locutions dont l'emploi ne serait plus permis aujourd'hui ou dont le sens serait différent.

1. Car combien que le Sénat le rappelât et que son compagnon au Consulat s'opposât à son intention, il avoit néanmoins donné une bataille aux Gaulois malgré tout le monde, et en avoit emporté la victoire. (AMYOT, *Fabius Maximus.*)

2. Saint Paul appelle prophètes, non pas en commun tous expositeurs de la volonté de Dieu, mais ceux qui avoient quelque singulière révélation par-dessus les autres. (CALVIN.)

3. Nous parlons ingratement des biens que Dieu nous fait.

(MALHERBE.)

4. Comme la plaie se refroidissait, elle commença à lui douloir. (MALHERBE.)

5. Je frippe toujours quelque chose dans Épicure. Voici ce que j'ai pris aujourd'hui. (MALHERBE.)

6. Serait-il possible que celui voulût, qui peut dévouloir en un moment, et que celui ne semblât pas vouloir, de qui la nature est insusceptible de ne vouloir point? (MALHERBE.)

7. Mais ce dont je me deulx est bien une autre chose.

(RÉGNIER.)

8. Il faudra que vous me dispensiez encore pour cette fois de vous entretenir en mon patois ordinaire, tel que je le parle avec mes outirons et mes vendangeurs. (RACAN.)

9. Je dors ici dix heures toutes les nuits, et sans que jamais aucun soin me réveille. (DESCARTES.)

10.   Après un si haut privilège
Dont il plait au Seigneur de me gratifier,
Je me dois tout entière à le magnifier. (CORNEILLE.)

11. Ne laisse pas mon âme impuissante et languide
Dans la stérilité que le crime produit. (CORNEILLE.)

12. Il combattoit Antoine avec tant de courage
Qu'il emportoit sur lui déjà quelque avantage.

(CORNEILLE.)

403ᵉ EXERCICE.

Comme le précédent.

1. Voilà comment Pompeius fut ensépulturé. (AMYOT.)

2. Quoiqu'on m'emmène lié, je demeure néanmoins invaincu, vainqueur de mes ennemis. (AMYOT.)

3. Cet orgueilleux esprit, enflé de ses succès,
Pense bien de son cœur nous empêcher l'accès.

(CORNEILLE.)

4. Père barbare, achève, achève ton ouvrage,
Cette seconde hostie est digne de ta rage :
Joins ta fille à ton gendre.   (CORNEILLE.)

5. Quoi! s'il aimait ailleurs serais-je dispensée
A suivre, à son exemple, une ardeur insensée.

(CORNEILLE.)

6.   Mais enfin ces pratiques
Vous peuvent engager en de fâcheux intrigues.
(CORNEILLE.)

7. Mon cœur, outré d'ennuis, n'ose rien espérer.
(CORNEILLE.)

8. Mais il faut divertir l'orage qui s'apprête.
(TH. CORNEILLE.)

9. Après ces bienheureux jours, Rome eut des maîtres fâcheux, et les papes eurent tout à craindre tant des empereurs que d'un peuple séditieux. (BOSSUET.)

10. On a vu la vieillesse la plus décrépite et l'enfance la plus imbécile courir à la mort comme à l'honneur du triomphe. (BOSSUET.)

CHAPITRE III

DES SYNONYMES[1]

QUESTIONNAIRE

Que signifie le mot *synonyme* et d'où vient-il? § 443.

Que faut-il remarquer à propos des synonymes français?

Comment peut-on diviser les mots synonymes? § 444.

Dans les synonymes qui ont des racines identiques, par quoi les différences de sens sont-elles marquées? § 445.

Citez quelques synonymes ayant des racines différentes.

Qu'appelle-t-on *homonymes* et *paronymes* et d'où viennent ces mots?

Citez quelques homonymes.

Citez quelques paronymes.

Que doit-on remarquer au sujet de l'étymologie des homonymes et des paronymes?

404ᵉ EXERCICE.

Trouver l'étymologie des synonymes et paronymes suivants.

1. — Autel, hôtel. — 2. Chaîne, chêne. — 3. Chasse, châsse. — 4. Chœur, cœur. — 5. Coin, coing. —

1. Pour les Exercices sur les synonymes et les homonymes nous renvoyons à notre *Cours moyen.*

6. Compte, comte, conte. — 7. Cor, corps. — 8. Faîte, fête. — 9. Maître, mètre. — 10. Palais, palet. — 11. Paume, pomme. — 12. Poing, point. — 13. Sel, scel. — 14. Statue, statut. — 15. Tante, tente. — 16. Van, vent. — 17. Vanter, venter. — 18. Voie, voix.

CHAPITRE IV

DE L'ORTHOGRAPHE

QUESTIONNAIRE

u appelle-t-on *orthographe?* § 448. Qu'est-ce que l'orthographe *de règle?* § 449.

Qu'est-ce que l'orthographe *d'usage?* § 450.

Qu'entend-on par *système phonétique* et *système étymologique?* § 451.

L'orthographe française est-elle phonétique ou étymologique? § 452.

Pourquoi notre orthographe ne peut-elle pas être purement phonétique?

Pourquoi l'observation rigoureuse de l'étymologie ne peut-elle pas être imposée?

Citez quelques anomalies orthographiques qui ont lieu dans l'emploi des lettres doubles.

Un même suffixe latin peut-il être représenté en français de plusieurs manières?

Quelles sont les principales réformes introduites par la dernière édition du Dictionnaire de l'Académie française? (*Voir plus loin les deux derniers extraits du chapitre V.*)

Quelle était, en général, l'orthographe suivie au moyen âge?

405ᵉ EXERCICE

Question de grammaire.

Quelles sont les réformes orthographiques que les grammairiens du XVIᵉ siècle cherchèrent à introduire?

406ᵉ EXERCICE.

Question de grammaire.

Citez quelques mots dont l'orthographe a plusieurs fois varié.

Observation. — On n'indique pas ici d'autres Exercices sur l'histoire de l'orthographe française; toutes les remarques auxquelles elle donne lieu peuvent être faites à propos d'un grand nombre des mots contenus dans les extraits du chapitre sui-

vant. Plusieurs de ces extraits ont été choisis d'ailleurs à cause
des théories orthographiques qu'ils renferment.

CHAPITRE V

RÉCAPITULATION GÉNÉRALE

Extraits des auteurs français du IXe au XIXe siècle.

Observation. — Les morceaux les plus anciens devront être
traduits en français moderne. On fera toutes les remarques
auxquelles peuvent donner lieu les textes suivants relativement à la syntaxe. On n'insistera sur l'orthographe qu'à
partir du XVIe siècle.

IXe SIÈCLE

I. — SERMENT DE STRASBOURG.

Pro deo amur et pro christian poblo et nostro commun
salvament, d'ist di in avant, in quant deus savir et podir me
dunat, si salvarai eo cist meon fradre Karlo et in aiudha et
in cadhuna cosa, si cum om per dreit son fradra salvar dift.
in o quid il mi altresi fazet, et ab Ludher nul plaid nunqua
prindrai, qui meon volt cist meon fradre Karle in damno sit.

II. — CANTILÈNE DE SAINTE EULALIE.

Buona pulcella fut Eulalia,
Bel auret corps, bellezour anima.
Voldrent la veintre li deo inimi,
Voldrent la faire dïaule servir.
Elle non eskoltet les mals conselliers,
Qu'elle deo raneiet, chi maent sus en ciel,
Ne por or ned argent ne paramenz,
Por manatce regiel ne preiement.
Niule cose non la pouret omque pleier,
La polle sempre non amast lo deo menestier.

E poro fut presentede Maximiien,
Chi rex eret a cels dis soure pagiens.
  Il li enortet, dont lei nonque chielt,
Qued elle fuiet lo nom christiien.

III. — *Suite et fin.*

Ell'ent adunet lo suon clement,
Melz sostendreiet les empedementz,
  Qu'elle perdesse sa virginitet :
Poros furet morte a grand honestet.
  Enz enl fou la getterent, com arde tost.
Elle colpes non auret, poro nos coist.
  A ezo nos voldret concreidre li rex pagiens ;
Ad une spede li roveret tolir lo chief.
  La domnizelle celle kose non contredist,
Volt lo seul lazsier, si ruovet Krist.
  In figure de colomb volat a ciel.
Tuit oram, que por nos degnet preier,
  Qued aunisset de nos Christus mercit.
Post la mort et a lui nos laist venir
  Par souue clementia.

XIᵉ SIÈCLE

Extraits de la Chanson de Roland.

IV. — DERNIERS MOMENTS DE ROLAND.

Ço sent Rollanz que la mort li est pres,
Par les oreilles fors li ist li cervels;
De ses pers prïet a Deu que les apelt
Et pois de lui al angle Gabrïel.
Prist l'olifan, que reproce n'en ait,
Et Durendal s'espee en l'altre main.
Plus qu'arbaleste ne poet traire un quarrel
Devers Espaigne en vait en un guarait,

En sum un tertre, desuz dous arbres bels,
Quatre perruns i ad de marbre faiz :
Sur l'erbe vert la est caiez envers,
Si s'est pasmez, kar la mort li est pres.
  Halt sunt li pui e mult halt sunt li arbre.
Quatre perruns i ad luisanz de marbre :
Sur l'erbe vert li quens Rollanz se pasmet.
Uns Sarrazins tute veie l'esguardet,
Si se feinst mort, si gist entre les altres,
Del sanc luat sun cors e sun visage.
Met sei en piez e de curre se hastet :
Bels fut e forz e de grant vasselage,
Par sun orguill cumencet mortel rage,
Rollant saisit e sun cors e ses armes,
E dist un mot : « Vencuz est li niés Carle :
Iceste espee porterai en Arabe. »
Prist l'en sun pung, Rollant tirad sa barbe ;
En cel tirer li quens s'aperçut alques.

v. — *Suite.*

Ço sent Rollanz que s'espee li tolt.
Uvrit les oilz, si li ad dit un mot :
« Mien escïentre tu n'iés mie des noz. »
Tient l'olifan, que unkes perdre ne volt,
Sil fiert en l'elme ki gemmez fut a or,
Fruisset l'acier e la teste e les os,
Amsdous les oilz del chief li ad mi fors,
Jus a ses piez si l'ad tresturnet mort.
Aprés li dit : « Culvert, cum fus si os
Que me saisis ne a dreit ne a tort ?
Ne l'orrat hum ne t'en tienget pur fol.
Fenduz en est mis olifans el gros,
Ça jus en est li cristals e li ors. »
  Ço sent Rollanz la vëue a perdue,
Met sei sur piez, quanqu'il poet s'esvertüet ;
En sun visage sa culur ad perdue.

Tint Durendal s'espee tute nue.
Dedevant lui ad une pierre brune :
Dis colps i fiert par doel e par rancune ;
Cruist li aciers, ne fraint ne ne s'esgruignet.
E dist li quens : « Sancte Marie, aïue!
E, Durendal, bone si mare fustes!
Quant jo n'ai prud, de vus nen ai mais cure!
Tantes batailles en camp en ai vencues
E tantes terres larges escumbatues,
Que Carles tient, ki la barbe ad canue.
Ne vos ait hum ki pur altre s'en fuiet!
Mult bons vassals vus ad lung tens tenue,
Jamais n'iert tel en France l'asolue. »

VI. — *Suite.*

Rollanz ferit el perrun de Sartainie ;
Cruist li aciers ne briset ne s'esgranie.
Quand il ço vit que n'en pout mie fraindre,
A sei meïsme la cumuncet a plaindre.
« E, Durendal, cum iés e clere e blanche!
Cuntre soleill si reluis e reflambes!
Carles esteit es vals de Morïanie,
Quant deus del ciel li mandat par sun angle
Qu'il te dunast a un cunte cataigne ;
Dunc la me ceinst li gentilz reis, li magnes.
Jo l'en cunquis e Anjou e Bretaigne,
Si l'en cunquis e Peitou e le Maine,
Jo l'en cunquis Normendie la franche,
Si l'en cunquis Provence e Equitaigne
E Lumbardie e trestute Romaine,
Jo l'en cunquis Baiviere e tute Flandres
E Bugucrie e trestute Puillanie,
Custentinnoble dunt il out la fiance,
E en Saisunie fait il ço qu'il demandet ;
Jo l'en cunquis Guales Escoce Islande
E Engleterre, que il teneit sa cambre ;

Cunquis l'en ai païs e terres tantes
Que Carles tient ki ad la barbe blanche.
Pur ceste espee ai dulur e pesance :
Miez voeill murir qu'entre paiens remaigne.
Damnes deus pere, n'en laissier hunir France ! »

VII. — *Suite*.

Rollanz ferit en une pierre bise ;
Plus en abat que jo ne vus sai dire.
L'espee cruist, ne fruisset ne ne brise,
Cuntre le ciel amunt est resortie.
Quant veit li quens que ne la fraindrat mie,
Mult dulcement la plaint a sei meïsme :
« E, Durendal, cum iés belle e saintisme !
En l'oriet punt asez i ad reliques :
La dent saint Pierre et del sanc saint Basilie
Et des chevels mun seignur saint Denise,
Del vestement i ad sainte Marie.
Il nen est dreiz que paien te baillisent,
De chrestïens devez estre servie.
Ne vus ait hum ki facet cuardie !
Mult larges terres de vus avrai cunquises
Que Carles tient, ki la barbe ad flurie ;
Li empereres en est e ber e riches. »
    Ço sent Rollanz que la mort le tresprent,
Devers la teste sur le quer li descent ;
Desuz un pin i est alez curant,
Sur l'erbe vert s'i est culchiez adenz.
Desuz lui met s'espee e l'olifant,
Turnat sa teste vers la paienne gent :
Pur ço l'at fait que il voelt veirement
Que Carles diet e trestute sa gent,
Li gentilz quens qu'il fut morz cunquerant.
Claimet sa culpe e menut e suvent,
Pur ses pecchiez Deu purofrid le guant. Aoi.

VIII. — *Suite et fin.*

Ço sent Rollanz de sun temps n'i ad plus,
Devers Espaigne gist en un pui agut;
A l'une main si ad sun piz batud :
« Deus, meie culpe vers les tues vertuz
De mes pecchiez, des granz e des menuz,
Que jo ai fait des l'ure que nez fui
Tresqu'a cest jur que ci sui consoüz. »
Sun destre guant en ad vers Deu tendut;
Angle del ciel i descendent a lui. Aoi.

Li quens Rollanz se jut desuz un pin,
Envers Espaigne en ad turnet sun vis,
De plusurs choses a remembrer li prist :
De tantes terres cume li bers cunquist,
De dulce France, des humes de sun lign,
De Carlemagne sun seignur kil nurrit.
Ne poet muër n'en plurt e ne suspirt.
Mais lui meïsme ne volt metre en ubli,
Claimet sa culpe, si prïet Deu mercit :
« Veire paterne ki unkes ne mentis,
Saint Lazarun de mort resurrexis
E Danïel des lïuns guaresis.
Guaris de mei l'anme de tuz perilz
Pur les pecchiez que en ma vie fis. »
Sun destre guant a Deu en purofrit,
Sainz Gabrïels de sa main li ad pris.
Desur sun braz teneit le chief enclin,
Juintes ses mains est alez a sa fin.
Deus li tramist sun angle cherubin
E Saint Michiel de la mer del peril,
Ensemble od els sainz Gabrïels i vint :
L'anme del cunte portent en pareïs.

XIIᵉ SIÈCLE

Extraits de la traduction des Quatre livres des Rois.

IX. — DAVID ET GOLIATH.

Saul de ses demeines vestemenz fist David revestir, le helme lascier e le halbert vestir. Cume il out la spéé ceinte, alad e asaiad s'il se poust cumbatre si armez, kar ne fud pas a tels armes ácustumez. Aparceut se David qu'il ne poust á áhaise les armes porter, sis ostad. Prist sun bastun al puin é sa funde; é eslist cinc beles pierres de la riviere, sis mist en sun vaissel ú il soleit ses berbiz mulger, é entrad en champ encuntre le Philistien. Goliath vint vers David petit pas, é bien l'apruçad, e sis esquiers devant lui alad. E cume il de pres vit David, en sun quer le despit. E fud li juvencels russaz, mais mult esteit de bel semblant. Dist li Philistiens a David « Cument, sui jo chiens encuntre ki deiz si od bastun venir? » Maldist David de tuz ses deus. Si li dist : « Vien, vien plus pres de mei, e jo durrai tun cors a devorer a bestes é a oisels. »

X. — *Suite.*

Respundi David : « Tu vienz encuntre mei od espee, á lance é á escu; e jo viene encuntre tei al num Deu ki sires est del ost de Israel, ki tu as escharni e gabe. E Deus te rendrad en mes mains; si t'ocirai e le chief te colperai, é la charuigne de ces de vostre ost a oisels e as bestes durrai, que tute terre sache que li sires est Deu de Israel. E veient ces ki i sunt asemble que par espee ne par lance ne fait Deus salvete; sue est la bataille é à noz mains vus liverad. » Cume Goliás vers David apruçad, David curut encuntre e si se hastad. Une pierre de la ú il l'out reposte sachad, mist la en la funde é entur la turnad; jetad la pierre, a dreit mes l'asenad, huitad al frunt e jesqu'al cervel esfundrad. Del colp chancelad li gluz, e vers terre s'abaissad. David salt a l'espee Golie, nient ne targad, de s'espéé meimě le chief li colpad. Cume ço virent

li Philistien que morz fud lur campiun, turnerent a fuie. Et
ces de Israel e de Juda leverent un cri e fierement enchalce-
rent les Philistiens jesque al val é jesque as portes de Acca-
ron. Ocistrent al jur trente milie des Philistiens, e altretant en
furent nafrez, si que seisante milie des Philistiens en furent
que morz que blesciez.

Extrait du mystère d'Adam.

XI. — DIALOGUE ENTRE LE DIABLE ET ÈVE.

> *Diab...* N'a que nus dous en ceste rote,
> E Adam la, qui ne nus ot.
> — *Ev.* Parlez en halt, n'en savrat mot.
> — *Diab.* Jo vus acoint d'un grant engin,
> Que vus est fait en cest gardin.
> Le fruit que Deus vus ad doné
> Nen a en soi gaires bonté :
> Cil qu'il vus ad tant defendu,
> Il ad en soi mult grand vertu.
> En celui est grace de vie,
> De poëste e de seignorie,
> De tut saver, e bien e mal.
> — *Ev.* Quel savor a? — *Diab.* Celestïal.
> A ton bel cors, a ta figure
> Bien conviendreit tel aventure,
> Que tu fusses dame del mont,
> Del soverain e del parfont,
> E sëusez quanque a estre,
> Que de tuit fuissez bone maistre.
> — *Ev.* Est tel li fruiz? — *Diab.* Oïl, par ver.

Tunc diligenter intuebitur Eva fructum vetitum, dicens (1) :
> Ja me fait bien sol le vëer.
> — *Diab.* Si tu le manges, que feras?

---

1. Les indications scéniques étaient données par l'auteur en latin.

— *Ev.* E jo que sai? — *Diab.* Ne me crerras?
Primes le pren, [e a] Adam le done.
Del ciel avrez sempres corone,
Al crëator serez pareil,
Ne vus purra celer conseil.
Puis que tel fruit avrez mangié,
Sempres vus iert le cuer changié.
O Deu serrez vus sanz faillance
De egal bonté, de egal puissance.

XIIIe SIÈCLE.

Extrait de Joffroy de Villehardoin.

XII. — PARTAGE DU BUTIN APRÈS LA PRISE
DE CONSTANTINOPLE.

Lors fu crié par tote l'ost, de par le marchis Boniface de
Montferrat qui sires ere de l'ost, et de par les barons et de
par le duc de Venise, que toz li avoirs fust aportez et assemblez, si con il ere asseuré et juré et fais escomuniemenz. Et
furent nomé li leu en trois yglises; et là mist-on garde des
François et des Véniciens, des plus loiaus que on pot trover.
Et lors comença chascuns à aporter le gaieng et à metre
ensemble.

Li uns aporta bien, et li autres mauvaisement; que co-
voitise qui est racine de toz mals, ne laissa; ainz comencierent
d'enqui en avant li covotous à retenir des choses, et Nostres
Sires les comença mains à amer. Ha! Diex, con s'estoient
leialment demené trosque à cel point, et Dam Diex lor avoit
bien mostré que de toz lor afaires les avoit honorez et essau-
ciez sor tote l'autre genz. Et maintes fois ont domage li bon
por les malvais.

Assemblez fu li avoirs et li gaains; et sachiez que il ne fu
mie toz aportez avant; quar assez en i ot de ceus qui en

Remarquons aussi que ce mystère est écrit en dialecte normand;
la diphtongue *ei* y remplace *oi*.

retinrent, seur l'escomeniement de l'apostole. Ce qui aus moustiers fu aporté, assemblé fu et desparti des Francs et des Veniciens par moitié, si cum la compagnie ere jurée. Et sachiez que li pelerin quant il orent parti, que il paierent de la lor partie cinquante mil mars d'argent as Veniciens, et bien en departirent cent mil entr'alx ensemble por lor gent. Et savez coment? Deus serjanz à pié contre un à cheval, et deus serjanz à cheval contre un chevalier.

Extraits de Marie de France.

XIII. — FABLE.

D'un coc qui truva une geme sor un fomeroi.

> Du coc racunte ki munta
> Sour un femier e si grata,
> Selunc nature purchaceit
> Sa vïande, cum il soleit.
> Une chiere jame truva :
> Clere la vit, si l'esgarda.
> « Je cuidai, fit-il, purchacier
> Ma vïande sor cest femier :
> Or t'ai ici, jame, truvee.
> Par moi ne serez remuëe.
> S'uns rices hum ci vus truvast,
> Bien sai ke d'or vus enurast ;
> Si en crëust vustre clarté
> Pur l'or ki a mult grant biauté.
> Qant ma vulenté n'ai de tei,
> Ja nul henor n'avras par mei. »

MORALITÉ.

> Autresi est de meinte gent,
> Se tut ne vient a lur talent,
> Cume dou coc e de la jame.
> Vëu l'avuns d'ome e de fame :

Bien ne henor neent ne prisent,
Le pis prendent, le mielx despisent.

XIV. — FABLE. — DOU LEU ET DE L'AINGNIEL.

Ce dist dou leu e dou aignel,
Qui beveient a un rossel :
Li lox a la sorse beveit
E li aigniaus aval esteit.
Irieement parla li lus
Ki mult esteit cuntralïus :
Par mautalent palla a lui :
« Tu m'as, dist il, fet grant anui. »
Li aignez li ad respundu :
« Sire, eh quei! — Dunc ne veis tu?
Tu m'as ci ceste aigue tourblee :
N'en puis beivre mia saolee.
Autresi m'en irai, ce crei,
Cum jeo ving, tut murant de sei. »
Li aignelez adunc respunt :
« Sire, ja bevez vus amunt :
De vus me vient kankes j'ai beu. »
« Qoi, fist li lox, maldis me tu? »
L'aigneus respunt : « N'en ai voleir. »

XV. — *Suite et fin.*

Li lous li dit : « Jeo sai de veir;
Ce meïsme me fist tes pere
A ceste surce u od lui ere,
Or ad sis meis, si cum jeo crei.
— Qu'en retraiez, feit il, sor mei?
N'ere pas nez, si cum jeo cuit.
— E cei pur ce, li lus a dit :
Ja me fais tu ore cuntraire
E chose ke tu ne deiz faire. »

Dunc prist li lox l'engnel petit,
As denz l'estrangle, si l'ocit.

MORALITÉ.

Ci funt li riche robëur,
Li vesconte a li jugeür,
De ceus k'il unt en lur justise.
Fausse aqoison par cuveitise
Truevent assez pur eus cunfundre.
Suvent les funt as plaiz semundre,
La char lur tolent e la pel,
Si cum li lox fist a l'aingnel.

Extraits de Jehan de Meung.

XVI. — LES PREMIERS HOMMES.

Il cueilloient el bois les glandes
Pour pain, pour char et pour poissons
Et cerchoient par ces buissons,
Par plains, par vaus, et par montaignes,
Pommes, poires, noiz et chastaignes,
Boutons et meures et pruneles,
Franboises, freses et ceneles,
Feves et pois et tes chosetes,
Tous fruiz, racines et herbetes,
Et des espiz de blé frostoient,
Et des roisins es bois grapoient
Sanz metre en pressoir ne en esnes.
Li miel decoroient des chesnes,
Dont abondanment se vivoient,
Et de l'eave simple beuvoient
Senz querre pigment ne claré,
N'onques ne burent vin paré.

XVII. — *Suite et fin.*

N'ert point la terre lors aree.
Mais, si com diex l'avoit paree,
Par soi meïsmes aportoit
Ce dont chascuns se confortoit.
Ne queroient saumons ne luz,
Ainz vestoient les cuirs veluz
Et faisoient robes de lainnes,
Sanz taindre en herbes ne en grainnes,
Si com il venoient des bestes.
Couvertes erent de genestes,
Et de fueilles et de ramiaus
Leur bordetes et leur hamiaus,
Et faisoient en terre fosses.
Es roches et es tiges grosses
Des chesnes crués se reboutoient,
Quant la tempeste redoutoient.
De quel que tempeste aparant
La s'en fuioient a garant.
Et quant dormir par nuit voloient,
En leu de coustes aportoient
En leur casiaus monciaus de gerbes,
De fueilles, de mousses ou d'erbes.

(*Extrait de la Continuation du Roman de la Rose.*)

Extraits de Jehan de Joinville.

XXIII. — DÉPART DU SIRE DE JOINVILLE.

Li abbes de Cheminon me donna m'escharpe et mon bour-
don ; et lors je me parti de Joinville sanz rentrer ou chastel
jusques a ma revenue, a pié, deschaus et en langes, et ainsi
alai a Blehecourt et a Saint Urbain, et autres cors sains qui
la sont. Et endementieres que je aloie a Blehecourt et a Saint
Urbain, je ne voz onques retournec mes yex vers Joinville,

pour ce que li cuers ne me attendrisist dou biau chastel que je lessoie et de mes dous enfans.

Je et mi compaingnon mangames a la Fonteinne l'Arcevesque devant Dongieuz; et illecques l'abbes Adans de Saint Urbain, que Diex absoille, donna grant foison de biaus juiaus a moy et a neuf chevaliers que j'avoie. Des la nous alames an Ausone et en alames atout nostre hernoiz, que nous aviens fait mettre es neis, des Ausone jusques a Lyon contreval la Sone, et encoste les neis menoit on les grans destriers.

XIX. — EMBARQUEMENT DE JOINVILLE A MARSEILLE.

A Lyon entrames ou Rone pour aler a Alles le Blanc; et dedans le Rone trouvames un chastel que l'on appelle Roche de Glin, que li roys avoit fait abbatre, pour ce que Rogiers, li sires dou chastel, estoit crïez de desrober les pelerins et les marchans.

Au mois d'aoust entrames en nos neis a la Roche de Marseille : a celle journee que nous entrames en nos neis, fist l'on ouvrir la porte de la nef, et mist l'on touz nos chevaus ens, que nous deviens mener outre mer; et puis reclost l'on la porte et l'enboucha l'on bien, aussi comme l'on naye un tonnel, pour ce que, quant la neis est en la grant mer, toute la porte est en l'yaue. Quant li cheval furent ens, nostres maistres notonniers escrïa a ses notonniers qui estoient ou bec de la nef et lour dist : « Est aree vostre besoingne? » Et il respondirent : « Oïl, sire, vieingnent avant clerc et li provere. » Maintenant que il furent venu, il lour escrïa : « Chantez de par Dieu »; et il s'escrïerent tuit a une voiz : « *Veni, Creator spiritus.* » Et il escrïa a ses notonniers : « Faites voile de par Dieu »; et il si firent. Et en brief tens li venz se feri ou voile et nous ot tolu la vëue de la terre, que nous ne vëismes que ciel et yaue : et chascun jour nous esloigna li venz des païs ou nous avions estei neiz. Et ces choses vous moustre je que cil est bien fol hardis, qui se ose mettre en tel peril atout autrui chatel ou en pechié mortel; car l'on se dort le soir la ou on ne set se l'on se trouvera ou font de la mer au matin.

XX. — PRODIGE QUE JOINVILLE VIT DANS LA MÉDITERRANÉE.

En la mer nous avint une fiere merveille, que nous trouvames une montaigne toute ronde qui estoit devant Barbarie. Nous la trouvames entour l'eure de vespres et najames tout le soir, et cuidames bien avoir fait plus de cinquante lieues, et lendemain nous nous trouvames devant icelle meïsmes montaigne; et ainsi nous avint par dous foiz ou par trois. Quant li marinier virent ce, il furent tuit esbahi et nous distrent que nos neis estoient en grand peril : car nous estiens devant la terre aus Sarrazins de Barbarie. Lors nous dit uns preudom prestres que on appeloit doyen de Malrut, car il n'ot onques persecucïon en paroisse, ne par defaut d'yaue ne de trop pluie ne d'autre persecucïon, que aussi tost comme il avoit fait trois processïons par trois samedis, que Diex et sa mere ne le delivrassent. Samedis estoit : nous feïsmes la premiere processïon entour les dous maz de la nef, je meïsmes m'i fiz porter par les braz, pour ce que je estoie grief malades. Onques puis nous ne veïsmes la montaigne, et venimes en Cypre le tiers samedi.

(*Histoire de saint Louis.*)

XIVᵉ SIÈCLE.

Extrait de Jehan Froissart.

XXI. — COMENT APRÉS LA DESCONFITURE DES FLAMENS LE ROY VEY MORT PHELIPPE D'ARTE-VELLE, QUI FUT PENDU A UN ARBRE.

Quant le roy de France fut retrait en son logis et on ot tendu son pavillon de vermeil cendal moult noble et moult riche, et il fut desarmé, ses oncles et aucuns barons de France le vindrent vëoir et conjoïr ; ce fut bien raison. Adont lui ala il souvenir de Phelippe d'Artevelle, e dist a ceulx qui entour

lui estoient : « Ce Phelippe, si il est ou vif ou mort, je le ver-
roie moult voulentiers. » On lui respondi qu'on se mettroit en
paine qu'il le verroit. Si fut publïé en l'ost, que quiconques
trouveroit Phelippe d'Artevelle, on luy donroit dix frans.
Adont veïssiés varlets mettre en œuvre et cerchier a tous lez
entre les mors qui ja estoient tous desvestuz. Tant fut quis
ce Phelippe pour la convoitise de gaignier qu'il fut trouvé et
recongnëu d'un varlet qui l'avoit servy longuement et qui
bien le congnoissoit ; et fut apporté jusques devant le pavillon
du roy. Le roy le regarda un petit ; pareillement firent les
seigneurs ; et fut la retourné, pour savoir s'il avoit esté mort
par plaies ; mais on trouva qu'il n'avoit plaie nulle dont il fust
mort se on l'euïst prins en vie ; mais il fut estaint en la presse
et tumba en ung fossé et ung grand nombre de Gantois sur
luy, qui morurent tous en sa compaignie. Quant on l'eut
regardé ung espace, il fut osté de la et pendu a ung arbre.
Vela le dernier jour et la fin de ce Phelippe d'Artevelle.

Extrait de Christine de Pisan.

XXII. — SOLITUDE.

Seulete suis et seulete vueil estre,
Seulete m'a mon doulz ami laissee ;
Seulete suis sez compaignon ne maistre,
Seulete suis dolente et courroucée.
Seulete suis en l'angour mesaisee,
Seulete suis plus que nulle esgaree,
Seulete suis senz ami demouree.

Seulete suis a huiz ou a fenestre,
Seulete suis en un anglet muciee ;
Seulete suis pour moy de pleurs repaistre,
Seulete suis doulente ou appaisiee.
Seulete suis, riens n'est qui tant me siee,
Seulete suis en ma chambre enserree.
Seulete suis senz ami demouree...

XVe SIÈCLE

Extrait de François Villon.

XXIII. — BALLADE DES DAMES DU TEMPS JADIS.

Dictes-moy où, n'en quel pays,
Est Flora, la belle Romaine,
Archipiada, ne Thaïs,
Qui fut sa cousine germaine ;
Echo, parlant quant bruyt on maine
Dessus riviere ou sus estan,
Qui beauté eut trop plus qu'humaine ?
Mais où sont les neiges d'antan ?

Où est la tres sage Heloïs,
Pour qui fut charté, et puis moyne
Pierre Esbaillart à Sainct-Denys :
(Pour son amour eut cet essoyne)?
Semblablement, où est la royne
Qui commanda que Buridan
Fut jetté en ung sac en Seine ?...
Mais où sont les neiges d'antan ?

La royne Blanche comme ung lys,
Qui chantoit à voix de sereine ;
Berthe au grand pied, Bietris, Allys,
Harembourges, qui tint le Mayne,
Et Jeanne, la bonne Lorraine,
Qu'Anglois bruslerent à Rouen ;
Où sont-ils, Vierge souveraine ?...
Mais où sont les neiges d'antan ?

ENVOI.

Prince, n'enquerez, de sepmaine,
Où elles sont, né de cest an,
Que ce refrain ne vous remaine :
Mais où sont les neiges d'antan ?

Extraits de Philippe de Commines.

XXIV. — DIGRESSIONS SUR QUELQUES VICES ET VERTUS DU ROY LOUIS ONZIESME.

Je me suis mis en ce propos, par ce que j'ay veu beaucoup de tromperies en ce monde et de beaucoup de serviteurs envers leurs maistres et plus souvent les princes et seigneurs orgueilleux, qui peu veulent ouyr parler les gens, que les humbles qui volontiers les escoutent. Et entre tous ceux que j'ay jamais connus, le plus sage pour soy tirer d'un mauvais pas en temps d'adversité, c'estoit le roy Louis XI nostre maistre, le plus humble en paroles et en habits et qui plus travailloit a gagner un homme qui le pouvoit servir ou qui luy pouvoit nuire. Et ne s'ennuyoit point d'estre refusé une fois d'un homme qu'il pretendoit gagner, mais y continoit, en lui promettant largement et donnant par effet argent et estats qu'il connoissoit qui luy plaisoient. Et ceux qu'il avoit chassez et deboutez en temps de paix et de prosperité, il les rachetoit bien cher, quand il en avoit besoin, et s'en servoit et ne les avoit en nulle haine pour les choses passees. Il estoit naturellement ami des gens de moyen estat et ennemy de tous grands qui se pouvoient passer de luy.

XXV. — Suite et fin.

Nul homme ne presta jamais tant l'oreille aux gens ny ne s'enquist de tant de choses comme il faisoit, ne qui voulust jamais connoistre tant de gens : car aussi veritablement il connoissoit toutes gens d'authorité et de valeur, qui estoient en Angleterre, en Espagne, en Portugal, en Italie et es seigneuries du duc de Bourgogne et en Bretagne, comme il faisoit ses sujets. Et ces termes et façons qu'il tenoit, dont j'ay parlé cy-dessus, luy ont sauvé la couronne, veu les ennemis qu'il s'estoit luy mesme acquis a son advenement au royaume. Mais sur tout luy a servi sa grande largesse : car ainsi comme sagement il conduisoit l'adversité, a l'opposite des ce qu'il cuidoit estre asseur, ou seulement en une treve,

se mettoit a mescontenter les gens par petits moyens, qui
peu luy servoient, et a grand peine pouvoit endurer paix. Il
estoit leger a parler des gens et aussi tost en leur presence
qu'en leur absence, sauf de ceux qu'il craignoit, qui estoit
beaucoup ; car il estoit assez craintif de sa propre nature. Et
quand pour parler il avoit receu quelque dommage ou en avoit
suspicïon et le vouloit reparer, il usoit de cette parole au
personnage propre : « Je sçay bien que má langue m'a porté
grand dommage, aussi m'a elle fait quelquefois du plaisir
beaucoup ; toutes fois c'est raison que je repare l'amende. »
Et n'usoit point de ces privees paroles qu'il ne fist quelque
bien au personnage a qui il parloit et n'en faisoit nuls petits.

XVIe SIÈCLE.

Extrait de Rabelais.

XXVI. — COMMENT LE NOM FUT IMPOSÉ
A GARGANTUA.

Le bon homme Grandgousier beuuant, et se rigollant avecques les aultres entendit le cris horrible que son filz auoit
faict entrant en lumiere de ce monde, quand il brasmoit
demandant « a boyre, a boyre, a boyre », dont il dist, que
grand tu as, supple le gousier. Ce que oyans les assistants,
dirent que vrayement il debuoit auoir par ce le nom Gargantua, puis que telle auoyt esté la premiere parole de son pere
a sa naissance, a limitation et exemple des anciens Hebreux.
A quoy fut condescendu par ycelluy, et pleut tresbien a sa
mere. Et pour lappaiser, luy donnerent à boire a tyre larigot,
et feut porté sur les fonts et la baptisé, comme est la cous-
tume des bons christians. Et luy feurent ordonnees dix et sept
mille neuf cens vaches de Pautille, et de Brehemond : pour
lalaicater ordinairement, car de trouuer nourrice snffisante
nestoyt possible en tout le pais, considere la grande quantité
de laict requis pour ycelluy alimenter... En cest estat passa
iusques a un an et dix moys, en quel temps par le conseil
des medicins on commença le porter, et fut faicte une belle

charrette a bœufz par l'inuention de Jean Denyau, et la dedans
on le pourmenoit par cy par la, ioyeusement et le faisoyt bon
veoir car il portoit bonne troigne, et auoyt presque dix et
huyt mentons.

La Vie inestimable du grand Gargantua. Lyon, 1535.

Extrait de Joachim du Bellay.

XXVII. — AU LECTEUR (POSTFACE.)

Amy lecteur, tu trouveras etrange peut estre, de ce que
j'ay si brevement traité un si fertil et copieux argument
comme est l'illustration de notre poësie francoyse, capable
certes de plus grand ornement que beaucoup n'estiment.
Toutesfois tu doibs penser que les arts et sciences n'ont
receu leur perfection tout à un coup et d'une mesme main,
aincoys par succession de longues années, chacun y conferant
quelque portion de son industrie, sont parvenues au point de
leur excellence.

Recoy donques ce petit ouvrage comme un desseing et
protraict de quelque grand et laborieux edifice que j'entre-
prendray (possible) de conduyre, croissant mon loysir et mon
scavoir, et si je congnoy que la nation francoyse ait agreable
ce mien bon vouloir, vouloir, dy-je, qui aux plus grandes
choses a tousjours merité quelque louange.

Quant à l'Orthographe, j'ay plus suyvy le commun et
antiq'usaige que la raison, d'autant que cete nouvelle (mais
legitime à mon jugement) facon d'écrire est si mal receue en
beaucoup de lieux, que la nouveauté d'icelle eust peu rendre
œuvre non gueres de soy recommendable, mal plaisant,
voyre contemptible aux lecteurs. Quant aux fautes, qui se
pourroient trouver en l'impression, comme de lettres trans-
posées, omises ou superflues, la premiere Edition les excusera,
et la discretion du lecteur scavant, qui ne s'arrestera à si
petites choses.   A Dieu, amy Lecteur.

La Défense et illustration de la langue françoise, Paris, 1549.

Extraits de Montaigne.

XXVIII. — CERIMONIE DE LANTREUEUE DES ROYS.

Il n'est subiect si vain, qui ne merite vn rang en cete rap-
sodie. A nos reigles communes ce seroit vne notable discour-
toisie et a l'endroict d'vn pareil et plus a l'endroict d'vn grand,
de faillir a vous trouuer ches vous, quand il vous auroit ad-
verty d'y deuoir venir, voire adioustoit la royne de Nauarre,
Marguerite a ce propos que c'estoit inciuilité a vn gentilhomme de partir de sa maison, comme il se faict le plus
souuant, pour aller au devant de celuy qui le vient trouuer,
pour grand qu'il soit, et qu'il est plus respectueux et ciuil de
l'attandre pour le receuoir, ne fust que de peur de faillir sa
route : et qu'il suffit de l'accompagner a son partement. C'est
aussi une reigle commune en toutes assemblées, qu'il touche
aux moindres de se trouuer les premiers a l'assignation, d'autant qu'il est mieux deu aux plus apparans de se faire attandre. Toutesfois a l'entreueüe qui se dressa du Pape Clement,
et du roy François a Marseille, le roy y ayant ordonné les
apprets necessaires s'esloigna de la ville et donna loisir au
Pape de deux ou trois iours pour son entrée et refrechisse-
ment, auant qu'il le vint trouuer. Et de mesmes a l'entreuë
aussi du Pape et de l'Empereur a Bouloigne, l'Empereur
donna moyen au Pape d'y estre le premier, et y suruint apres
luy. C'est disent-ils, une cerimonie ordinaire aux abouche-
mens de tels princes, que le plus grand soit auant les autres
au lieu assigné, voire auant celuy ches qui se faict l'assemblée : et le prenent de ce biais, que c'est, affin que ceste
apparance tesmoigne, que c'est le plus grand que les moindres
vont trouuer, et le recherchent non pas luy eux.

Essais. — édition princeps, Bordeaux 1580, page 50.

XXIX. — QU'IL NE FAUT IUGER DE NOSTRE
HEUR, QU'APRÈS LA MORT.

... Les enfans sçauent le conte du roy Crœsus a ce propos : lequel ayant esté pris par Cyrus, et condamné a la mort, sur le point de l'execution il s'escria O Solon, Solon : cela rapporté à Cyrus, et s'estant enquis que c'estoit a dire, il luy fit entendre, qu'il verifioit lors a ses despens l'aduertissement qu'autre fois lui auoit donné Solon, que les hommes, quelque beau visage que fortune leur face, quelques richesses, royautés et empires qu'ils se voyent entre les mains, ne se peuuent appeler heureux iusques a ce qu'on leur aye veu passer le dernier iour de leur vie : pour l'incertitude et varieté des choses humaines, qui d'vn bien legier mouuement se changent d'vn estat en autre tout divers. Et pourtant Agesilaus, a quelcun qui disoit heureux le roy de Perse, de ce qu'il estoit venu fort ieune a un si puissant estat, voire mais, dit il, Priam en tel eage ne fut pas malheureux. Tantost des rois de Macedoine successeurs de ce grand Alexandre, il s'en faict des menusiers et greffiers a Rome : des tirans de Cicile, des pedantes a Corinthe : d'vn conquerant de la moitié du monde et empereur de tant d'armées il s'en faict un miserable suppliant des belitres officiers d'vn roy d'Egypte, tant cousta a ce grand Pompeius l'alongement de cinq ou six mois de vie. Et du temps de nos peres ce Ludouic Sforce dixiesme duc de Milan, soubs qui avoit si long temps branslé toute l'Italie, on l'a veu mourir prisonnier a Loches, mais apres y auoir vescu dix ans, qui est le pis de son marché. Et mille tels exemples. Car il semble que comme les oraiges et tempestes se piquent contre l'orgueil et hautaineté de nos bastimens, il y ait aussi la haut des espritz enuieux des grandeurs de ça bas.

Édition citée, page 90.

XXX. — AU ROY HENRI IV.

Sire,

Celle qu'il a pleu à vostre majesté m'escrire du unziesme de Juillet ne ma este rendu que ce matin et ma trouue engage en une fiebure tierce tres-violente populaire en ce pais despuis le mois passe. Sire ie prens à tres-grand honneur de

receuoir vos commandemens et nay poinct failly descrire a
monsieur le mareschal de Matignon trois fois bien expresse-
ment la deliberation et obligation enquoy iestois de laler
trouuer et iusques à luy merquer la route que ie prendrois
pour laler ioindre en seureté s'il le trouuoit bon. A quoy
n'ayant heu aucune responce j'estime qu'il a considere pour
moy la longueur et hasard des chemins. Sire votre majesté
me fera sil luy plaist ceste grace de croyre que je ne plain-
droy jamais ma bointe aux occasions auxquelles je ne voudrois espargner ma vie, ie nai aimais receu bien quelconque
de la liberalite des Rois non plus que demandé ny merité et
nay receu nul payement des pas que j'ay employes a leur
service desquels vostre maieste a heu en partie cognoissance
ce que jay faict pour ses predecesseurs je le ferai encores
beaucoup plus volontiers pour elle. Je suis Sire aussi riche
que ie me souhaite, quand jaurai espuise ma bourse aupres
de vostre majeste. A Pari je prendray la hardiesse de le luy
dire et lors sy elle mestime digne de me tenir plus long temps
à sa suitte, elle en aura meilleur marche que du moindre
de ses officiers.

   Sire
Je suplie dieu pour vostre prosperite et sante
   Vostre tres humble et tres obeissāt servitur
   et subiet,
         Mōtaigne [1].
(2 septembre 1590.)

XVIIᵉ SIÈCLE.

Extraits de Coeffeteau.

XXXI. — AU ROY. (ÉPITRE DÉDICATOIRE.)

 Sire, Puisque c'est vne commune creance, que les Roys qui
desirent plutost se recommander par leus propres merites
que se faire admirer par la splendeur de leurs couronnes, ont
de l'inclination à aimer l'histoire, qui transmettant à la pos-

1. *Extraits de Montaigne*, par M. Voizard, Paris, Garnier frères.

térité vne fidelle image de ce qu'ont fait de plus illustre et de
plus glorieux les hommes de la terre, leur presente comme
un riche patron de ce qu'ils se proposent d'imiter; Ie ne puis
douter en nulle sorte que celle que ie viens offrir à Vostre
Majesté ne luy soit extremément agreable, veu que c'est vne
peinture des plus belles actions de ces fameux Princes Romains, dont elle s'efforce non d'égaler, mais de surmonter la
vertu, et de surpasser la gloire. Cette incomparable grandeur
de courage qu'elle a montrée au r'affermissement de son
Sceptre dans ses mains; cette inuincible constance, et cette
prudence admirable qu'elle a fait paroistre en la dissipation
des puissantes factions qui s'estoient formées et écloses dans
son Estat; cette ardente amour qu'elle a témoignée à la Iustice
la faisant fleurir dans sa Cour, et dans ses villes; et ce zele
incroyable qu'elle a fait reluire au retablissement du seruice
de Dieu dans les Prouinces, où ses sujets n'entroient aupara-
uant qu'avec crainte dans les Temples, et ne regardoient les
Autels qu'en tremblant, sont des œuures nompareilles, qui
jettent tant d'éclat et de pompe dans le monde, que si ces
grands Princes dont les noms seruent d'ornement à l'Histoire
reuenoient auiourd'huy sur terre, ils se sentiroient picqués
d'une secrette jalousie, et regretteroient de n'auoir rien peu
faire durant le long cours de leurs vies et de leurs Empires,
qui merite d'entrer en comparaison auec ce que Vostre Majesté
a des-ja fait en cette premiere verdeur de son Aage, et en cét
Orient de son Regne.   *Histoire romaine,* Paris, 1628.

XXXII. — DISCORDE CIUILE PROCEDANT
DES USURIERS,
APPAISÉE PAR LA HARANGUE DE MENENIUS AGRIPPA.

La premiere discorde ciuile aduint à cause de la tyrannie
des vsuriers, qui exerçoient toutes sortes d'outrages sur ceux
qui leur estoient redeuables, iusques à les battre de verges
sur le dos comme des esclaues, dont le peuple irrité prit les
armes, et se retira sur le mont Sacré, d'où il ne fust point
party si on ne lui eust accordé des Tribuns, et si Menenius

Agrippa sage personnage ne l'eust retiré par son éloquence et
par son authorité. Il se trouve encor auiourd'huy quelque
chose de la harangue qu'il fit au peuple pour l'induire à la
concorde, nommément la fable qu'il employa, comme vn assez
puissant moyen pour obtenir de luy ce qu'il desiroit. « Autrefois, luy dit-il, il y eut entre les membres du corps humain
une dispute fondée sur ce qu'ils se plaignoient, que tous les
autres membres trauaillans, il n'y auoit que le uentre qui
demeurast ocieux : et là dessus refusans de le nourrir, ils
commencerent à languir, et à donner des signes d'vne pro-
chaine mort. C'est pourquoy ils se reconcilierent auec luy,
apres auoir recogneu que c'estoit luy qui digeroit les viandes,
et qui les conuertissoit au sang, dont ils estoient arrousez et
entretenus en leur vigueur.

Histoire romaine, Paris, 1628.

Extrait de Vaugelas.

XXXIII. — LE DESSEIN DE L'AUTEUR DANS CÉT
OUVRAGE, ET POURQUOI IL L'INTITULE *Remarques.*

Ce ne sont pas icy des Loix que ie fais pour nostre langue
de mon authorité prinée; je serois bien temeraire, pour ne
pas dire insensé; car à quel titre et de quel front pretendre
vn pouuoir qui n'appartient qu'à l'*Vsage*, que chacun recon-
noist pour le Maistre et le Souuerain des Langues viuantes?
Il faut pourtant que ie m'en iustifie d'abord, de peur que
ceux qui condamnent les personnes sans les ouïr, ne m'en
accusent comme ils ont fait cette illustre et celebre Compagnie, qui est aujourd'huy l'vn des ornemens de Paris et de
l'Eloquence Françoise. Mon dessein n'est pas de reformer
nostre langue, ny d'abolir des mots, ny d'en faire, mais seulement de montrer le bon vsage de ceux qui sont faits, et
s'il est douteux ou inconnu, de l'esclaircir, et de le faire connoistre. Et tant s'en faut que j'entreprenne de me constituer
Iuge des differens de la langue, que ie ne pretens passer que

pour vn simple tesmoin, qui depose ce qu'il a veu et ouï, ou
pour vn homme qui auroit fait vn Recueil d'Arests qu'il don-
neroit au public. C'est pourquoy ce petit Ouurage a pris le
nom de *Remarques*, et ne s'est pas chargé du frontispice fas-
tueux de *Décisions*, ou de *Loix*, ou de quelque autre semblable ; car encore que ce soient en effet des Loix d'un Souuerain, qui est l'*Vsage*, si est-ce qu'outre l'auersion que i'ay à
ces titres ambitieux, i'ay deu esloigner de moy tout soupçon
de vouloir establir ce que ie ne fais que rapporter.

(*Préface, I, édition Chassang, reproduisant le texte original
de* 1647, tome I. p. 11.)

Extrait de Somaize.

XXXIV. — PROJET D'UNE NOUVELLE ORTHOGRAPHE.

... S'estants trouuées ensemble auec Claristene, elles (les
Précieuses) se mirent à dire qu'il faloit faire vne nouuelle
ortographe, afin que les femmes peussent écrire aussi asseu-
rément, et aussi correctement, que les hommes. Roxalie qui
fut celle qui trouua cette inuention, auoit à peine acheué de
la proposer, que Silenie s'écria que la chose estoit faisable.
Didamie adioùta que cela estoit mesme facile, et que pour
peu que Claristene leur voulut aider elles en viendroient bien-
tost à bout. Il estoit trop ciuil pour ne pas répondre à leur
priere en galand homme : ainsi la question ne fut plus que
de voir comment on se prendroit à l'execution d'vne si belle
entreprise. Roxalie dit qu'il faloit faire en sorte que l'on pût
écrire de mesme que l'on parloit, et pour executer ce dessein,
Didamie prit vn liure, Claristene prit vne plume, et Roxalie
et Silenie se preparerent à decider ce qu'il faloit adiouster
ou diminuer dans les mots, pour en rendre l'vsage plus facile
et l'ortographe plus commode. Toutes ces choses faites
voicy à peu prés ce qui fut décidé entre ces quatre personnes.
Que l'on diminueroit toutes les mots, et que l'on en osteroit
toutes les lettres superfluës. Ie vous donne icy une partie de
ceux qu'elles corrigerent, et vous mettant celuy qui se dit et

s'écrit communément dessus celuy qu'elles ont corrigé, il vous sera aisé d'en voir la difference et de connoistre leur ortographe.

Le grand Dictionnaire des Pretieuses, édition princeps,
Paris, 1661.

XXXV. — Extrait du tableau des réformes proposées par les Précieuses.

Teste.	Seureté.	Aage.
Téte.	*Sùreté.*	*Age.*
Prosne.	Flustes.	Paroistre.
Prône.	*Flûtes.*	*Parètre.*
Autheur.	Tousiours.	Meltre.
Auteur.	*Toûjours.*	*Métre.*
Hostel.	Solemnité.	Catéchisme.
Hôtel.	*Solennité.*	*Catéchime.*
Raisonne.	L'aisné.	Roideur.
Résonne.	*L'ainé.*	*Rédeur.*
Supresme.	Des-ia.	Qualité.
Suprême.	*Dé-ia.*	*Calité.*
Meschant.	Treize.	Froideur.
Méchant.	*Tréze.*	*Frédeur.*
Troisiesme.	Veu.	Indomptable.
Troisième.	*Vû.*	*Indontable.*
Deffunct.	Paroist.	Sçait.
Défunct.	*Parét.*	*Sait.*
Dis-ie.	Accomode.	Triomphans.
Di-ie.	*Acomode.*	*Trionfans.*
Pressentiment.	Thresors.	Advocat.
Présentiment.	*Trésors.*	*Avocat.*
Esclairée.	Entousiasme.	Pied.
Éclairée.	*Entousiàme.*	*Pié.*
Extraordinaire.	Ieusner.	Reprend.
Extr'ordinaire.	*Iûner.*	*Repren.*
Efficace.	Effroy.	Savoir.
Éficace.	*Efroy.*	*Savoir.*

(*Ibidem.*)

Extraits de Pierre Corneille.

XXXVI. — BUT QUE S'EST PROPOSÉ CORNEILLE EN CHANGEANT L'ORTHOGRAPHE

... Vous pourrez trouuer quelque chose d'étrange aux inno-
uations en l'Orthographe que j'ay hazardées icy, et ie veux
bien vous en rendre raison. L'vsage de nostre Langue est à
présent si épandu par toute l'Europe, principalement vers le
Nord, qu'on y voit peu d'Estats où elle ne soit connuë ; c'est
ce qui m'a fait croire qu'il ne seroit pas mal à propos d'en
faciliter la prononciation aux Estrangers, qui s'y trouuent souuent embarrassez par les diuers sons qu'elle donne quelquefois
aux mesmes lettres. Les Hollandois m'ont frayé le chemin et
donné ouuerture à y mettre distinction par de differents
Caracteres, que jusqu'icy nos Imprimeurs ont employé indif-
feremment. Ils ont separé les *i* et les *u* consones d'auec les *i*
et les *u* voyelles, en se seruant tousiours de l'*j* et de l'*v*, pour
les premieres, et laissant l'*i* et l'*u* pour les autres, qui jusqu'à
ces derniers temps auoient esté confondus. Ainsi la prononciation de ces deux lettres ne peut estre douteuse, dans les
impressions où l'on garde le mesme ordre, comme en celle-cy.
Leur exemple m'a enhardy a passer plus auant. I'ay veu
quatre prononciations differentes dans nos *s,* et trois dans
nos *e,* et j'ay cherché les moyens d'en oster toutes ambi-
guitez, ou par des caracteres differens, ou par des régles
generales, auec quelques exceptions. Ie ne sçay si j'y auray
reüssi, mais si cette ébauche ne déplaist pas, elle pourra
donner iour à faire un travail plus achevé sur cette matière,
et peut-estre que ce ne sera pas rendre un petit service à
nostre Langue et au Public.

XXXVII. — *Suite.* — DE LA LETTRE **S.**

Nous prononçons l's de quatre diuerses manieres : tantost
nous l'aspirons, comme en ces mos, *peste, chaste;* tantost elle
allonge la syllabe, comme en ceux-cy, *paste, teste ;* tantost

elle ne fait aucun son, comme à *esblouïr*, *esbranler*, *il estoit* ;
et tantost elle se prononce comme vn *z*, comme à *présider*
presumer. Nous n'auons que deux differens caracteres, *f* et s,
pour ces quatre differentes prononciations ; il faut donc establir quelques maximes generales pour faire les distinctions
entieres. Cette lettre se rencontre au commencement des
mots, ou au milieu, ou à la fin. Au commencement elle
aspire toûjours, *soy*, *sien*, *sauver*, *suborner* ; à la fin elle n'a
presque point de son, et ne fait qu'allonger tant soit peu la
syllabe ; quand le mot qui suit se commence par vne consone,
et quand il commence par vne voyelle, elle se détache de
celuy qu'elle finit pour se joindre auec elle, et se prononce
toûiours comme un *z*, soit qu'elle soit précedée par vne
consone, ou par vne voyelle.

XXXVIII. — *Suite.* — DE L'S AU MILIEU DES MOTS.

Dans le milieu du mot, elle est, ou entre deux voyelles, ou
avant vne consone ou après vne consone. Entre deux voyelles
elle passe toûjours pour *z*, et après vne consone elle aspire toûjours, et cette difference se remarque entre les verbes composez
qui viennent de la mesme racine. On prononce *prezumer*, *rezis-*
ter, mais on ne prononce pas *conzumer*, ny *perzister*. Ces régles
n'ont aucune exception, et j'ay abandonné en ces rencontres
le choix des caracteres à l'Imprimeur, pour se servir du grand
ou du petit, selon qu'ils se sont le mieux accommodez avec les
lettres qui les joignent. Mais ie n'en ay pas fait de mesme,
quand l'*f* est auant vne consone dans le milieu du mot, et
ie n'ay pù souffrir que ces trois mots, *reste*, *tempeste*, *vous*
estes, fussent escrits l'vn comme l'autre, ayant des prononciations si differentes. I'ay reservé la petite *s* pour celle où
la syllabe est aspirée, la grande pour celle où elle est simplement allongée, et l'ay supprimée entierement au troisieme
mot où elle ne fait point de son la marquant seulement par
vn accent sur la lettre qui la précede. I'ay donc fait ortogra-
pher ainsi les mots suiuants et leurs semblables, *peste*, *funeste*,
chasle, *resiste*, *espoir* : *tempefte*, *hafte*, *tefte ; vous étes, il étoit,*

éblouïr, écouter, épargner, arrêter. Ce dernier verbe ne laisse
pas d'auoir quelques temps dans sa conjugaison, où il faut
luy rendre l'*f*, parce qu'elle allonge la syllabe; comme à
l'impératif *arreſte*, qui rime bien avec *teste*; mais à l'infinitif
et en quelques autres où elle ne fait pas cet effet, il est bon
de la supprimer et escrire, *j'arrétois, j'ay arrété, j'arréteray,
nous arrétons,* etc. (*Ibidem.*)

XXXIX. — *Suite.* — DES TROIS SORTES D'**e**.

Quant à l'*e* nous en auons de trois sortes. L'*e* feminin qui
se rencontre tousiours, ou seul, ou en diphtongue dans toutes
les dernieres syllabes de nos mots qui ont la terminaison
feminine, et qui fait si peu de son, que cette syllabe n'est
iamais contée à rien à la fin de nos vers feminins, qui en ont
tousiours vne plus que les autres. L'*e* masculin qui se prononce comme dans la langue Latine, et un troisiéme *e* qui ne
va iamais sans l'*s*, qui lui donne vn son esleué qui se prononce à bouche ouuerte, en ces mots *succes, acces, expres.*
Or comme ce seroit vne grande confusion, que ces trois *e*, en
ces trois mots, *aspres, verite,* et *apres,* qui ont vne prononc-
ciation si differente, eussent vn caractere pareil, il est aisé d'y
remedier, par ces trois sortes d'*e* que nous donne l'Imprime-
rie, *e, é, è,* qu'on peut nommer l'*e* simple, l'*e* aigu, et l'*e*
grave. Le premier seruira pour nos terminaisons feminines,
le second pour les Latines, et le troisiéme pour les esleuées.
et nous escrirons ainsi ces trois mots et leurs pareils, *aspres,
verité, après,* ce que nous estendrons à *succès, excès, procès,*
qu'on auoit jusqu'icy escrits avec l'*e* aigu, comme les terminaisons Latines, quoy que le son en soit fort different. Il est
vray que les Imprimeurs y auoient mis quelque difference,
en ce que cette terminaison n'estant iamais sans s, quand il
s'en rencontroit vne après un *é* Latin, ils la changeoient en
z et ne la faisoient preceder que par un *e* simple. Ils impri-
ment *veritez, Deitez, dignitez,* et non pas *verités, Déités, dignités;*
et j'ay conservé cette ortographe ; mais pour éuiter toute
sorte de confusion entre le son des mots qui ont l'*e* Latin

sans *s* comme *vérité*, et ceux qui ont la prononciation éleuée
comme *succès*, j'ay crû à propos de nous seruir de différents
caracteres, puisque nous en auons, et donner l'*e* graue à
ceux de cette derniere espèce. Nos deux articles pluriels *les*
et *des*, ont le mesme son, quoy qu'écrits avec l'*e* simple : il
est si malaisé de les prononcer autrement, que ie n'ay pas
crû qu'il fust besoin d'y rien changer. Ie dy la mesme chose
de l'*e* deuant deux *ll*, qui prend le son aussi esleué en ces
mots, *belle*, *fidelle*, *rebelle*, etc., qu'en ceux-cy *succès*, *excès* :
mais comme cela arriue toûjours quand il se rencontre auant
ces deux *ll*, il suffit d'en faire cette remarque sans changement de caractere. Le mesme arriue deuant la simple *l*, à la
fin du mot, *mortel*, *appel*, *criminel*, et non pas au milieu,
comme en ces mots *celer*, *chanceler*, où l'*e* auant cette *l*, garde
le son de l'*e* feminin.

Il est bon aussi de remarquer qu'on ne se sert d'ordinaire
de l'*é* aigu, qu'à la fin du mot ou quand on supprime l's qui
le suit, comme à *établir*, *étonner* ; cependant il se rencontre
souuent au milieu des mots auec le mesme son, bien qu'on
ne l'escriue qu'auec un *e* simple: comme en ce mot *seuerité*
qu'il faudroit escrire *séuérité*, pour le faire prononcer exac-
tement, et ie l'ay fait obseruer dans cette impression bien que
ie n'aye pas gardé le mesme ordre dans celle qui s'est faite
in folio. (*Ibidem.*)

XL. — *Suite*. — DE LA DOUBLE ll.

La double *ll* dont ie viens de parler à l'ocrasion de l'*e* a
aussi deux prononciations en nostre Langue, l'une seche et
simple, qui suit l'ortographe, l'autre molle qui semble y
joindre une *h*. Nous n'auons point de différents caracteres à
les distinguer, mais on en peut donner cette régle infaillible.
Toutes les fois qu'il n'y a point d'*i* auant les deux *ll*, la prononciation ne prend point cette mollesse : En voicy des
exemples dans les quatre autres voyelles, *baller*, *rebeller*,
coller, *annuller*. Toutes les fois qu'il y a un *i* auant les deux
ll, soit seul, soit en diphtongue, la prononciation y adjouste

vne *h*. On escrit *bailler*, *éueiller*, *briller*, *chatoüiller*, *cueillir*,
et on prononce *baillher*, *éueillher*, *brillher*, *chatoüillher*, *cueil-
lhir*. Il faut excepter de cette Régle tous les mots qui viennent du Latin et qui ont deux *ll*, dans cette Langue; comme
*ville, mille, tranquille, imbécille, distille, illustre, illégitime,
illicite*, etc. Ic, dis qui ont deux *ll* en Latin, parce que les
mots de *fille* et *famille* en viennent, et se prononcent auec
cette mollesse des autres qui ont l'*i* deuant les deux *ll*, et
n'en viennent pas; mais ce qui fait cette difference, c'est
qu'ils ne tiennent pas les deux *ll* des mots Latins *filia* et
familia, qui n'en ont qu'vne, mais purement de nostre Langue. Cette régle et cette exception sont generales et asseurées.
Quelques Modernes pour oster toute l'ambiguité de cette
prononciation, ont escrit les mots qui se prononcent sans la
mollesse de l'*h*, avec une *l* simple, en cette maniere *tranquile,
imbécile, distile*, et cette Ortographe pourroit s'accommoder
dans les trois voyelles *a, o, u*, pour escrire simplement *baler,
affoler, annuler*, mais elle ne s'accomoderoit point du tout
auec l'*e*, et on auroit de la peine à prononcer *fidelle* et *belle*,
si on escriuoit *fidele* et *bele*: l'*i* mesme sur lequel ils ont pris
ce droit ne le pourroit pas souffrir tousiours et particuliere-
ment en ces mots *ville, mille* dont le premier si on le rédui-
soit à une *l* simple, se confondroit avec *vile*, qui a vne signification toute autre.

Il y auroit encor quantité de remarques à faire sur les differentes manieres que nous auons de prononcer quelques
lettres en nostre Langue; mais ie n'entreprens pas de faire
vn Traité entier de l'Ortographe et de la prononciation, et
me contente de vous avoir donné ce mot d'auis touchant ce
que j'ay innové icy...

Le Théâtre de Corneille,
reueu et corrigé par l'Autheur, Paris, 1664. -- *Préface.*

Extrait de Bossuet.

XLI. — FRAGMENT D'UN SERMON [1].

Sa vangeance nous poursuiura a la vie et a la mort et ny en ce monde ny en l'autre iamais elle ne nous laissera aucun repos. Ainsi natandons pas l'heure de la mort pour pardonner à nos ennemis, mais plustost pratiquons ce que dit l'apostre, que le soleil ne se couche pas sur vostre colere (ce cœur tandre, ce cœur paternel l'apostre ne peut comprendre qu'un chrestien, enfant de la paix, puisse dormir d'un sommeil tranquille ayant le cœur ulcéré et aigri contre son frère, ni qu'il puisse gouster du repos uoulant du mal a son prochain dont Dieu prend en main la querelle et les interests. Mes frères, le iour decline, le soleil est sur son panchant, l'apostre ne nous donne guere de loisir et uous nauez plus guere de tems pour lui obéir; ne différons pas dauantage une œuvre si necessaire, hastons-nous de donner a Dieu nos ressentiments : le iour de la mort sur lequel on reiette toutes les affaires du salut n'en aura que trop de pressées; commançons de bonne heure a nous preparer les graces qui nous seront necessaires en ce dernier iour et en pardonnant sans délai asseurons-nous leternelle miséricorde du Père du Fils et du Saint-Esprit.

Extrait de madame de Sévigné.

XLII. — LETTRE A D'HACQUEVILLE.

Mecredy. 17e iuin (1670).

ie vous ecris avec vn serrement de cœur qui me tue, ie suis incapable descrire a dautres qua vous, parce qu'il ny a que

---

1. Nos plus grands écrivains ont abandonné la plupart du temps à leurs imprimeurs le soin d'orthographier leurs œuvres, contrairement même à l'écriture de leurs manuscrits ; ceux de Bossuet et d'autres en sont la preuve. DIDOT, De l'Orthographe française, p. 396. C'est au livre de M. Didot que nous avons emprunté ce fragment de Bossuet, publié d'après un autographe.

vous, qui ayes la bonté dentrer dans mes extremes tendresses
enfin voila le second ordinaire que ie ne recoy point de nou-
uelles de ma fille, ie tremble depuis la teste iusquaux pieds,
ie nay pas lvsage de raison, ie ne dors point et sy ie dors ie
me reueille avec des sursauts qui sont pires que de ne pas
dormir, ie ne puis comprendre ce qui empesche que ie naye
des lettres come iay acoutumé, dubois me parle de mes lettres
qu'il enuoye tres fidellement, mais il ne menuoye rien et ne
donne point de raison de celles de provence, mais mon cher
monsieur dou cela vientil, ma fille ne mecritelle plus, estelle
malade, me prent on mes lettres, car pour les retardemens
de la poste cela ne pourroit pas faire un tel desordre ha mon
dieu que ie suis malheureuse de nauoir personne avec qui
pleurer iaurois cette consolation avec vous, et toute vostre
sagesse, ne mempescheroit pas, de vous faire voir toute ma
folie, mais nayie pas raison destre en peine, soulages donc
mon inquietude, et coures dans les lieux ou ma fille escrit,
affin que ie sache au moins come elle se porte, ie maco-
moderay mieux de voir, quelle écrit a dautres, que de lin-
quietude ou ie suis de sa santé enfin ie nay pas receu de ses
lettres depuis le 5° de ce mois, elles estoient du 23 et 26° may,
voila donc douse iours, etc.

(L'original est à la Bibliothèque nationale.)

Extrait de Racine et de Boileau.

XLIII. — A Mᵍʳ LE MARÉCHAL DE LUXEMBOURG
FÉLICITATIONS SUR LA VICTOIRE
DE FLEURUS [1].

Au milieu des louanges et des complimens que vous rece-
ués de tous costés pour le grand service que vous venez de
rendre à la France, trouvés bon, Monseigneur, qu'on vous

---

1. Cité par M. Didot, d'après l'autographe. — On pourra comparer le texte des éditions des pièces classiques de Racine publiées
par MM. Person, Favre et Humbert à la librairie Garnier frères.

remercie aussi du grand bien que vous aués faict à l'Histoire, et du soin que vous prenés de l'enrichir. Personne jusqu'ici n'y a trauaillé avec plus de succez que vous, et la bataille que vous venés de gagner fera sans doute un de ses plus magnifiques ornemens. Jamais il n'y en eut de si propre à estre racontée, et tout s'y rencontre à la fois, la grandeur de la querele, l'animosité des deux partis, l'audace et la multitude des combattans, une résistance de plus de six heures, un carnage horrible, et enfin une déroute entière des ennemis. Jugés donc quel agrément c'est pour les historiens d'avoir de telles choses à escrire, surtout quand ces historiens peuvent esperer d'en apprendre de vostre bouche mesme le détail. C'est de quoi nous osons nous flatter. Mais, laissant là l'histoire à part, serieusement, Monseigneur, il n'y a point de gens qui soient si véritablement touchés que nous de l'heureuse victoire que vous aués remportée; car, sans conter l'interest general que nous y prenons avec tout le royaume, figurés vous quelle est notre joie d'entendre publier partout que nos affaires sont restablies, toutes les mesures des ennemis rompues, la France, pour ainsi dire, sauvée, et de songer que le héros qui a faict tous ces miracles est ce mesme homme d'un commerce si agréable, qui nous honore de son amitié, et qui nous donna à disner le jour que le roi lui donna le commandement de ses armées.

Nous sommes avec un profond respect, Monseigneur,
Vos très-humbles et très-obéissants serviteurs,
RACINE, DESPRÉAUX.

A Paris, 8e de juillet 1690.

Extrait du dictionnaire de l'Académie,
1re édition, 1694.

XLIV. — SUR L'ORTHOGRAPHE.

L'Académie s'est attachée à l'ancienne orthographe receuë parmi tous les gens de lettres, parce qu'elle ayde à faire connoistre l'origine des mots. C'est pourquoy elle a creu ne

devoir pas authoriser le retranchement que des particuliers
et principalement les imprimeurs, ont fait de quelques
lettres, à la place desquelles ils ont introduit certaines figures
qu'ils ont inventées (*les accents*), parce que ce retranchement
oste tous les vestiges de l'analogie et des rapports qui sont
entre les mots qui viennent du latin ou de quelque autre langue. Ainsi elle a écrit les mots *corps, temps,* avec un *p* et les
mots *teste, honneste* avec une *s* pour faire voir qu'ils viennent
du latin *tempus, corpus, testa, honestus....* Il est vray qu'il y a
aussi quelques mots dans lesquels elle n'a pas conservé certaines lettres caractéristiques qui en marquent l'origine
comme dans les mots *devoir, fevrier,* qu'on escrivoit autrefois *debvoir* et *febvrier* pour marquer le rapport entre le latin
debere et *februarius.* Mais l'usage l'a décidé au contraire ; car
il faut reconnoistre l'usage pour le maistre de l'orthographe
aussi bien que du choix des mots. C'est l'usage qui nous
mene insensiblement d'une manière d'escrire à l'autre, et qui
seul a le pouvoir de le faire. C'est ce qui a rendu inutiles les
diverses tentatives qui ont esté faites pour la reformation
de l'orthographe depuis plus de cent cinquante ans par plusieurs particuliers qui ont fait des regles que personne n'a
voulu observer. (*Préface.*)

Extrait du dictionnaire de l'Académie,
3ᵉ édition, 1740.

XLV. — SUR L'ORTHOGRAPHE.

..... Il est comme impossible que, dans une Langue vivante,
la prononciation des mots reste toûjours la même : cependant
le changement qui survient dans la prononciation d'un terme,
en opère un autre dans la manière de l'écrire. Par exemple,
quelque tems après avoir cessé de prononcer le *B* dans *obmet-
tre,* et le *D* dans *adjoûter ;* on les a supprimez en écrivant.....
Nous avons supprimé dans plusieurs mots les lettres doubles
qui ne se prononcent pas. Nous en avons ôté le *B,* le *D,* l'*H* et
l'*S* inutiles. Dans les mots où l'*S* marquoit l'allongement de

la syllabe, nous l'avons remplacée par un accent circonflèxe.
Nous avons encore mis un I simple à la place de l'Y, partout
où il ne tient pas la place d'un double I, ou ne sert pas à conserver la trace de l'étymologie. (*Préface.*)

XVIIIe SIÈCLE

Extrait de Voltaire.

XLVI. — AU ROY (DE PRUSSE [1]).

Sire,

je rends a sa majesté ce premier volume, ce n'est pas moy
qui lay couvert d'encre, un petit mot de réflexion sur la misère de l'esprit humain. jay refait aujourdhuy de cinq manieres diferentes un petit passage de la henriade sans pouvoir jamais retrouver la maniere dont je l'avois tourné il y a
un mois, quest ce que cela prouve, que le genie n'est jamais
le meme. quon n'a jamais precisement la même pensée deux
fois en sa vie, qu'il faut attendre continuellement le moment
heureux, quel chien de métier. mais il a ses charmes, et la
solitude occupée est je croi la vie la plus heureuse.

mon pauvre genie tout usé baise tres humblement les pieds
et les ailes du votre.

(1751)   VOLTAIRE.

Extrait du dictionnaire de l'Académie, 4e édition, 1762.

XLVII. — SUR L'ORTHOGRAPHE.

... L'Académie a fait dans cette édition un changement
assez considérable, que les gens de lettres demandent depuis
longtemps. On a separé la voyelle I de la consonne J, la
voyelle U de la consonne V, en donnant à ces consonnes leur
véritable appellation, de manière que ces quatre lettres qui
ne formoient que deux classes dans les éditions précédentes,

1. Voir le fac-similé de cette lettre de Voltaire dans l'édition classique des lettres de Voltaire, 2e édition, publiée par M. Moland.

en forment quatre dans celle-ci ; et que le nombre des lettres de l'alphabet, qui étoit de vingt-trois, est aujourd'hui de vingt-cinq.....

Nous avons supprimé dans plusieurs mots les lettres doubles qui ne se prononcent point. Nous avons ôté les lettres *b*, *d*, *h*, *s,* qui étoient inutiles. Dans les mots où la lettre *s* marquoit l'allongement de la syllabe, nous l'avons remplacée par un accent circonflexe. Nous avons encore mis, comme dans l'édition précédente, un *i* simple à la place de l'*y* partout où il ne tient pas la place d'un double *i*, on ne sert pas à conserver la trace de l'étymologie. Ainsi nous écrivons *foi, loi, roi,* etc., avec un *i* simple ; *royaume, moyen, voyez,* etc., avec un *y*, qui tient la place du double *i*; *physique, synode,* etc., avec un *y* qui ne sert qu'à marquer l'étymologie. Si l'on ne trouve pas une entière uniformité dans ces retranchemens, si nous avons laissé dans quelques mots la lettre superflue que nous avons ôtée dans d'autres, c'est que l'usage le plus commun ne nous permettoit pas de la supprimer. (*Préface.*)

Extrait de Buffon.

XLVIII. — FRAGMENT D'UNE LETTRE A GUÉNEAU DE MONTBEILLARD [1].

...Lisez, mon cher bon ami le petit avertissement que je dois metre a la tete du volume des oiseaux que l'on imprime actuellement ; je souhaite que vous en soiez content et je vous le communique pour y ajouter, changer ou retrancher tout ce qui pourroit vous convenir ou ne pas vous convenir.

Je suis convaincu et tres flaté des bontés de votre chere Dame et de l'excellent cœur de votre aimable fils je les embrasse bien tendrement tous deux avec vous mon très cher ami.   Le Cte DE BUFFON.

Ce 26 juillet 1773.

1. Voir un fac-similé de ce passage dans notre édition des Morceaux choisis de Buffon. Paris, Garnier frères.

XIXe SIÈCLE

Extrait du dictionnaire de l'Académie,
7e édition, 1877.

XLIX. — SUR L'ORTHOGRAPHE.

...On a souvent proposé de régler l'orthographe sur la prononciation, tout au moins de la rapprocher de la prononciation le plus possible, d'en faire une sorte de prononciation sensible à l'œil. Rien de plus séduisant au premier aspect que cette idée ; rien de plus chimérique à un sérieux examen. Cette réforme radicale de l'orthographe, qui donc aurait le droit de l'imposer à tous, ou assez de crédit pour la faire universellement adopter? Une révolution d'orthographe serait toute une révolution littéraire ; nos plus grands écrivains n'y survivraient pas. C'est Bossuet qui l'a dit dans une note qu'il adressait à l'Académie précisément sur ce sujet... « Il ne faut pas souffrir une fausse règle qu'on a voulu introduire d'écrire comme on prononce, parce qu'en voulant instruire les étrangers, et leur faciliter la prononciation de notre langue, on la fait méconnaître aux Français mêmes... On ne lit pas lettre à lettre, mais la figure du mot fait son impression tout ensemble sur l'œil et sur l'esprit, de sorte que, quand cette figure est changée considérablement tout à coup, les mots ont perdu les traits qui les rendent reconnaissables à la vue et les yeux ne sont pas contents. »

Que faire donc?.. L'usage fera la loi, l'usage qui tend toujours à simplifier, mais auquel il faut céder, mais lentement et comme à regret. *Suivre l'usage constant de ceux qui savent écrire*, telle est la règle que propose Bossuet ; et c'est conformément à cette règle que l'orthographe s'est modifiée dans les éditions successives du dictionnaire, et que de nouvelles mais rares modifications ont encore été introduites dans celle qui parait aujourd'hui...

...Les innovations que l'Académie s'est permises se bornent, en général, aux retranchements de quelques lettres doubles, *consonnance*, par exemple, qu'elle écrit par une seule *n*, *consonance*. Dans les mots tirés du grec, elle supprime presque toujours une des lettres étymologiques quand cette lettre ne se prononce pas; elle écrit *phtisie*, *rytlme*, et non *phthysie*, *rhythme*. L'accent aigu est remplacé par l'accent grave dans les mots : *piège*, *siège*, *collége*, et dans les mots analogues. L'accent grave prend aussi la place de l'ancien tréma dans les mots *poème*, *poète*, etc. Dans beaucoup de mots composés de deux autres que l'usage a réunis, le trait d'union a été supprimé comme désormais inutile. (*Préface.*)

L. — AUTRES MODIFICATIONS ORTHOGRAPHIQUES APPORTÉES PAR L'ACADÉMIE A SON DICTIONNAIRE.

Acompte. — Alléluia. — Alpaca. — Angélus. — Antéchrist. — Aquatinte. — Autochtone. — Avènement. — Besogneux. — Boutefeu. — Cannelier. — Clairsemé. — Compact (*masc.*). — Complètement. — Contrebasse. — Contrefort. — Contremaître. — Contremarque. — Contrepoids. — Contrepoint. — Contrepoison. — Contreseing. — Contresens. — Contretemps. — Courtepointe. — Dégrever. — Dérèglement. — Diphtongue *et* triphtongue. — Dysenterie. — Emmailloter. — Entrecôte. — Entrepont. — Éternuement *ou* éternûment. — Excédent (*un*). — Fac-similé. — Ficelier. — Gigoter. — Goéland, goélette. — Grands-parents (*les*). — Havresac. — Hémorragie. — Ichtyophage. — Ladies (*plur.*). — Libre-échange. — Lunetier. — Malappris. — Nolisement. — Non seulement. — Ophtalmie. — Orfèvre. — Outrepasser. — Passepoil. — Passeport. — Patarafe. — Redonder. — Résolument. — Revision. — Raide. — Raideur. — Sève. — Squameux. — Suret, surette. — Tempétueux. — Très bien, très grand, etc.

FIN.

TABLE MÉTHODIQUE DES MATIÈRES

342   TABLE MÉTHODIQUE DES MATIÈRES.

FIN DE LA TABLE MÉTHODIQUE DES MATIÈRES.

Paris. — Typ. G. Chamerot, 19, rue des Saints-Pères. — 12747.

Morceaux choisis des Classiques français des XVIᵉ, XVIIᵉ, XVIIIᵉ et XIXᵉ siècles, publiés conformément aux programmes officiels (1880), à l'usage des classes de *Troi-sième de Seconde* et de *Rhétorique*, par M. Marcou, professeur au Lycée Louis-le-Grand.

    Prose. 3ᵉ édition. 1 vol. in-18 jésus, cart.. . . . . 4 »

    Poésie. 2ᵉ édition. — — . . . . 4 »

COMPOSITIONS FRANÇAISES. — **Littérature** — **Histoire**. A l'usage des élèves de *Troisième, Seconde* et *Rhétorique*, par MM. Robert et Jalliffier, professeurs au lycée Fontanes (*Programme du Baccalauréat du 27 septembre* 1880). 2ᵉ édition. In-18 jésus, cartonné. . . . . , ... 3 »

BOSSUET. — **Oraisons funèbres**. Éd. classique, avec notes et vocabulaire, par M. de Montigny, agrégé des lettres, inspecteur d'Académie. In-18 jésus, cart. . 1 60

FÉNELON. — **Lettre à l'Académie française**. Éd. nouv. avec notes, par M. J.-B. Voisin, professeur de rhétorique au lycée de Versailles. In-18 jésus, cart. 1 »

LA BRUYÈRE. — **Les Caractères**. Nouv. éd. avec notice et notes, par M. A. Chassang, inspecteur général de l'instruction publ que. In-18 jésus, cart. 2 50

MONTAIGNE. — **Extraits**. Éd. classique, avec la vie de l'auteur, une not'ce bibliographique, une étude sur l'orthographe, la langue et la syntaxe des *Essais*, des variantes, des notes philologiques, grammaticales et historiques et un glossaire; ornée d'un portrait de Montaigne et d'un fac-simile de son écriture, par M. Voizard, professeur agrégé au lycée d'Angoulême. In-18 jésus, cart.. . . . . 2 50

MONTESQUIEU. — **Considérations sur les causes de la grandeur des Romains et de leur décadence**. Nouv. éd., avec notes, par M. E. Person, professeur au lycée Fontanes. In-18 jésus, cart. 1 50

CORNEILLE. — **Le Cid**, *tragédie*. Nouv. éd., avec notes. par M. Larroumet, professeur au lycée de Vanves. In-18 jésus, cart. . . . . 1 »

— **Cinna**, *tragédie*. Nouv. éd., avec notes, par M. Robert, professeur au lycée Fontanes. In-18 jésus, cart. . . . . 1 »

— **Horace**, *tragédie*. Nouv. éd., avec notes, par M. Marcou. In-18 jésus, cart. . . » 60

— **Nicomède**, *tragédie*. Nouv. éd., avec notes, par M. Pellissier, professeur de rhétorique au lycée de Nancy. In-18 jésus, cart. . . . . » 80

— **Polyeucte**, *tragédie*. Nouv. éd., avec notes, par M. Favre, professeur au collège Stanislas. In-18 jésus, cart. . . . . 1 »

MOLIÈRE. — **L'Avare**, *comédie*. Nouv. éd., avec notes, par M. Marcou. In-18 jésus, cartonné . . . . 1 »

— **Les Femmes savantes**, *comédie*. Nouv. éd., par M. Person. In-18 jésus, cart. 1 »

— **Le Misanthrope**, *comédie*. Nouv. éd., avec notes, par M. Leys, professeur au lycée de Montpellier. In-18 jésus, cart . . . . » 80

— **Le Tartuffe**, *comédie*. Nouv. éd., avec notes, par M. Moland. In-18 jésus, cart. » »

RACINE. — **Andromaque**, *tragédie*. Nouv. éd., avec notes, par M. Larroumet. In-18 jésus, cartonné.

— **Britannicus**, *tragédie*. Nouv. éd., avec notes, par M. Person. In-18 jésus, cartonné. . . . . » 80

— **Iphigénie**, *tragédie*. Nouv. éd., avec notes, par M. Humbert, professeur au lycée Fontanes. In-18 jésus, cartonné. . . . . » 80

— **Les Plaideurs**, *comédie*. Nouv. éd., avec notes, par M Favre. In-18 jésus, cart. 1 »

VOLTAIRE. — **Choix de lettres**. Éd. classique, avec notice et notes, par M. Moland. In-18 jésus, cart. 2 25

— **Siècle de Louis XIV**. Éd. critique, avec notice, notes, cartes et gravures, par M. P. Gaffarel, professeur à la Faculté des lettres de Dijon. In-18 jésus, cart. 3 »

Paris. — Typ. G. Chamerot, 19, rue

Imprimé en France
FROC021517010720
24395FR00014B/247